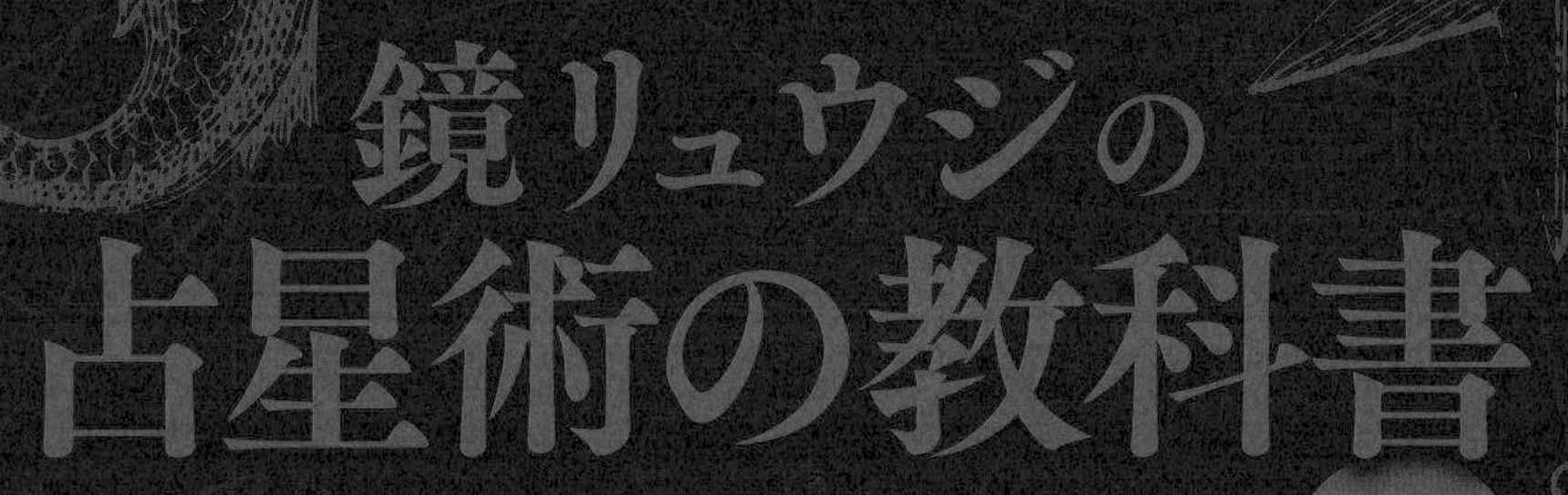

鏡リュウジの占星術の教科書 I

第2版

自分を知る編

鏡リュウジ
Ryuji Kagami

原書房

鏡リュウジの
占星術の教科書 I

第２版

自分を知る編

はじめに

星を読むことは自分を読むこと

みなさんは、「ホロスコープ」をご存じでしょうか。

ホロスコープとは、自分が生まれたときの太陽系の惑星の配置を一枚の図表に書き表したもの。

惑星の配置？　ロケットを飛ばすわけじゃあるまいし、そんなものが何の役に立つの？

たしかに、気の遠くなるほど遠くにある星の動きは、一見僕たちの生活とは何の関係もないように思えます。

けれど古代から、知恵のある人たちは複雑な星の動きと地上の出来事との間に、目には見えない繊細なつながりがあることをとらえてきました。これが占星術の始まり。古代からの思想では大宇宙は小宇宙たる人間と相似形だと考えられていたのです。

ユングをはじめ現代の深層心理学者は、この古代からの知恵に心理学的な真実があることを発見しました。

古代の人々がつむいだ星座や惑星の物語は僕たちの心のなかで起こるドラマであり、そしてなぜか実際の天体の惑星と心の動きは連動しているように見えるのです。

もちろん、この前提を信じてくださらなくても結構。占星術は科学ではありませんから。

しかし、自分の目には見えない、科学のメスでは解明できそうもない神秘的なものを相手にするときには、謙虚に古代からの知恵に耳を傾けてみてもいいのではないでしょうか。ホロスコープを一度体験すれば、そのメッセージの面白さのとりこになることは間違いありません。

大宇宙のマップは、あなた自身の内なる宇宙のマップにほかなりません。

己を知ることこそ、充実した人生を生きるために必要なこと。

大航海時代の船乗りたちが星を頼りに大海原へと旅立ったように、現代を生きる僕たちもまた、ホロスコープを頼りに人生の航路の舵取りをすることができます。

本書を、星空と自分自身を愛するすべての方々にお贈りします。

鏡リュウジ

ホロスコープとはこんな図です

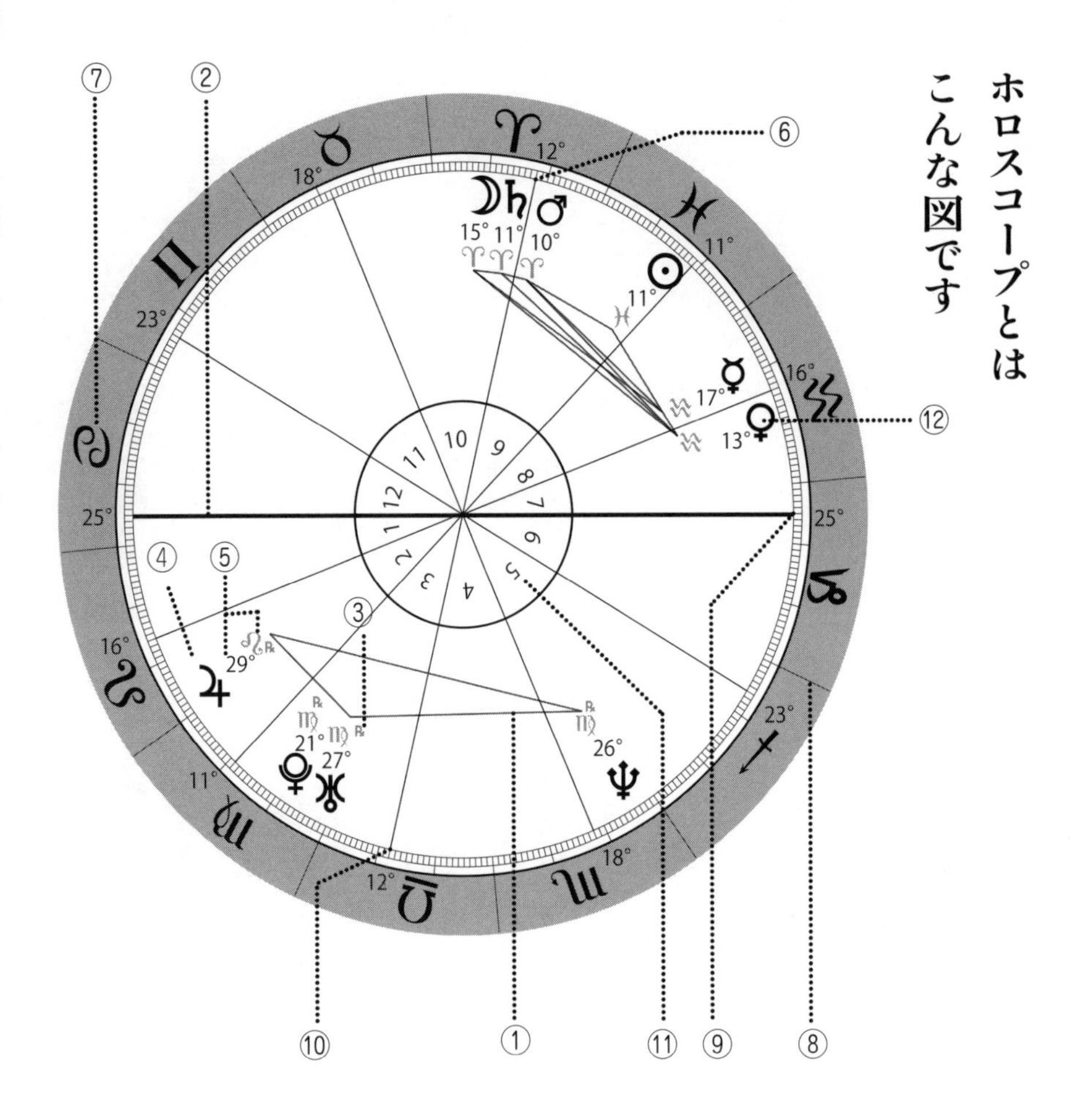

各記号の意味

記号	☉	☽	☿	♀	♂	♃	♄	♅	♆	♇
惑星	太陽	月	水星	金星	火星	木星	土星	天王星	海王星	冥王星

記号	♈	♉	♊	♋	♌	♍	♎	♏	♐	♑	♒	♓
星座	牡羊座	牡牛座	双子座	蟹座	獅子座	乙女座	天秤座	蠍座	射手座	山羊座	水瓶座	魚座

①アスペクトライン
ふたつの惑星が特定の意味のある角度（アスペクト）を形成していることを示します。

②上昇点（アセンダント ASC）
第1ハウスの起点は､東の地平線にあたり、上昇点とも呼ばれ、とくに重要なポイントです。上昇点の星座やその近くの惑星は本人の人生観を強く色づけることになるでしょう。

③逆行のマーク
Rはレトログロードの略で、惑星が通常とは違って西から東へと動いている状態にあることを示します。逆行中の惑星はその効果が弱まったり、遅れて現れると解釈されています。

④惑星のマーク
このように示されるのは惑星です。主に太陽・月・水星・金星・火星・木星・土星・天王星・海王星・冥王星・カイロンの11惑星が表示されます（ソフトやサイトによっては他の天体が加えられることもあります）。

⑤惑星の位置
惑星の位置が度数で示されています。ここでは木星が獅子座の29度にあることがわかります。専門的なホロスコープでは度数だけではなく分の単位で位置を示すことが多いのですが、ここでは省略してあります。

⑥南中点（MC）
ホロスコープの図の一番てっぺんにくる場所で、ハウスの上では第10ハウスの起点となります。ここは人生の目標や達成すべきゴールを示すとても重要なポイントです。

⑦星座（サイン）のマーク
星座を示す記号。それぞれの星座のマークは35ページを参照のこと。ひとつの星座は30度の幅をもっています。

⑧星座の境界線
星座の境界線を示す線です。ひとつひとつの星座（サイン）は30度の幅をもっており、これが惑星の位置を示す座標となります。

⑨下降点（ディセンダント DES）
第7ハウスの起点は西の地平線にあたります。上昇点や南中点と同じく重要なポイントで、ここにあたる星座や、そのそばの惑星はあなたが世界をどんなふうに見ているかを示します。

⑩北中点（IC）
ホロスコープの最も下の部分。第4ハウスの起点です。南中点の反対側で、自分のプライベートな領域を象徴します。ここにある星座や惑星は、家庭生活などに代表される人生の基盤を分析する上で重要になります。

⑪ハウスナンバー
それぞれのハウスのナンバーが表示されます。ハウスの大きさには大小がありますが、これは地軸の傾きのため。ハウスの計算方法にはさまざまなものがありますが、本書では「プラシダス」というハウス分割の方式を採用しています。

⑫5度前ルール
ハウスの境界線（起点）の手前5度以内にある惑星は、次のハウスに入っているとみなされます。つまりこの金星は第8ハウスに入っているものとして扱います。

目次

はじめに　星を読むことは自分を読むこと　2
ホロスコープとはこんな図です　4

Chapter 1 ホロスコープを作る　12
ホロスコープとは何か　12
ホロスコープを作る　17
ホロスコープ作成ツールの使い方　18
ホロスコープの描き方手順　23
ブランクチャート　30

Chapter 2 惑星と星座（サイン）を読んでみよう　32
惑星たちのパワー　33
惑星のキーワード　35
12星座の意味　36
12星座の本質をつかむ　38
12星座のキーワード　39
エレメントとクオリティの偏り　41
ホロスコープ上の特徴　42

シングルトンについて　43
10惑星は各星座に入るとどんな意味をもつか　43
月と12星座　44／水星と12星座　52／金星と12星座　60／太陽と12星座　68
火星と12星座　76／木星と12星座　84／土星と12星座　92
天王星と12星座　100／海王星と12星座　104／冥王星と12星座　108

Chapter 3 ハウスのはたらきを知る

112
ハウスとはなにか　113
12星座は1年の季節の、12ハウスは1日の昼と夜のリズムに基づく　114
12ハウスは4つのアングルをもとに出来上がる　116
アングルやハウスは最もパーソナルなポイントになる　118
出生時刻がわからない人の場合　119
アングルの意味　120
アセンダント（上昇星座）からわかること　125
性格を読み解く3つのキー、太陽、月、アセンダント　125
アセンダントの星座の意味　127
ライジングプラネット　131
アセンダント以外のアングル上の惑星　131
ハウスに入った惑星を読んでいく　132
各ハウスの意味　133
5度前ルール　134

ハウスに惑星が入っていない場合 134
惑星が集合しているハウスはとくに重要 135
第1ハウスの読み方 136／第2ハウスの読み方 140／第3ハウスの読み方 144
第4ハウスの読み方 148／第5ハウスの読み方 152／第6ハウスの読み方 156
第7ハウスの読み方 160／第8ハウスの読み方 164／第9ハウスの読み方 168
第10ハウスの読み方 172／第11ハウスの読み方 176／第12ハウスの読み方 180

Chapter 4 アスペクトを知る

184

アスペクトとは何か 184
アスペクトの種類 1＝メジャーアスペクト 186
ソフトなアスペクト、ハードなアスペクト 187
TIPS オーブの許容範囲について 187
アスペクトの種類 2＝マイナーアスペクト 188
アスペクトの種類 3＝そのほかのよりマイナーなアスペクト 189
アスペクトの見方 190
アスペクト解釈の手順 193
アスペクトの優先順位 194
特殊なアスペクトのパターン 197
ノーアスペクトの惑星 200
自分でアスペクトを探してみよう 202

惑星と惑星が形づくるアスペクトの意味 209
太陽のアスペクトの意味 210／月のアスペクトの意味 218／水星のアスペクトの意味 223
金星のアスペクトの意味 228／火星のアスペクトの意味 233
大惑星同士のアスペクトの意味 237
木星と大惑星 237／土星と大惑星 239
天王星と大惑星 240／海王星と大惑星 241
アスペクトのない天体 242
ハウス・コネクション 246
ルーラーはホロスコープの要素を結びつけるもうひとつの糸 246
ルーラー（支配星）とは何か 246
チャートルーラー　アセンダントのルーラーはもっとも重要 248
チャートルーラーの解釈まとめ 249
MCのルーラーは職業と深くかかわるあなたの生活領域を示す 250
MCのルーラーが入るハウスの意味 252
column 星座とルーラー（支配星）はどうやって決まったか 251
column 地図は現地ではなく、ホロスコープは人ではない 257

Chapter 5 ホロスコープ解釈の手順を公開 258

ホロスコープ「全体」を読む！ 258
ホロスコープの目鼻立ちをつかむ 260
シングルトンに注目 264

実例その1　266
実例その2　273

附録
小天体カイロンについて　278
カイロンが位置するハウスからわかること　282
カイロンのアスペクト　290

おわりに　299

ホロスコープを
描く・読む

Chapter 1 ホロスコープを作る

かの心理学者のユングは、「占星術とは五千年の歴史をもった心理学」という言葉を残しています。これまでたくさんの人のホロスコープを作成してきましたが、このユングの言葉は僕自身にとっても大きな説得力をもっています。

星の配置が人の心のありようとなぜ呼応しているのか、実のところよくわかりません。しかし、一人一人のホロスコープが、見るたびに新しい洞察や発見をもたらしてくれるのは確かです。ホロスコープを読む技術を身につけることは、心という広大な海を探るちょっとしたソナーをもつことに等しいといえるかもしれません。

ホロスコープとは何か

では、ここでホロスコープとは何かを簡単にご説明しましょう。天文学的なことを詳しく述べる余裕はここではありませんし、ホロスコープの解読を体験するために完全な理解が不可欠なものでもありませんから、ごく簡単にご説明します。ホロスコープ占星術は、実際の天体、とくに太陽系の配置を基にした占星術です。

まずは、14ページの図を見てください。これが、占星術で考えている宇宙のイメージとホロスコープの対応関係を示す図です。言葉をたくさん費やすよりもこの図をじっくりと見ていただいたほうが、理解は早いと思います。

ご存じのように、太陽の周囲には地球をはじめ水星、金星などの惑星がそれぞれの速度で回っています。

しかし、古代の人々は太陽の周囲を地球が回っているとは考えていませんでした。なにしろ、この大地はゆるぎないように思われます。頭では地球が回っていることを十分に理解しているはずの現代人でも、地球の自転や公転を肌で感じることはないはずです。コペルニクスが登場して地球中心の世界観をひっくり返すまでは、人々は太陽が地球の周囲を1年かけて回っているのだと考えていました。

そして地球を取り囲むように有限の球体が存在していて、宇宙を形作っているとされていたのです。これを「天球」といいます。

天球内では、太陽、月、水星、金星などの惑星がくるくると回って時を刻んでいます。現代の天文学では太陽は恒星、月は衛星、冥王星は準惑星ですが、占星術では太陽も月も自ら動く天体、つまり惑星と考えているので、本書でも太陽も月も惑星とみなします。

古代の人の頭のなかでは、天球の中心には地球がありますが、この図では僕たち現代人にわかりやすいように太陽を中心に天球を図式化してみました。

宇宙のイメージとホロスコープの対応関係

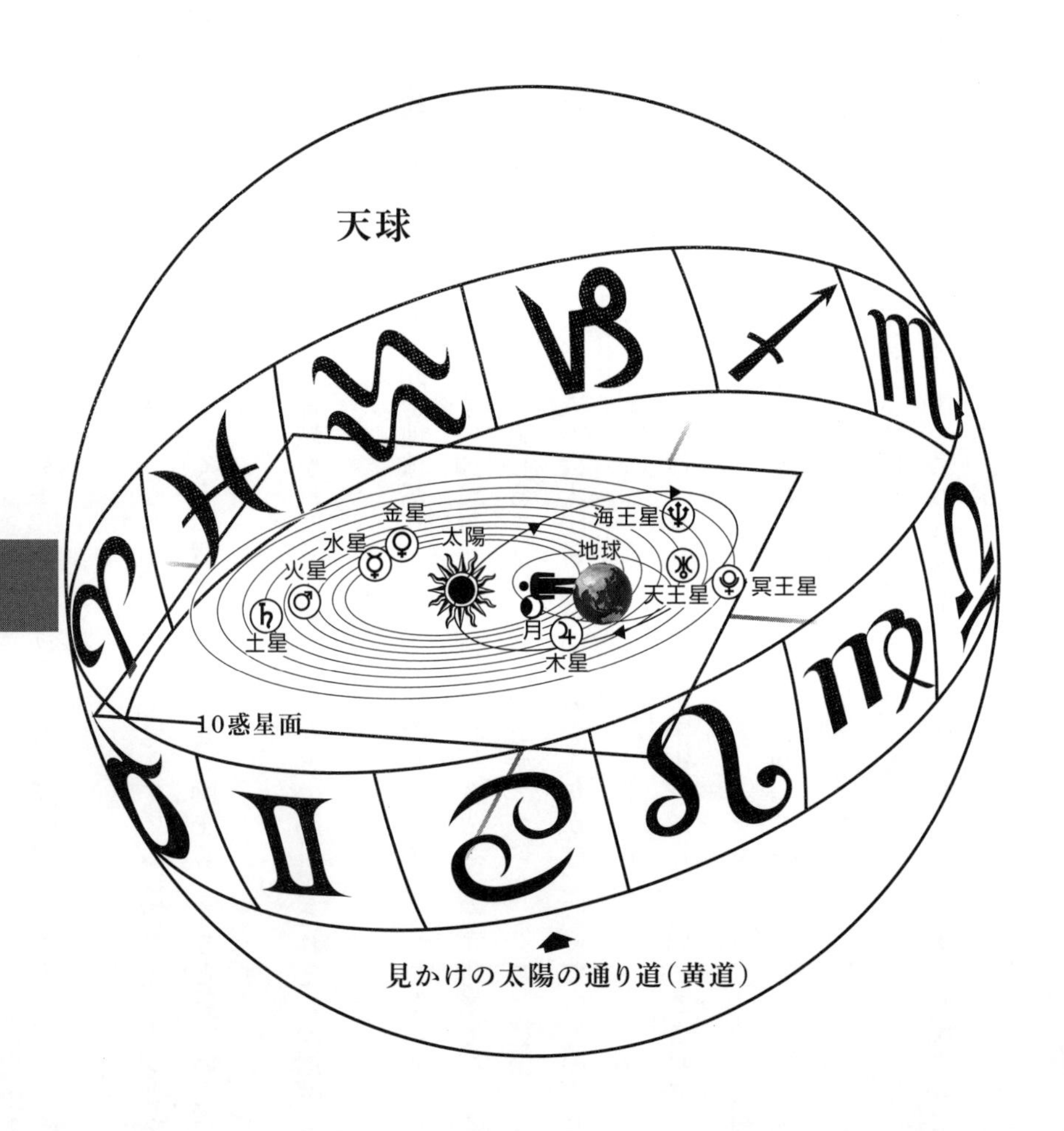

1年かけて太陽の周囲を回る地球から見ると、太陽のほうが天球を背景にして動いているように見えます。この太陽の見かけの通り道を天文学では「黄道」と呼びます。

黄道は、占星術ではきわめて重要。というのも、黄道にそって占星術で用いる「星座」（サイン）が並んでいるからです。

ちょっとややこしい話なのですが、この星座は、実際に夜空に見える星座とは別物です。実際の星座（コンステレーション）は、蠍座のように巨大なものから蟹座のように小さなものまで大小バラバラなのですが、図を見ていただければわかるように占星術で用いるホロスコープの星座（サイ

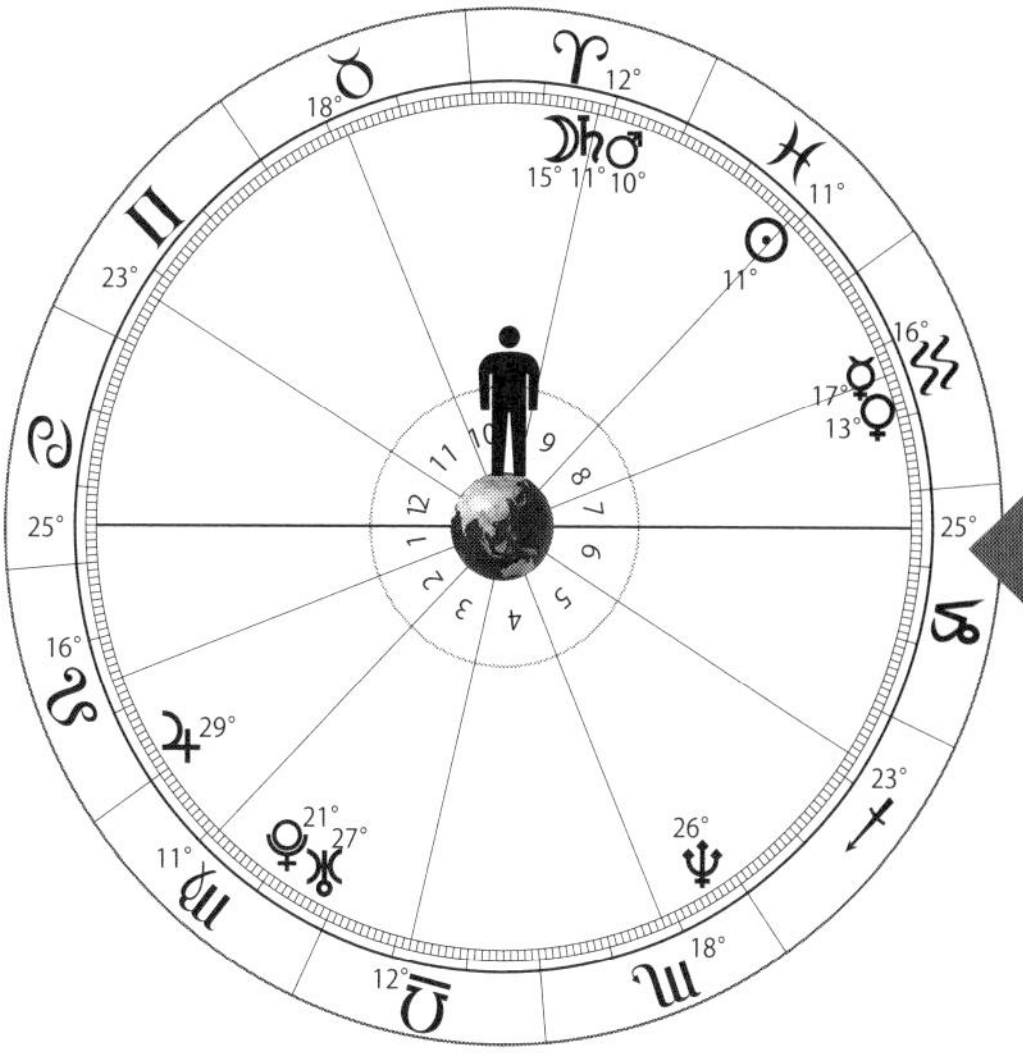

ン）はみなきっかり同じ大きさです。ピザを12等分しようとすると内角30度のピースができあがりますが、それと同じ。ひとつひとつの星座は30度ずつの幅をもっています。黄道を30度ずつに分割してできあがったサインに、実際の星座の名前があてられたというわけです。

以後、本書では特別な説明をしないかぎり、星座といえばこの30度きっかりのサインのことを指します。

毎年、太陽は春分の日に地球から見て牡羊座の始まり（0度）の位置を通過します。そこからおよそ1ヵ月ごとに太陽はひとつひとつの星座を通過していきます。夏至のときには太陽は蟹座へと到達し、秋分のときに天秤座へ、そして冬至のときに山羊座へ。

現行のカレンダーは太陽の動きをもとにした暦、つまり太陽暦ですから、月日という日付がわかれば、毎年、およその太陽の位置を判断することができます。

誕生日だけで決まる、いわゆる雑誌の星占いの星座（太陽星座）は、生まれたときにあった太陽の星座のこと。

しかし、それ以外にもたくさんの惑星があり、それぞれの惑星の運行は現行のカレンダーとは直接関係がないので、地球から見た位置を出すためには特別な計算が必要になるわけです。

さらに、地球はおよそ24時間で一回転していますが、地球を不動のものと考える天球のほうが24時間で地球の周りを一周することになり、地平線を基準にした位置を刻々と変えてゆくことになります。この地球の自転（天球の回転）をもとに天球を12に区分したものが12のハウスになります（12のハウスについては112ページ以降にもう少し詳しく解説します）。

10の惑星、12の星座、12のハウス。この三つがホロスコープを構成する要素となります。

ホロスコープを作る

そんなホロスコープ解読はこれまで「難しい」とされて、ごく普通の人の手にはあまるものだとされてきました。

ホロスコープの占星術のハードルを高くしていた理由はふたつあります。

ひとつは、ややこしい計算。そしてふたつめにその解読方法の複雑さです。

ホロスコープは、実際の星空を図表にしたもの。複雑な惑星の動きをトレースするには、細かい天文暦や計算の公式が必要で、正確なホロスコープを手計算だけで作成するのは大仕事。この段階で数学が苦手な人は挫折してしまうのです。

でも、ご安心ください。今ではコンピュータが普及しています。面倒な天体位置の計算は機械に任せれば良いのです。今ではネットを検索すれば無料でホロスコープを作成できるサイトをいくらでも見つけることができます。

しかし、自分で手を動かしてホロスコープを書くことも、ぜひ練習していただきたいと思います。自分でホロスコープを描くと、とたんにホロスコープがいっそう生き生きと浮かび上がって見えてくるでしょう。

30〜31ページにブランクチャートをつけておきますので、次ページで紹介しているホロスコープ作成のウェブサイトから必要なデータを取得して、23ページからの「ホロスコープの描き方手順」をご参照の上、描き込んでみましょう。

ホロスコープ作成ツールの使い方

日本語サイトの
無料ホロスコープチャート作成ツール

まずは簡単にチャートを作成したい方には、下記のサイトをおすすめします。本格的に使いたい方は、右で紹介する「Astrodienst (astro.com)」をお使いください。

鏡リュウジ公式サイト
https://kagamiryuji.jp/
ゴイスネット
https://goisu.net/chart/
ホロスコープ無料作成
http://www.horoscope-tarot.net/
占いアカデミー
https://www.uranai-academy.jp/tools/input

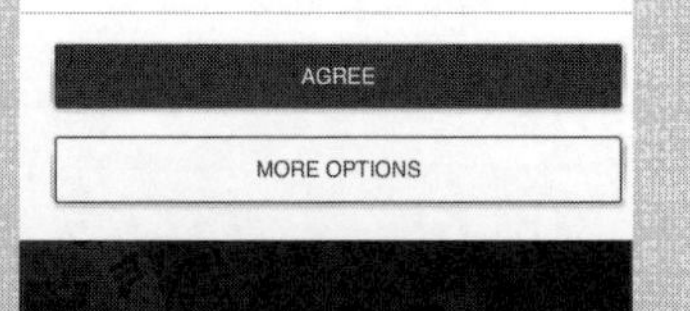

Astrodienst（アストロディエンスト）を使用してホロスコープを作成する

スイスにあるAstrodienst社が運営しているオンライン・占星術ポータルサイトは、無料で精度の高いホロスコープを作成することができます。著名な占星術家のリズ・グリーンがチーフ・アストロロジャーを務めています。

「マイ・アストロ」に無料登録すれば、作成した出生図を保存していくことができます。さらに上級者向けに様々なタイプのチャートが作れたり、天文暦を表示することもできます。

「astro.com」のアドレスにアクセスしてください。または「アストロディエンスト」で検索してもよいです。

左のようなページが現れます。

これは「私たちはお客様のプライバシーを大切にします」というようにプライバシーポリシーについて言っていますので、「AGREE（同意する）」をタップしてください。

最初は英語のページが表示されますが、日本語表示に変えることもできます。

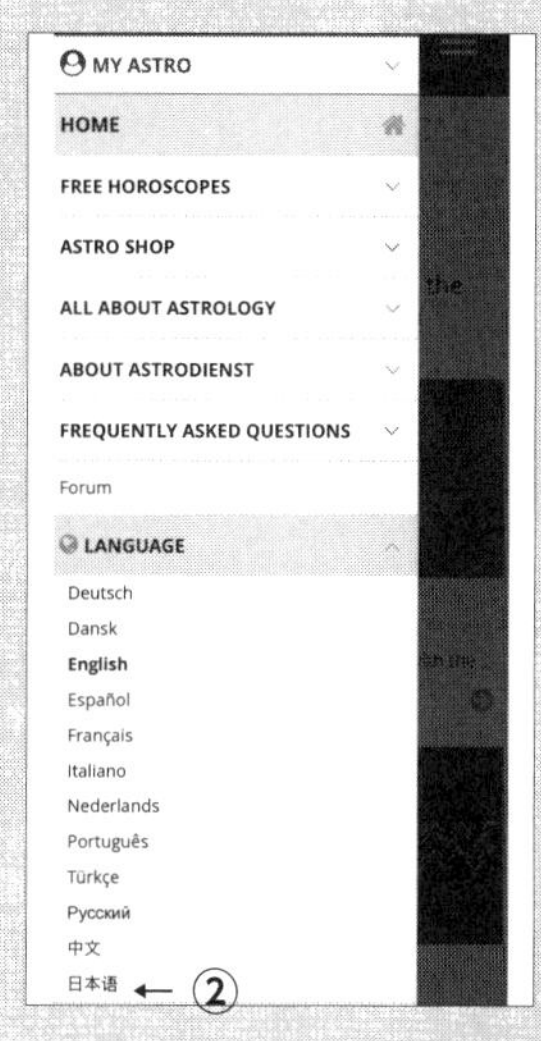

①の三本線のアイコンをタップしてください。
左サイドからメニューが現れます。下の方にスクロールして「LANGUAGE」メニューから②「日本語」を選択してください。

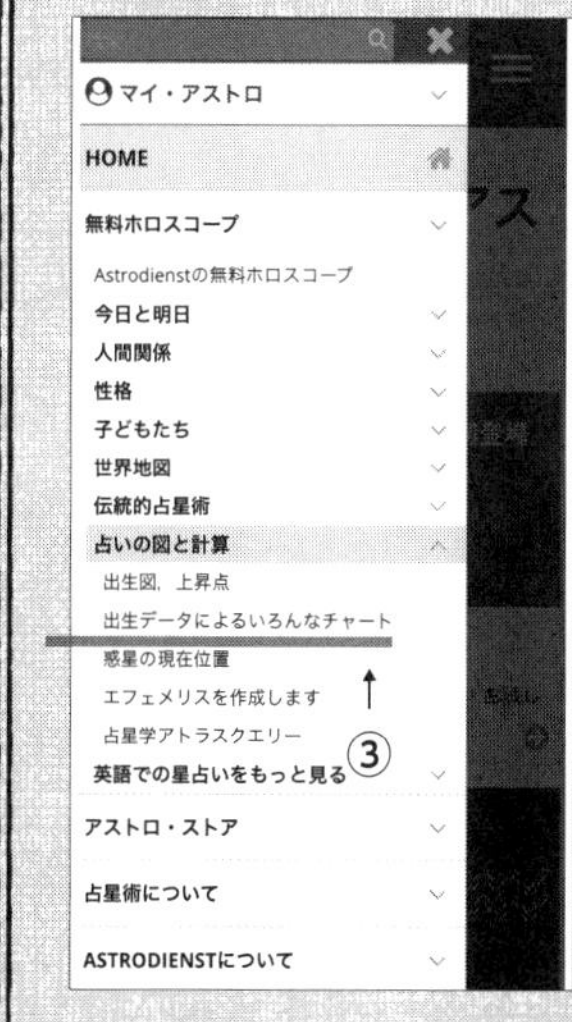

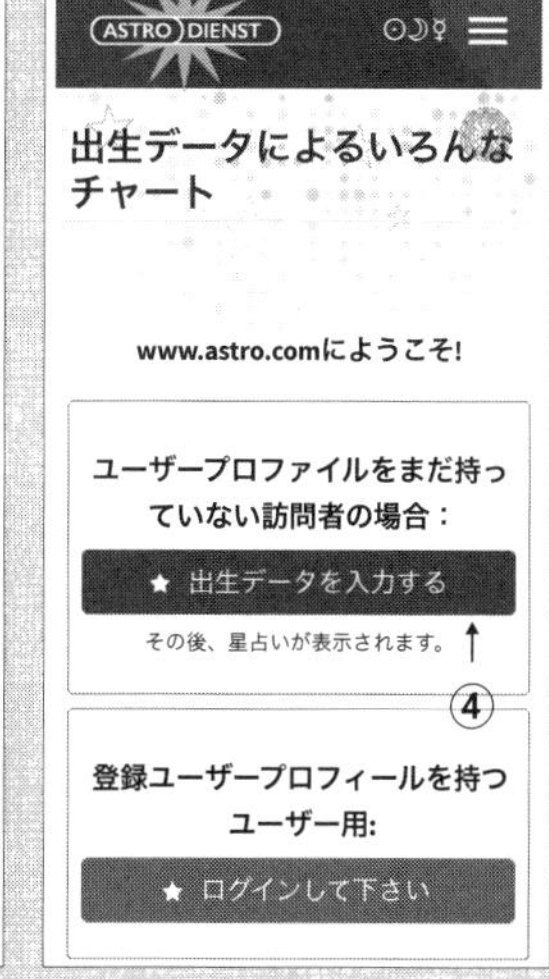

③次に同メニューから、「無料ホロスコープ」→「占いの図と計算」→「出生データによるいろんなチャート」をタップしてください。

④初めてこのサイトを使う方は「★ 出生データを入力する」を選択してください。

次に「Astrodienst によるデータプライバシー情報」のページに移るので「承諾します」をタップして次のページへ。

出生データの入力
☉♈,☽♓,AC♉18°43'
名前
月美
姓
（オプション）
性別
◉女性 ○男性 ○生起
誕生日
1991 年 4月 12 日
時
6 時 40 分
国
Japan
出生地（市町村）（ローマ字を書いてください）
⑤
Nagano (Nagano), Japan, 36n39, 138e11
⊞ 拡張設定を　表示する/隠す
続ける

ここからが出生データの入力です。白抜きの入力スペースに名前、姓（オプション）、性別、誕生日、時、国、出生地を入力して下さい。名前と姓は、日本語での入力（漢字入力）が可能です。

ここでは例として、1991年4月12日6時40分、長野生まれの月美さんという女性のデータを入力します。

性別の「女性」「男性」の次にくる「生起」とは、event/other（イベントのホロスコープ／その他）の翻訳ミスです。

⑤ 出生地（市町村）の入力は、必ずローマ字で入力してください。途中まで入力すれば、入力欄の下に予測された地名が出てきます。

全て入力し終えたら、最下位にある「続ける」をタップ。ページが変わり、「出生データによるいろんなチャート」へ。

⑥このまま「クリックしてチャートを表示」すると、すぐにホロスコープ・チャートが表示されます。

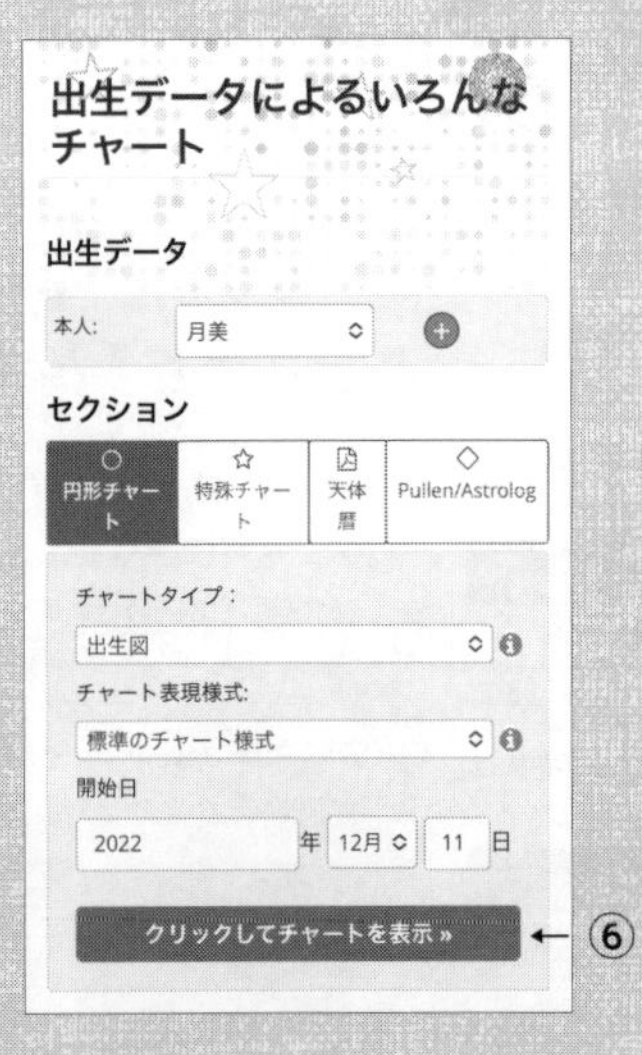

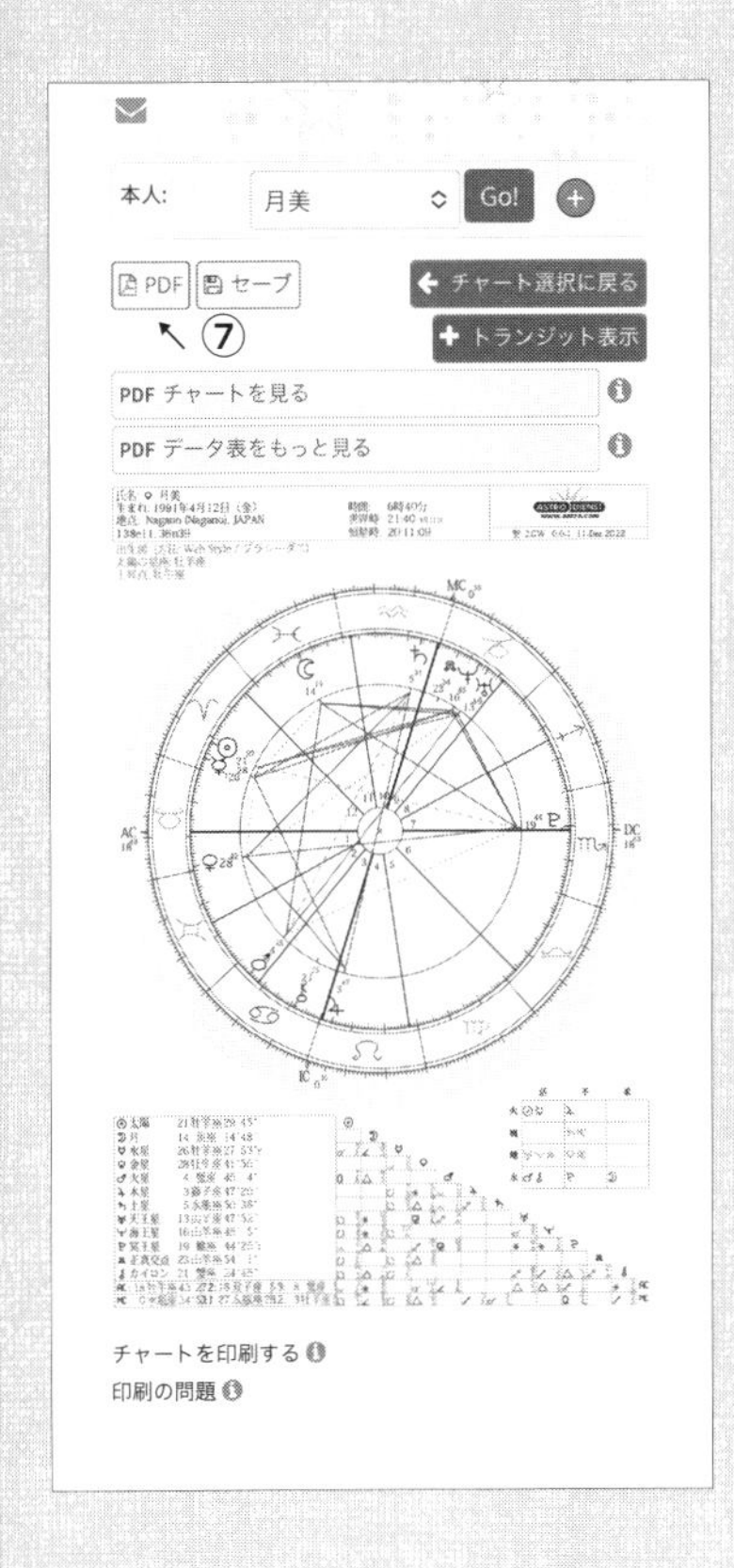

チャート画像をクリック、またはスマートフォン／タブレットの場合は長押しすることによって、画像のみのページが表示されます。これを印刷、または画像で保存してください。

⑦「PDF」という所をクリックすると、別メニューが表示されます。

⑧この「PDFデータ表をもっと見る」をタップすると、さらにデータが表示されます（次頁）。

天体の位置やアスペクト表、ハウスの位置などを確認することができます。このデータは画像ファイルではなくPDFファイルですので、そのまま印刷できます。「PDFチャートを見る」のメニューは、有料サービスです。

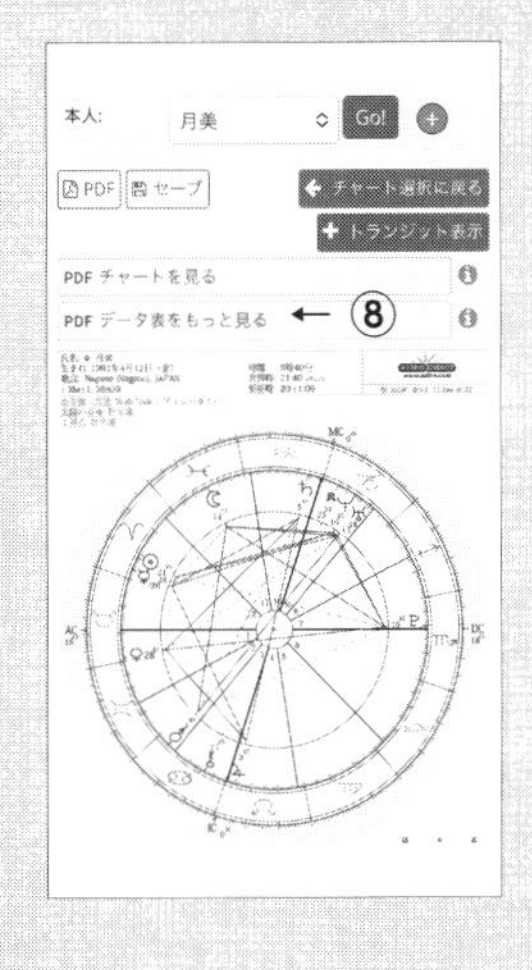

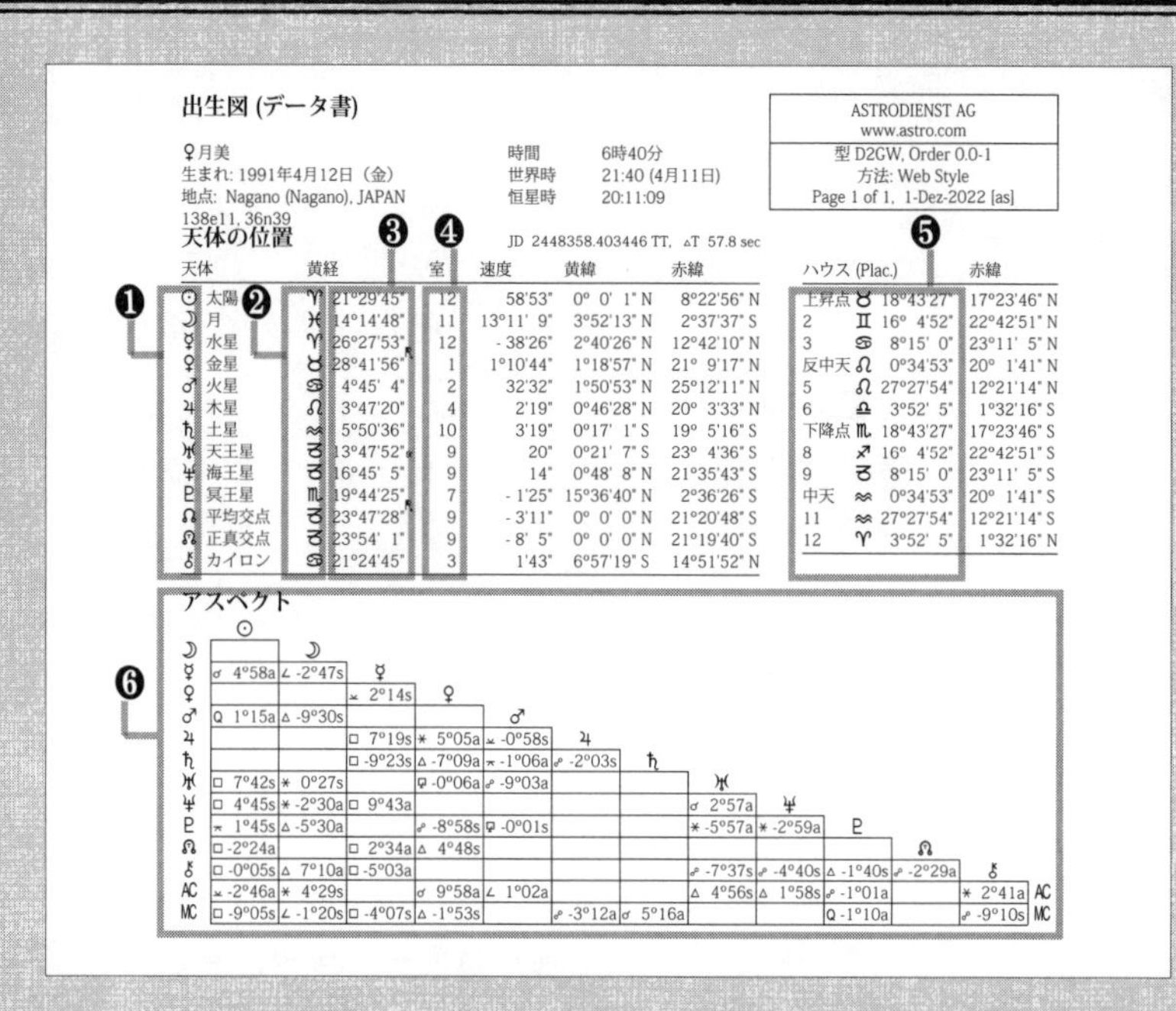

出生図 (データ書)

♀月美
生まれ: 1991年4月12日（金）
地点: Nagano (Nagano), JAPAN
138e11, 36n39

時間 6時40分
世界時 21:40 (4月11日)
恒星時 20:11:09

ASTRODIENST AG
www.astro.com
型 D2GW, Order 0.0-1
方法: Web Style
Page 1 of 1, 1-Dez-2022 [as]

天体の位置

JD 2448358.403446 TT, ΔT 57.8 sec

天体		黄経		室	速度	黄緯	赤緯
☉	太陽	♈	21°29'45"	12	58'53"	0° 0' 1" N	8°22'56" N
☽	月	♓	14°14'48"	11	13°11' 9"	3°52'13" N	2°37'37" S
☿	水星	♈	26°27'53"	12	- 38'26"	2°40'26" N	12°42'10" N
♀	金星	♉	28°41'56"	1	1°10'44"	1°18'57" N	21° 9'17" N
♂	火星	♋	4°45' 4"	2	32'32"	1°50'53" N	25°12'11" N
♃	木星	♌	3°47'20"	4	2'19"	0°46'28" N	20° 3'33" N
♄	土星	♒	5°50'36"	10	3'19"	0°17' 1" S	19° 5'16" S
♅	天王星	♑	13°47'52"	9	20"	0°21' 7" S	23° 4'36" S
♆	海王星	♑	16°45' 5"	9	14"	0°48' 8" N	21°35'43" S
♇	冥王星	♏	19°44'25"	7	- 1'25"	15°36'40" N	2°36'26" S
☊	平均交点	♑	23°47'28"	9	- 3'11"	0° 0' 0" N	21°20'48" S
☊	正真交点	♑	23°54' 1"	9	- 8' 5"	0° 0' 0" N	21°19'40" S
⚷	カイロン	♋	21°24'45"	3	1'43"	6°57'19" S	14°51'52" N

ハウス (Plac.)			赤緯
上昇点	♉	18°43'27"	17°23'46" N
2	♊	16° 4'52"	22°42'51" N
3	♋	8°15' 0"	23°11' 5" N
反中天	♌	0°34'53"	20° 1'41" N
5	♌	27°27'54"	12°21'14" N
6	♎	3°52' 5"	1°32'16" S
下降点	♏	18°43'27"	17°23'46" S
8	♐	16° 4'52"	22°42'51" S
9	♑	8°15' 0"	23°11' 5" S
中天	♒	0°34'53"	20° 1'41" S
11	♒	27°27'54"	12°21'14" S
12	♈	3°52' 5"	1°32'16" N

アスペクト

	☉	☽	☿	♀	♂	♃	♄	♅	♆	♇	☊	⚷
☽												
☿	☌ 4°58a	∠ -2°47s										
♀			⚺ 2°14s									
♂	Q 1°15a	△ -9°30s										
♃			□ 7°19s	✶ 5°05a	⚺ -0°58s							
♄			□ -9°23s	△ -7°09a	⚻ -1°06a	☍ -2°03s						
♅	□ 7°42s	✶ 0°27s		⚼ -0°06a	☍ -9°03a							
♆	□ 4°45s	✶ -2°30a	□ 9°43a					☌ 2°57a				
♇	⚻ 1°45s	△ -5°30a		☍ -8°58s	⚼ -0°01s			✶ -5°57a	✶ -2°59a			
☊	□ -2°24a		□ 2°34a	△ 4°48s								
⚷	□ -0°05s	△ 7°10a	□ -5°03a					☍ -7°37s	☍ -4°40s	△ -1°40s	☍ -2°29a	
AC	⚺ -2°46a	✶ 4°29s		☌ 9°58a	∠ 1°02a			△ 4°56s	△ 1°58s	☍ -1°01a		✶ 2°41a
MC	□ -9°05s	∠ -1°20s	□ -4°07s	△ -1°53s		☍ -3°12a	☌ 5°16a			Q -1°10a		☍ -9°10s

❶「天体の位置」の表の左端が「天体」の記号です。一番上が太陽です。

❷同じく左から２番目「黄経」に星座の記号が書かれています。その列の天体が入っている星座です。

❸「黄経」の星座記号の隣の数字は、天体の位置を表します。度数は０度から 29 度までです。右端にあるＲにスラッシュの入った記号は、天体の逆行を表しています。

❹左から４番目「室」には天体があるハウス番号を表記しています。
（５度前ルールは適用されていません）

❺右にあるリスト「ハウス」は、ハウス・カスプの位置を表しています。
（上昇点はアセンダント、反中天［北中天］はIC、下降点はディセンダント、中天［南中天］はＭＣです）

❻「アスペクト」は、グリッドで表記されています。
メジャーアスペクト５種とマイナーアスペクト５種。数値の右の「a」はアプライといい惑星同士が接近してアスペクトが形成されようとしている状態を、「s」は形成されたアスペクトが離反していくセパレートを表します。

（文＝賢龍雅人）

ホロスコープの描き方手順

難しいホロスコープの計算と作成は、今、ネット上で無料で簡単に行うことができるようになっています。「ホロスコープ　作成」などで検索すると無料サイトがいくつも出てくるでしょう。

初心者には「鏡リュウジ公式サイト」のサイト内のホロスコープ作成ツール、「ゴイスネット」、「メトロポリタン占星術」などが見やすいと思います。

ここでは、今後の学習過程のことも考えて、上級者でも十分に使えるサイトAstrodienst（アストロエディエンスト　Astro.com）を用いて解説します。このサイトのツールの用い方は18ページを参照してください。もし本格的に占星術を学ぼうとするならAstro Gold, Janusなどプロ向けの海外のアプリやソフトを購入することを検討してもよいかもしれません。

全くの初心者の方は先にあげた日本のサイトを用いても構いません。

ホロスコープを手描きするうえで必要なデータは、

＊惑星の位置　（○○座　○○度）

＊ＡＳＣ、ＭＣを含む各ハウスの起点の位置（○○座、○○度）

＊主要なアスペクトです。アスペクトについては第4章で説明します。

20ページで例にあげた、月美さんの出生データを元に描き方の手順を説明します。

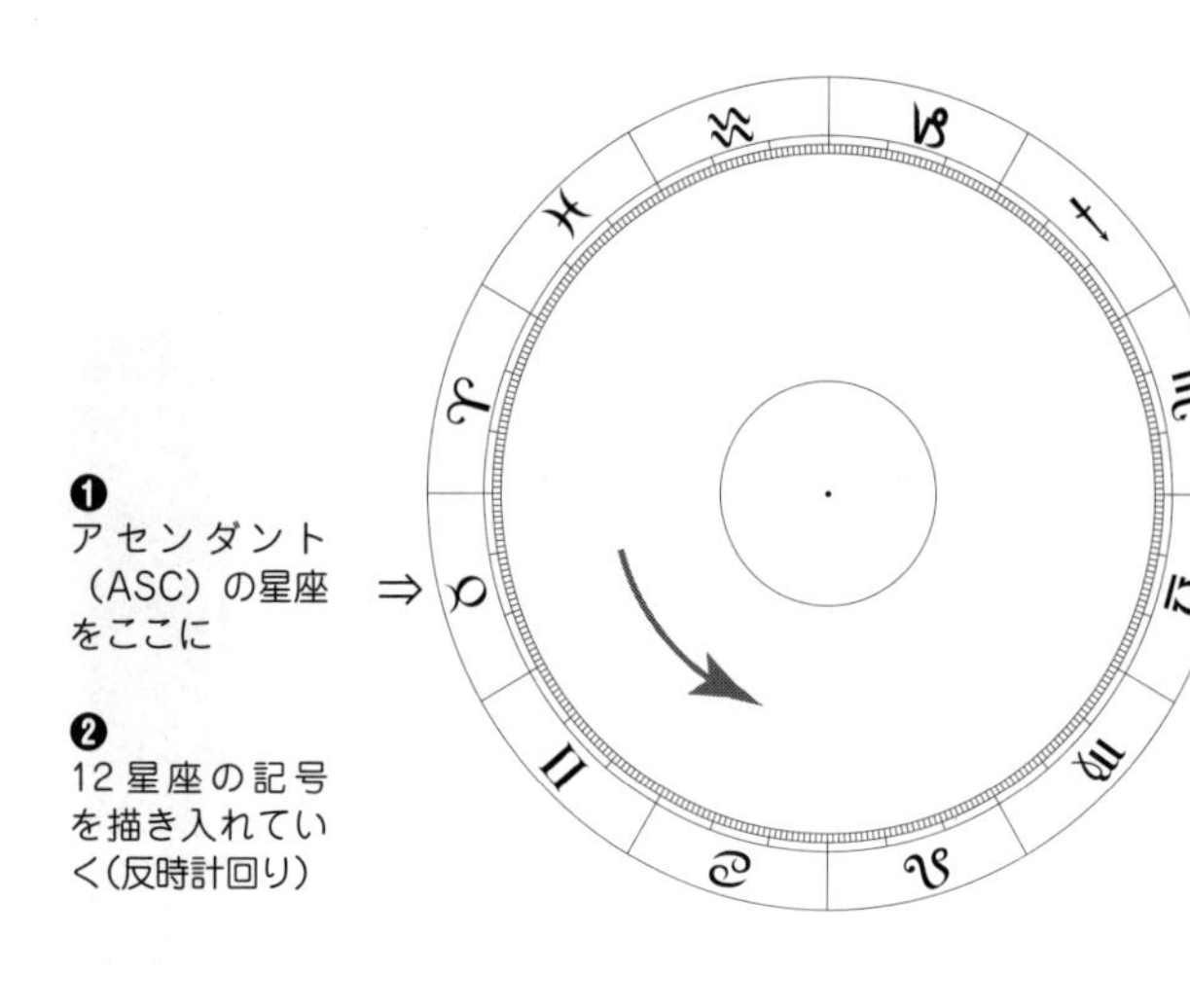

ハウス (Plac.)		
上昇点	♉	18°43'27"
2	♊	16° 4'52"
3	♋	8°15' 0"
反中天	♌	0°34'53"
5	♌	27°27'54"
6	♎	3°52' 5"
下降点	♏	18°43'27"
8	♐	16° 4'52"
9	♑	8°15' 0"
中天	♒	0°34'53"
11	♒	27°27'54"
12	♈	3°52' 5"

月美さんの出生データは以下だとしましょう。

1991年4月12日6時40分　長野生まれ

Astrodienst の使い方を参照して、右上の表のようにホロスコープのデータを出してください（18～22ページ参照）。

❶ホロスコープの左、時計でいう9時の位置が始点です。この位置に上昇点（アセンダント、あるいはＡＳＣ）の星座が入ります。月美さんのアセンダントは牡牛座にありますから、ホロスコープの左端のブランクに牡牛座の記号を描き込みましょう。星座の記号は4ページを参照してください。

上昇点は英語のアセンダントの訳語です。略号ではＡＳＣあるいはＡＣ。東の地平線でここが第1ハウスの起点となります。

❷この牡牛座から、12星座の記号を順番にブランクチャートの外周部分に描き入れます。星座の順は牡羊座、牡牛座、双子座、蟹座、獅子座、乙女座、天秤座、蠍座、射手座、山羊座、水瓶座、魚座です。ホロスコープでは反時計回りに描き入れます。

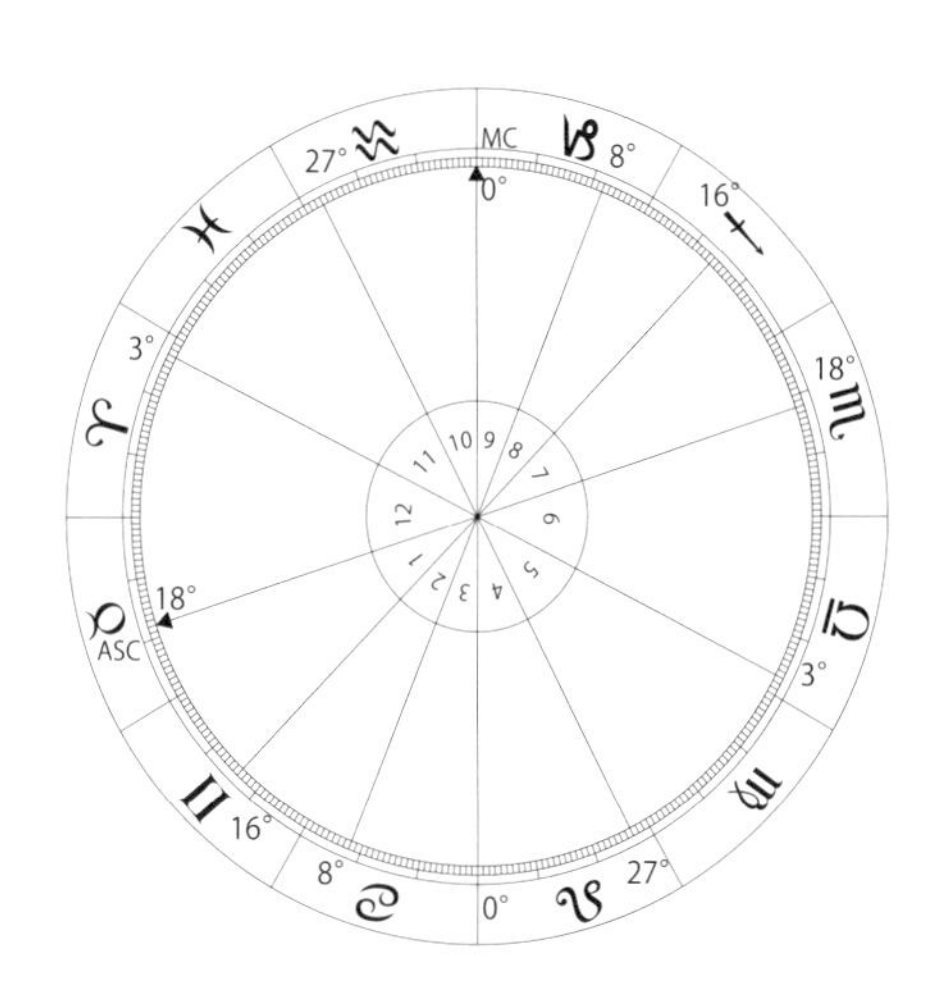

❸
アセンダントの角度にASCと書き、その位置から円の中心を通って直線を引く。

❹
ハウスの境界線を引き、中心にハウスナンバーを書く。

❸月美さんのアセンダントは牡牛座18度です。Astrodienstでは、度数のみではなく、分、秒単位で細かく位置が示されていますが、分、秒の単位はここでは切り捨てていきましょう（それぞれの星座は0度から29度まで、反時計回りで度数が割り振られます）。

牡牛座の18度の位置にASCと書き、円の中心を通り、反対側の蠍座18度に達する直線を引きます。これがアセンダントとディセンダント（下降点：DES）を結ぶASC‐DESライン、つまり地平線です。地平線を水平に描くのがホロスコープの書式としてはわかりやすいのですが、このブランクチャートに書き込むときには便宜上、ASC‐DESラインが斜めになることをご了承ください。

❹アセンダントは第1ハウスの起点です。ホロスコープで向かい合う（対向の）位置にくるハウスは必ず度数が同じになります。第1ハウスと向かい合っている第7ハウスの起点は蠍座18度になっていますね。❸のステップですでに、この2つを結ぶ直線を引いていました。次に第2ハウスは双子座16度、第8ハウスは射手座16度なので、このふたつの点を直線で結びます。この作業を繰

138e11, 36n39

天体の位置

JD 2448358.403446 TT, ΔT 57.8 sec

天体		黄経		室	速度	黄緯	赤緯
☉	太陽	♈	21°29'45"	12	58'53"	0° 0' 1" N	8°22'56" N
☽	月	♓	14°14'48"	11	13°11' 9"	3°52'13" N	2°37'37" S
☿	水星	♈	26°27'53"℞	12	- 38'26"	2°40'26" N	12°42'10" N
♀	金星	♉	28°41'56"	1	1°10'44"	1°18'57" N	21° 9'17" N
♂	火星	♋	4°45' 4"	2	32'32"	1°50'53" N	25°12'11" N
♃	木星	♌	3°47'20"	4	2'19"	0°46'28" N	20° 3'33" N
♄	土星	♒	5°50'36"	10	3'19"	0°17' 1" S	19° 5'16" S
♅	天王星	♑	13°47'52"sr	9	20"	0°21' 7" S	23° 4'36" S
♆	海王星	♑	16°45' 5"	9	14"	0°48' 8" N	21°35'43" S
♇	冥王星	♏	19°44'25"℞	7	- 1'25"	15°36'40" N	2°36'26" S
☊	平均交点	♑	23°47'28"	9	- 3'11"	0° 0' 0" N	21°20'48" S
☊	正真交点	♑	23°54' 1"	9	- 8' 5"	0° 0' 0" N	21°19'40" S
⚷	カイロン	♋	21°24'45"	3	1'43"	6°57'19" S	14°51'52" N

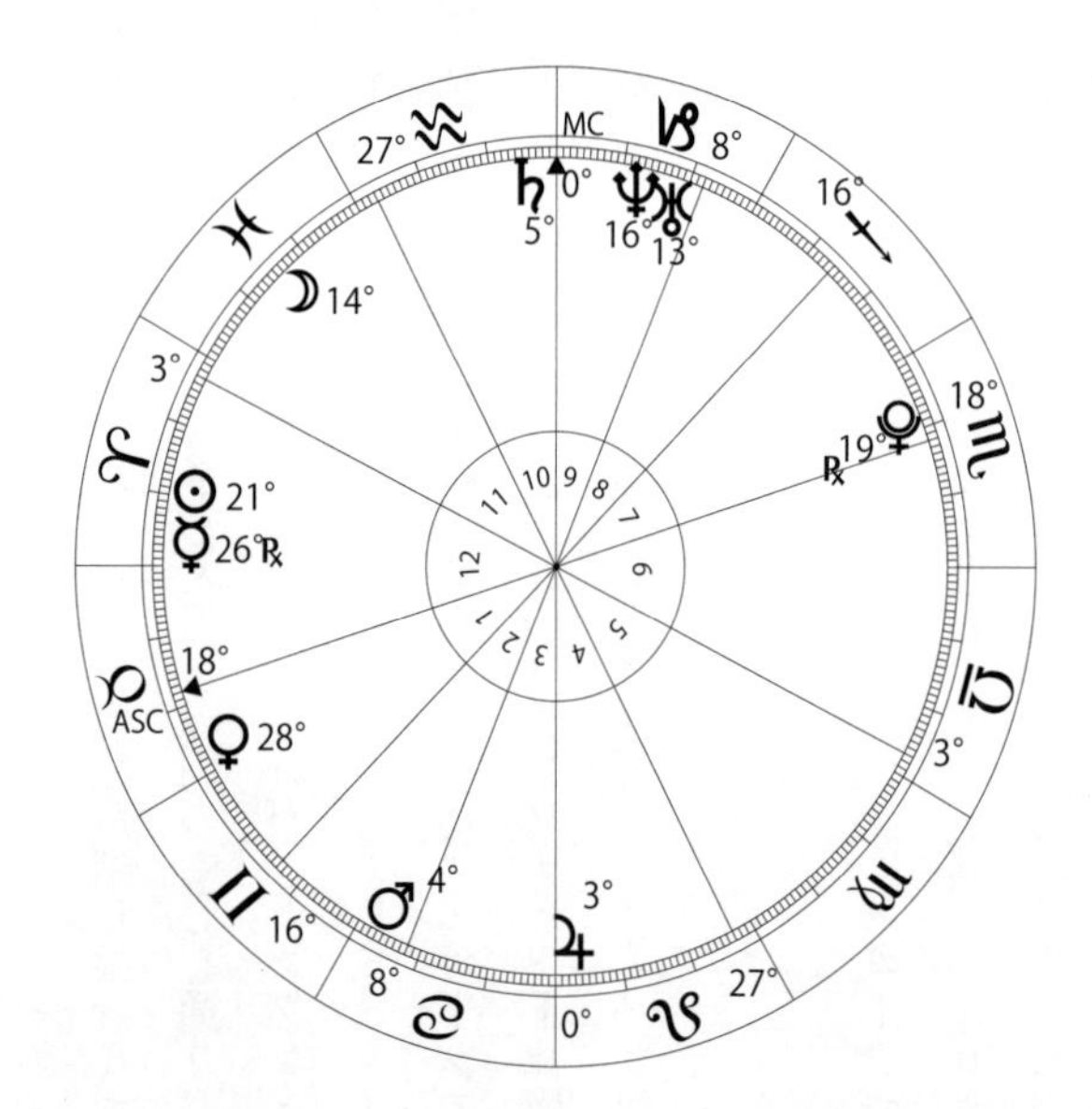

❺ 惑星マークと角度、逆行マークを書く

り返し、ハウスの境界線を入れて、12分割したらハウスナンバー1～12を書き込みます（ハウスの詳細は112ページ以下を参照のこと）。

❺惑星をチャートに描き込みます。Astrodienst の情報欄左側（22ページ参照）で、星座の中の惑星の角度を見て、図のように惑星マークとその角度を記入します。たとえば、太陽☉は牡羊座のハウスの21度、第12ハウスにあります。なお、情報欄の ℞ 記号はその惑星が逆行していることを示します。逆行する惑星は力がイレギュラーな働きをすると解釈されます。

ここまでできたら、初心者の方はすぐに本書を使うことができます。32ページからの「惑星と星座を読んでみよう」、112ページからの「ハウスのはたらきを知る」の章へ進みましょう。

ただ、惑星のハウスについては注意が必要です。本書では「5度前ルール」を採用しています。反時計回りにハウスの起点の5度手前から惑星は次のハウスにあるものとして扱います。例えば火星は蟹座4度で、図と表の上では第2ハウスに入っているように表示されますが、第3ハウスの起点（カスプ）は蟹座8度で、火星はその手前5度以内にあります。そこで実際には次のハウスの第3ハウスにあるものとして解釈します。5ページ⑫も参照のこと。

初心者のうちはこのようにホロスコープ作成サイトの計算結果をもとに、自分でホロスコープに星の位置を描き入れてください。

少なくとも自分自身のホロスコープ、そして身近な人々を合わせて5人くらいのホロスコープを手で描くことで、ホロスコープの手触りのようなものが体感できるようになるでしょう。この感覚をもてるかどうかで、その後のホロスコープ解釈の腕の上達具合が俄然、違ってきます。欲を言えば、惑星の運行速度を実感するためにも天文暦をもとに自分で計算していただきたいのですが、そこまでリクエストするとちょっとハードルが上がりすぎますからね。今はソフトに頼りましょう（ただ、学習が進んだら一度はチャレンジしてみてもいいでしょうね）。

もっとも、まずは自分のことをてっとりばやく占いたい、という方はホロスコープをプリントアウトしてすぐに本書の該当する項目を読む、というやりかたでもかまいません。

ところで、ちょっと余談なのですが、「コンピュータ」というのがもともと占星術と深く関わっていたのはご存じでしたか？

コンピュータというのは、本来「コンピュート」（計算）する人、という意味です。そして中世においては星の位置を計算する人たちがこの「コンピュータ」だったのです！

さてさて、昔、人間だった「コンピュータ」（計算者）は今や電子に置き換わりました。ここでホロスコープの世界への間口はぐっと広がりました。

しかし、ホロスコープを作成することは、占星術入門の最初の難関にすぎません。問題はここから。

複雑な星の記号の集積のようなホロスコープをどんなふうに解読すればいいのか、多くの人はここでまたたじろいでしまいます。

本書では、その第一歩を特別に工夫したワークシートを使うことでクリアすることにしてみました。

惑星の項目の冒頭にあるワークシートに書き込んでください。この作業をするうちに、惑星と星座の組み合わせの意味を、だんだん実感をもって理解できるようになるでしょう。

わたしのデータ

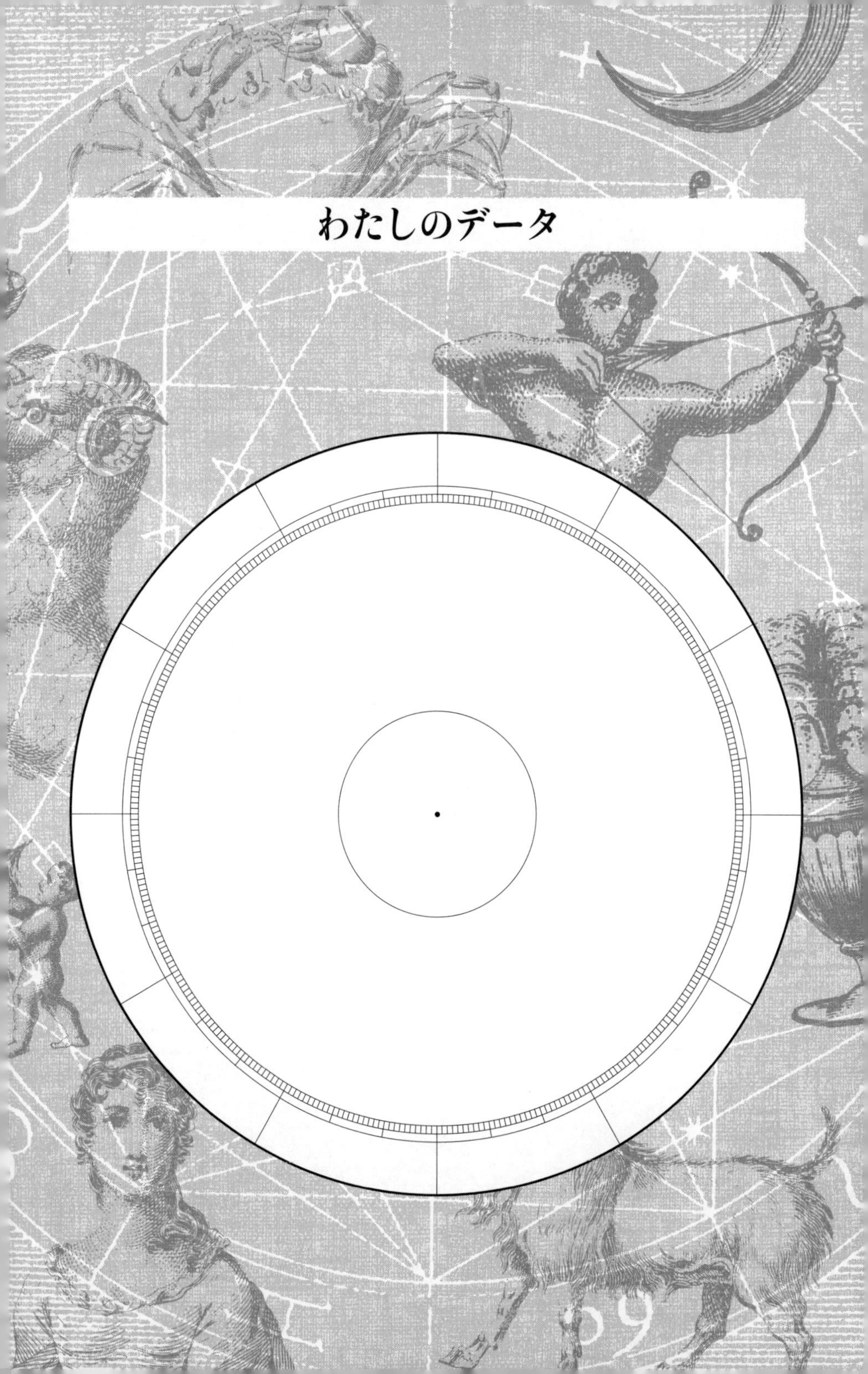

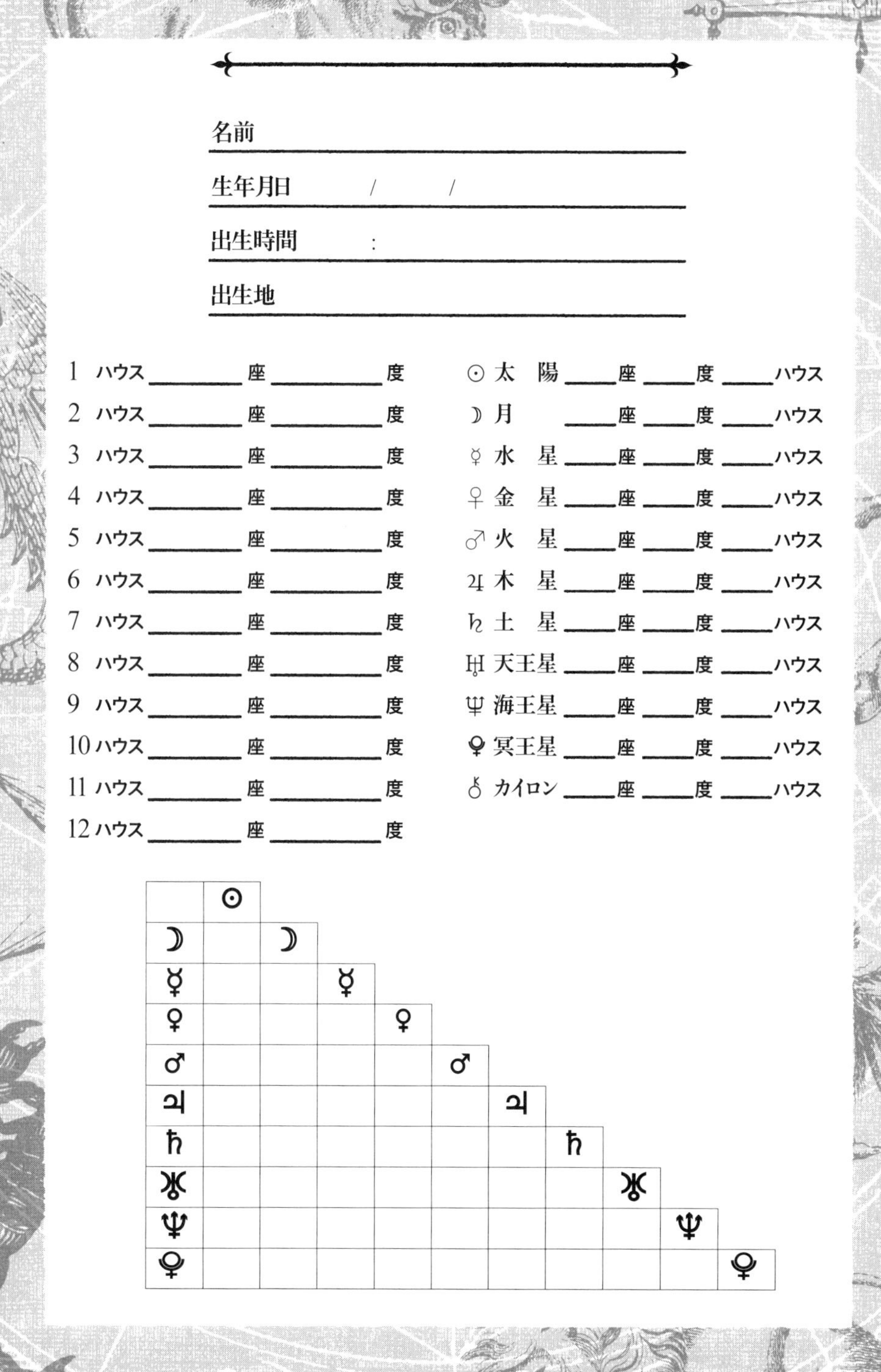

名前 ____________________

生年月日 　　/　　/ ____________________

出生時間 　　: ____________________

出生地 ____________________

1 ハウス ________ 座 ________ 度

2 ハウス ________ 座 ________ 度

3 ハウス ________ 座 ________ 度

4 ハウス ________ 座 ________ 度

5 ハウス ________ 座 ________ 度

6 ハウス ________ 座 ________ 度

7 ハウス ________ 座 ________ 度

8 ハウス ________ 座 ________ 度

9 ハウス ________ 座 ________ 度

10 ハウス ________ 座 ________ 度

11 ハウス ________ 座 ________ 度

12 ハウス ________ 座 ________ 度

☉ 太　陽 ____ 座 ____ 度 ____ ハウス

☽ 月 ____ 座 ____ 度 ____ ハウス

☿ 水　星 ____ 座 ____ 度 ____ ハウス

♀ 金　星 ____ 座 ____ 度 ____ ハウス

♂ 火　星 ____ 座 ____ 度 ____ ハウス

♃ 木　星 ____ 座 ____ 度 ____ ハウス

♄ 土　星 ____ 座 ____ 度 ____ ハウス

♅ 天王星 ____ 座 ____ 度 ____ ハウス

♆ 海王星 ____ 座 ____ 度 ____ ハウス

♇ 冥王星 ____ 座 ____ 度 ____ ハウス

⚷ カイロン ____ 座 ____ 度 ____ ハウス

	☉									
☽		☽								
☿			☿							
♀				♀						
♂					♂					
♃						♃				
♄							♄			
♅								♅		
♆									♆	
♇										♇

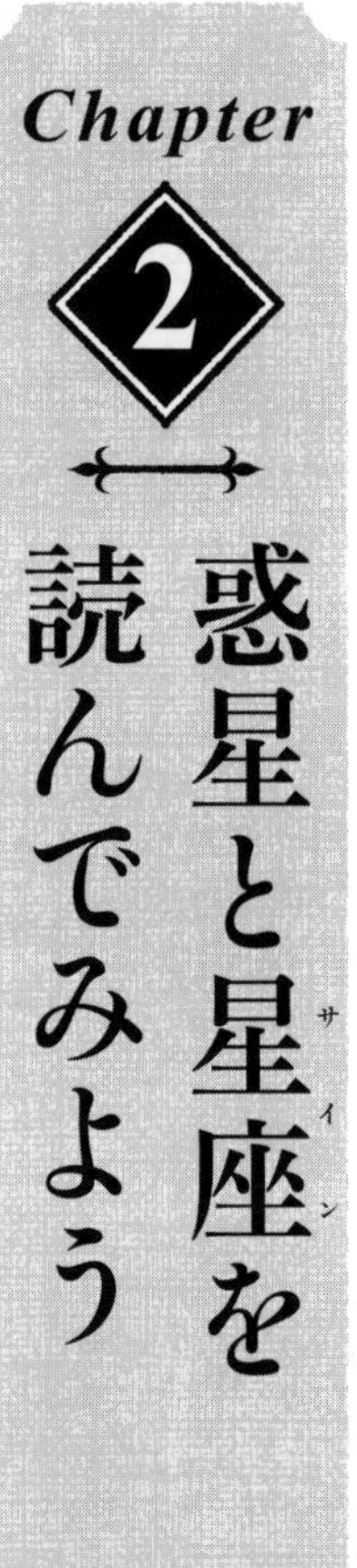

Chapter 2 惑星と星座（サイン）を読んでみよう

ホロスコープは、惑星、星座（サイン）、ハウスの3つの要素から成り立っています。すべてのホロスコープ解釈はこの3つの要素の意味を組み合わせていくことで進められます。

まず、ここでは惑星と星座の組み合わせをご説明しましょう。

ホロスコープ解釈を一種の文法と考えると、**惑星の働きは動詞（主語と動詞）**にあたります。太陽なら、「私は……切り拓く」金星なら「私は……愛する」というような感じです。

そして、**星座は副詞や形容動詞**にあたります。牡羊座なら「衝動的に」だとか「情熱的に」、牡牛座なら「温和に」とか「時間をかけて」といった感じでしょうか。

そして、**このふたつを組み合わせてセンテンス（文）**を作っていけばいいのです。たとえば、金星が牡羊座にある場合なら。「私は情熱的に愛する」というふうになります。そのキーワードはそれぞれのページにあげておきましたから、そのなかから自分で選び出していってください。

ただし、星の意味自体には、本来、「良い、悪い」はないのです。100パーセント善人や100パーセントの悪人がいないのと同じように、星の神々にはそれぞれのキャラクターはあるものの、その性質がポジティブに表れることもあれば、ネガティブに表れることもあります。問題はその人の星の潜在力の使い方だということになるでしょう。

現代の占星術は、こうした惑星の配置が自分の心の動きを表していると考え、ホロスコープによって自分の心を覗き見ようとするわけです。

惑星たちのパワー

占星術の主役は、星座ではありません。実は惑星たちこそが、その中心的な働きをなしているのです。

惑星は、僕たちの心の奥底から湧き出てくる、ある種のエネルギー、あるいは欲望、さらにはモチベーションの源泉だと考えていいでしょう。英語では金星はヴィーナス、火星はマーズ、木星はジュピターというふうにいいますが、もちろん、それらは神々の名前。惑星は古代から、神々だと考えられてきたのです。僕たちの心に恋や嫉妬や恐れといったさまざまな、いかんともしがたい情動をひきおこすのは神々。惑星の神々の言葉を聴くことこそが占星術なのでした。

本書でのホロスコープ解釈の方式では、惑星は「主語（S）＋動詞（V）」という、文章を形作る基本の骨格をなしています。

たとえば、人は誰しも安心して眠りたいという欲求を持っています。安心するためには自分がリラックスできるための状況を作り出すことが必要になります。十分な食べ物や暖かな寝床もいるでしょう。ときには甘えさせてくれる人と触れ合うことも大切になるかもしれません。

こうした欲求を作り出すのは、占星術では月だとされています。月は、人間の基本的な安定感や安心感、それによって作り出される安定した情緒を司っているのです。

一方、いわゆる「誕生星座」を決めているのは、太陽。人生を切り開く基本的なエネルギーの象徴です。

月が本能的で無意識的な、生物学的な反応を象徴するのにたいして太陽はより意志的、意識的な欲求を司ります。ほかの誰でもない、自分が自分になりたいという気持ちを生み出すのはこの太陽なのです。

近代以前では、太陽・月・水星・金星・火星・木星・土星の、7つの惑星が用いられてきましたが、18世紀以降、天王星・海王星・冥王星が加えられています。

そのうち冥王星は、2006年8月の国際天文学連合（IAU）総会において、天文学上、惑星としての地位を失いました。しかし、占星術においては本来、恒星である太陽や衛星である月も歴史的な枠組みのなかで「惑星」として扱われており、本書では冥王星は引き続き「惑星」として扱うこととします。

占星術家のなかには、土星と天王星の間を回る小天体カイロン（キロン）をはじめ、小惑星や彗星までもホロスコープに書き込む人も多くなっていますが、まずは太陽から冥王星までの10の惑星を用いることにしましょう（現代占星術ではカイロンはとくに重視されているので、これについては巻末でご説明することにします）。

それぞれの惑星のはたらきについては44ページ以降で詳しく説明するつもりですが、その記号と意味を簡単に表にしておきましたので、参照してみてください。

惑星のキーワード

マーク	惑星	支配星座	特性
☉	太　陽	獅子座	バイタリティー。存在しようとする欲求。基本的な性格を判断する際の鍵。
☽	月	蟹　座	反応と感情。何かに支えられているという感覚への欲求。基本的安定感。
☿	水　星	双子座 乙女座	知的能力。言語能力。知性や言葉を通じて自己を表現したいという欲求。
♀	金　星	牡牛座 天秤座	愛と調和。内なるイメージ。愛されたいという欲求。
♂	火　星	牡羊座	行動への意志。セックス。勝利への欲求。
♃	木　星	射手座	拡大と保護。自分よりも高次なもの、大きなものに接近したいという欲求。
♄	土　星	山羊座	努力と責任。制限。自己を秩序あるものに留めたいという欲求。
♅	天王星	水瓶座	個人主義的な自由。他人とは異なる存在になりたいという欲求。
♆	海王星	魚　座	陶酔と曖昧。自我から自由になりたい、解放されたいという欲求。
♇	冥王星	蠍　座	変容、消滅。まったく新たな存在になりたいという欲求。

惑星のこれらのイメージは心理学者のユングが「元型(アーキタイプ)」と名づけたような、人類に共通する基本的な心の働きそのものです。

ワークシートでは、「惑星の力が十分に発揮できれば」などという表現が用いられますが、人はそれぞれの惑星の力を健やかなかたちで発揮し、使うことができれば幸福を感じることができます。月の力が健全なかたちで働けばその人は十分にリラックスでき、気持ちも安定して人を信頼することができるでしょう。しかしそれがかなわなければ、収まりようのない不安を感じたりイライラしたり、逆に感情に蓋をしてあえてロボットのような情緒のない感情生活を送るようになってしまいます。

どのようなスタイルでいるときにそれぞれの惑星が、最もナチュラルに力を発揮することができるのか……それを考えることは自分そのものを見つめなおす作業。それこそが宿命論的ではない現代の心理占星術の真骨頂なのです。

12星座の意味

次に12星座について見ていきましょう。

惑星が主語＋動詞という文の基本の部分を表しているのにたいして、星座は「副詞」的な働きを司ります。

金星の解釈を例に取りましょうか。金星は愛の女神ヴィーナスの天体です。ヴィーナスはこの世界にあるものを享受し、関係を結び、そして楽しもうとする欲求や衝動を司ります。

金星の働きがなければ、たとえどんなに素敵な人と結婚することができたとしても、あるいはどんなに仕事の面で成功できたとしても、またはどんなにリッチな旅をしたとしても喜びを感じることはできず、生きることは砂をかみ続けることとほとんど同じになるでしょう。あの人の笑顔に胸をときめかせ、おいしい食べ物を味わって幸福を感じられるのは、金星の働きのおかげなのです。

金星の働きは、言葉にするとこのようにいくらでも広げていくことができますが、その核を、たとえば「私は愛する」というごく短い一文に集約してみましょう。

誰のホロスコープにも金星は存在しています。ということは、誰の心のなかにも「愛する」という働きは存在していることになります。

次に問題になるのはそのスタイルです。愛すると一口に言っても、さまざまなかたちや流儀があるからです。受け身な人や積極的な人など、恋愛は十人十色、というでしょう?

このスタイルの部分が金星の入る星座によって異なってくるのです。

たとえば、積極的で衝動的なのが牡羊座。牡羊座の金星は、同じヴィーナスでもマシンガンをかかえ、武装したヴィーナスです。愛情は激しく力強いものになっていくでしょう。一方で牡牛座は、五感にすぐれ、感覚的で現実的です。牡牛座の金星は、おいしいもの、美しいものの肌触りを味わおうとするでしょう。恋愛面では、牡羊座の金星は恋人を衝動的にもとめ、戦って獲得することに激しい喜びを感じるでしょう。一方で牡牛座の金星は、恋愛面では、一人の人と肌と肌でふれあい、いっしょにおいしい食べ物を味わい、また長い時間をかけて恋を育むことで喜びを感じます。同じ金星でも自然の豊穣の女神としての金星だということができるでしょう。

12星座のキーワードはそれぞれの惑星ごとにあげておきましたので、参照してみてください。

もちろん、このキーワードがすべてではありません。よく見てみると、星座のキーワードはなんとなく、お互いに似通ったイメージのものであることがわかってくるはずです。それぞれの星座のキーワードは、同じ主題の変奏曲にすぎません。

本当は星座の本質をとらえたうえで、ここにあげたキーワードを参考にしながら、自分でキーワードをどんどん拡張させていくことができればベストです。

では、星座の本質とは何か。それをつかむためにとても役に立つのが、星座の3区分と4区分という考え方です。

12星座の本質をつかむ

12星座の性格は、実はある単純な法則の上になりたっています。

それが4区分といわれるエレメントと3区分といわれるクオリティ。これさえ押さえておけば12星座のイメージを自在に扱うことができるようになります。

エレメントとは「元素」「要素」という意味。古代のギリシアではこの世界を構成するのは、火・地・風・水という4つのエレメントだと考えられていました。

12の星座はこの4つのエレメントに配当されます。

もちろん、ここでのエレメントとは物理的な意味でのものではありません。ここでいうエレメントとは一種のメタファー（たとえ）です。

12星座のキーワード

マーク	星座	エレメント	クオリティ	特性
♈	**牡羊座**	火の星座	活動星座	自我の目覚め、活動的、好戦的。新しい経験への傾向。
♉	**牡牛座**	地の星座	不動星座	温厚、所有欲。五感で得られるものへの傾向。
♊	**双子座**	風の星座	柔軟星座	軽やかさ、知的。言語化しようとする傾向。
♋	**蟹　座**	水の星座	活動星座	母性本能、親しみやすさ。保護して、育もうとする傾向。
♌	**獅子座**	火の星座	不動星座	自尊心、生命力、創造性。自己を表現しようとする傾向。
♍	**乙女座**	地の星座	柔軟星座	批判的、分析的。何かに奉仕しようとする傾向。
♎	**天秤座**	風の星座	活動星座	社交性、調和性。バランスを取ろうとする傾向。
♏	**蠍　座**	水の星座	不動星座	探求、執着、深さ。深い情動に身を浸そうとする傾向。
♐	**射手座**	火の星座	柔軟星座	自由、遠いものへの憧れ。理想に近づこうとする傾向。
♑	**山羊座**	地の星座	活動星座	自己管理、責任感、保守的。ものごとを完遂しようとする傾向。
♒	**水瓶座**	風の星座	不動星座	固有性。あらゆるものから独立、自由でありたいという傾向。
♓	**魚　座**	水の星座	柔軟星座	同情心、情緒的。何かの中に溶解されたいという傾向。

たとえば火は、まさしく「情熱的」だったり「熱い」状態を指します。

水は「ウエット」で「しっとりとした」質感をもったものだということができるでしょう。

風は自由で、クール。地は「地に足の着いた」現実的な性質をもっています。


一方でクオリティは12の星座を４つずつ、３つのグループにわけます。

この場合には「活動」「不動」「柔軟」というグループができあがります。

活動の星座は、文字通り活発。ものごとをスタートさせるとき、動いているときに充足感を感じます。

不動の星座は安定した状態にあるときに最も充足するでしょう。

柔軟の星座は、周囲の状況の影響力を受け、変化し続けますが、それだけ適応力もあるといえます。


このかけあわせが12星座の固有の意味をつくりあげます。

たとえば、牡羊座は「活動」星座で「火」の星座になります。したがって、「未来と可能性」を「何か物をはじめるときに感じる」わけですから、思いつきを大事にしてぱっとものごとをはじめます。燃えはじめた火ですからまるで花火のようですね。

一方で「不動」星座の「火」はイメージとしては太陽のように輝き続けるものです。いつも自分が輝いていないと気がすみません。射手座は牡羊座と同じ「火」でも「柔軟」星座ですから、旅をしたり、思索にふけったりと外側と内側の可能性を模索し続けています。

惑星と星座、このふたつの組み合わせによって、かなりの部分であなたという有機体を解き明かすヒントを得ることができます。

エレメントとクオリティの偏り

12星座（サイン）の分類がわかったところで、ざっくりしたホロスコープの特徴の捉え方としての応用法を見ておきましょう。やり方は簡単です。

ホロスコープの上に散らばった惑星がエレメントやクオリティのそれぞれにどのように散らばっているかを数えればいいのです。

最もたくさんの惑星が集中している分類の性質が強調、あるいは意識化されます。逆に最も少ない、あるいはひとつも入っていないところでは、その働き方は無意識的で、その性質を無意識的に渇望し、ほかの人の目から見るとかえってはっきりとその性質が強調されるということも出てきます（専門的には、「補償」といいます）。

4エレメントの場合には2つから3つの惑星が入っているのが平均的。4つ以上は多いですね。

3クオリティでは3つから4つが平均。

5つ以上入っていると強調されていると考えていいでしょう。

たとえば僕のホロスコープを例にとって見てみます。

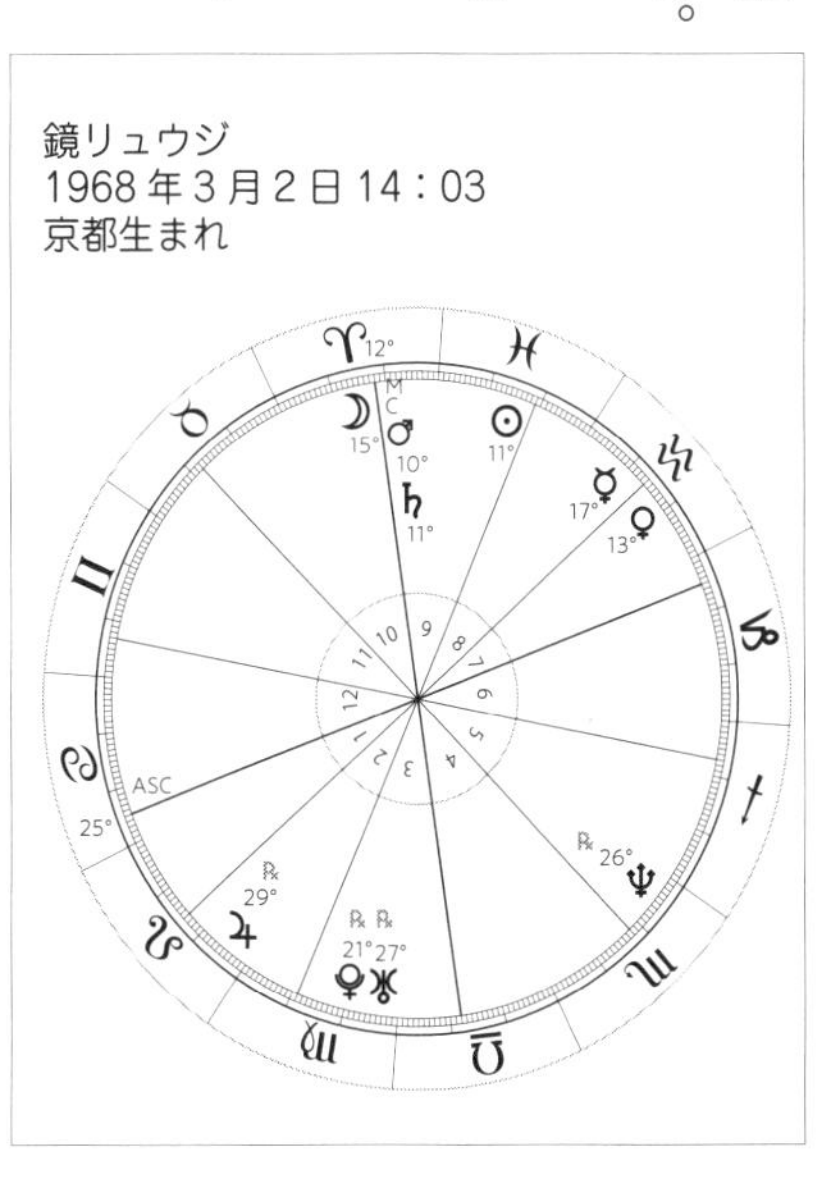

ホロスコープ上の特徴

◆星座と惑星の組み合わせ

牡羊座に月、火星、土星
獅子座に木星
乙女座に天王星、冥王星
蠍座に海王星
水瓶座に水星、金星
魚座に太陽、カイロン

◆エレメント別

火の星座（牡羊座、獅子座、射手座）　4つ
——月、火星、土星、木星
地の星座（牡牛座、乙女座、山羊座）　2つ
——天王星、冥王星
風の星座（双子座、天秤座、水瓶座）　2つ
——水星、金星
水の星座（蟹座、蠍座、魚座）　3つ
——太陽、海王星、（およびカイロン）

◆クオリティの分布

活動星座（牡羊座、蟹座、天秤座、山羊座）
——月、火星、土星
不動星座（牡牛座、獅子座、蠍座、水瓶座）
——水星、金星、木星、海王星
柔軟星座（双子座、乙女座、射手座、魚座）
——太陽、天王星、冥王星（カイロン）

エレメントでは火の星座が最も多いです。

ということは「情熱的」「熱い」性質が強調されていることがわかります。よくある雑誌の星占いでは「ロマンティック」とされている魚座生まれですが、案外、「情熱的」で「熱い」性格があると

いうことを示しています。

クオリティの分布のバランスはほぼとれていて、とくに行動パターンについては特徴がなさそうです。

シングルトンについて

それからもうひとつ、この分類で、あるエレメント、あるいはクオリティにたったひとつしか惑星が入っていない場合は注意が必要です。これは「シングルトン」と呼ばれ、そのひとつだけ孤立した状態の惑星はホロスコープを読み解く重要なキーになります。その意味は、アスペクトの項で説明する、「ノーアスペクトの惑星」と意味がほぼ同じです（200ページ参照）。

10惑星は各星座に入るとどんな意味をもつか

それでは次ページから、10惑星が各星座に入るとどのような意味をもつのか見ていきましょう。

月

the Moon

◆ ◆ ◆

◆月は「内なる子供」のすみか

西洋占星術の中で太陽と双璧をなして重要なのが「月」。太陽が自分の意思や、「こうなりたい」という意識的な目標を示すのに対して、月は本能的な欲求や感情などを司っています。まるで刻々と変化する月のように、移ろいゆく心の奥底を表しているのが、「月」の役割なのです。

少し専門的な話になってしまいますが、月の星座を解釈するうえで、そのイメージを膨らませてもらうためにも記しておきたいことがあります。

占星術では、太陽は意識的な世界を象徴し、月は無意識的な世界を象徴するとしています。この無意識的な世界は、心理学でいう「インナー・チャイルド（内なる子供）」といわれる概念と関係しているのです。これはいくつになっても心の中に住んでいる、本能的な子供の自分を表します。社会的な「大人の自分」の内側に隠されている、欲求や感情に正直な「子供の自分」。それを表すのが、占星術では「月」というわけです。

月は動きが速く、2～3日で星座を移動します。そのため、4月1日生まれと4月4日生まれとでは、月の入っている星座がもう違ってきてしまいます。雑誌の後ろによくある星占いのページだと、4月1日生まれも4月4日生まれも同じ牡羊座ですが、これは太陽が入っている「太陽星座」。太陽星座が同じ牡羊座同士でも、性格や個性がどうも違うというのは、この月の星座が異なっているからでもあるのです。

こうした月が表す内なる子供の部分は、本能がむき出しであるがゆえに、ある意味とってもわがままですし、非合理的でもあるし、甘ったれで無茶な要求をつきつけてくることもあります。そうした心の奥に潜む子供の本能的な欲求を、大人の自分が理性で抑えつけようとするわけです。

でも、あまり強く抑えつけてしまうと、心が不安定になってきます。息が詰まってしまい、その結果、ストレスを抱えたり、欲求不満に陥ったりすることもあるでしょう。そうならないためにも、月の入っている星座を知って、自分の心の安定がどうしたら保たれるのかをわかっておくのは、とても意味があることなのです。

言い換えると、月は、自分が自分らしく、のびのびとラクでいられる状態を表しているともいえるでしょう。そうした自分の中の月のパワーを上手に解放してあげることができれば、あなたの心理面は安定し、ポジティブになれるのです。けれども、解放できずにくすぶってしまうと、マイナスの感情がわいてきたりして、心がささくれてしまいます。

さて、あなたの月は何座に入っているでしょうか。自分のホロスコープで月の星座を見て、「内なる子供」の自分探しをしてみてください。きっと太陽星座では得られなかった、あなたの心の奥深くに潜んでいる本性が、じんわりと浮かび上がってくることでしょう。

月は
反応と感情を表す
安定への欲求

月は、感情や情緒を司り、安定への欲求を表します。そのため、月の星座からは、自分の本性や裏性格、無自覚な心の動きやクセ、理性では抑えきれない感情などが読み取れます。

月が授けるこの力をうまく取り入れられれば、あなたの情緒は安定し、月が入っている星座のプラスの感情や欲求が表れてきます。しかし、月のパワーを活かしきれなければ情緒は不安定となり、月の星座のマイナスの感情や反応が自然と表に出てきてしまいます。

月

次のページから語句を選んであてはめてください。語尾が文章とあわない場合は、各自で語尾を変換してください。

私の月は（　　　　　　）座に入っています。

月は、私の感情や情緒を示すものです。

もし、自分の月の力をうまく発揮できなければ、私の感情は

（　　　　　　）や（　　　　　　）な状態になってしまいます。

しかし、月の力を十分に活かせれば、私は（　　　　　　）気持ちになり、

リラックスすることができます。

◆どんなときに一番リラックスできますか？

（　　　　　　　　　　　　　　　　　　　　　　　）

◆自分の最初の記憶を思い出せますか？そのときの気持ちを思い出して書いてみましょう。

（　　　　　　　　　　　　　　　　　　　　　　　）

◆上に書いたことから連想されること、感じることがあれば、書き出しましょう。

（　　　　　　　　　　　　　　　　　　　　　　　）

月と12星座のキーワード

マーク	星座	キーワード
♈	牡羊座	衝動的、情熱的、短絡的、軽率、短気、せっかち、闘争的、考えなし、エネルギッシュ、野心的、自分勝手、前向き、積極的、ストレート、攻撃的、サディスティック、挑戦的、単純、明朗、エキサイティング
♉	牡牛座	穏やか、おっとり、のんびり、地道、素朴、独占的、強欲、防衛的、粘り強く、忍耐強く、頑固、ねっとり、安定、義理堅く、快楽主義的、温和、現実的、鈍感、執着的、消極的、マイナス思考、すねる
♊	双子座	軽快、移り気、リズミカル、好奇心旺盛、敏感、飽きっぽい、うわっつらだけ、冷めやすい、ピリピリし、軽薄、陽気、二面性があり、冷静、起伏が激しい、ご都合主義、嘘つき、冷淡、早熟、臨機応変、複雑
♋	蟹　座	温かい、人情深く、受容的、面倒見よく、マメ、ヒステリック、引きこもる、不安定、愚痴っぽい、過干渉、デリケート、母性的、包容力に富む、涙もろい、感情にムラがある、内気、気配り上手、悲観的、人見知り
♌	獅子座	ダイナミック、寛大、気前よく、派手、楽しげ、大げさ、勇ましく、冒険的、孤独、自信満々、プライドが高く、生意気、傲慢、自意識過剰、芝居がかって、子供っぽく、わがまま、支配的、公明正大、豪快、姉御肌
♍	乙女座	冷静、純情、常識的、謙虚、分析的、思慮深く、ひたむき、控えめ、世話好き、親身、誠実、良識的、几帳面、繊細、否定的、批判的、神経質、被害妄想的、怖じ気づき、ナイーブ、完璧主義、清潔好き、ロマンティック
♎	天秤座	社交的、公平、調和的、協力的、バランスよく、さっぱりして、優美、上品、理性的、虚栄的、見栄っ張り、どっちつかず、優柔不断、逃げの姿勢、調子よく、聡明、エレガント、自制的、負けず嫌い、平和
♏	蠍　座	根暗、懐深く、清濁併せ呑んで、自制的、親切、愛情深く、思慮深く、徹底的、陰鬱、葛藤がある、拒絶的、嫉妬深い、激情的、強引、極端、残酷、秘密主義的、破壊的、直感的、疑り深い、ひねくれて
♐	射手座	屈託なく、無防備、熱狂的、一直線、自由奔放、理想高く、こだわりなく、おおらか、伸びやか、哲学的、フランク、楽観的、寛大、地に足がつかず、適当、ルーズ、集中力散漫、いい加減、落ち着きなく、無責任、率直
♑	山羊座	真面目、責任感が強く、誠実、保守的、現実的、賢明、慎ましく、堅実、忍耐強く、あきらめずに、野心的、大胆、用心深く、打算的、冷たく、融通が利かなくて、成功願望が強く、律儀、常識的、自己完結的
♒	水瓶座	個性的、自由、独創的、エキセントリック、進歩的、改革的、独立心旺盛、理論的、友愛的、偏見なく、客観的、こだわりなく、サバサバとして、奇抜、屁理屈、ひとりよがり、淡白、冷ややか、ひがみやすい
♓	魚　座	感受性鋭く、甘えがち、臆病、気弱、傷つきやすい、同情的、直感的、共感的、自己犠牲的、怠惰、非現実的、感化されやすく、偽善的、順応的、柔軟、気まぐれ、感情移入が激しく、忘れっぽく、寂しがりや

月と12星座

46ページでつくったワークシートの理解をさらに深めるため、自分の月星座のところを読んでみましょう。

牡羊座 *Aries*

牡羊座に月が入っていると、本能的に何かを追い求めたいという欲求が強まります。表面は穏やかでも、実は勝ち気で情熱的。何事にもエネルギッシュに挑んでゆく大胆さや行動力が、内面に宿っているはずです。

この月のパワーがプラスに作用すれば、困難なことにも立ち向かい、攻めていける勇敢さと強さが出ます。好きなことに熱中し、達成するパワーも出てくるでしょう。でも、マイナスに働いてしまうと、ほとばしる情熱は、後先を考えずに行動する短絡さとなって表れてしまいます。感情面でも短気になり、すぐに人と衝突したり、強引で身勝手な行動もとりやすくなるのです。

牡牛座 *Taurus*

牡牛座の月は、安定した状態を本能的に求めるのが特徴。落ち着いた環境や経済的に安定した生活でないと、穏やかな感情を保てません。美味しいものを食べ、音楽・芸術を鑑賞し、心豊かに暮らすことが、一番の喜びに感じられるタイプです。この月の力が十分に働いていると、安定感のある温和な性質が表れてきます。粘り強さや忍耐力も出てくるので、ひとつのことに根気よく取り組む姿勢も見られるはず。

しかし、マイナスに作用すると、のんびりしすぎて周囲から取り残されたり、安定志向になるあまり冒険を恐れがちに。粘り強さも頑固という欠点にすり替わってしまうのです。

双子座 *Gemini*

常に新しいことを本能的に求め、好奇心旺盛に動き回るのが、双子座に月がある人の性質。ひとところにじっとしていられない活発さがあり、感情面もコロコロと変わってゆくのが特徴です。

この月のパワーがプラスに働くと、いろんなことに興味を持ち、情報を収集し、人との交流も盛んになります。臨機応変に立ち回り、冷静にものごとを見る目もあるでしょう。

けれども、それがマイナスに作用すると、旺盛な好奇心もその場限り。すぐ飽きてしまい、興味の対象が次々と変わっていきます。気持ちも不安定になり、躁鬱気質が出るなど、二面性が表出してしまいます。

蟹座 *Cancer*

母性本能が強く、情感にあふれた関係を求めるのが、月が蟹座にある人の特性。月はもともと蟹座の支配星なので、蟹座に入っているときに最も威力を発揮します。

この月のパワーがうまく使われていれば、あなたは情緒豊かで人情深く、世話好きで、周囲の人を包み込む包容力が表に出てきます。

でも、その力が上手に使いこなせなければ、豊かな情緒も感情のムラや起伏の激しさとなって表れます。人に過干渉になり迷惑がられることも。情に溺れて理性的な判断が下せない場合もあるでしょう。逆に感情がうまく表現できず、引きこもりや人見知りになることもあります。

獅子座 *Leo*

獅子座に月がある人は、自己表現したいという本能的欲求を持っています。自分をアピールし、人から認められ、賞賛され、そして愛されることを無意識に求めているのです。

この月の働きがプラスに作用すれば、自信にあふれ、寛大な性質が表れます。何をするにもダイナミックで豪快。物怖じしません。

でも、この月のパワーがマイナスに出ると、自信も傲慢さに変わり、自意識過剰になってしまいます。プライドが高くなって人に頭を下げることができなかったり、周囲の人をわが者顔で支配するという欠点も出てきてしまうでしょう。自分が注目されないとひがんだりもします。

乙女座 *Virgo*

乙女座の月は、繊細でナイーブな心と思慮深さを、あなたに与えています。それでいてどこか純粋無垢で清潔感があり、ロマンティックな感情も持っています。秩序を重んじ、無意識のうちに完璧さを求めてしまうのも、月が乙女座の特性です。

この月の力がうまく働くと、細やかな気配りができ、随所に目が行き届くパーフェクトな人に。慎重に事を進め、失敗も少ないでしょう。

しかし、月のエネルギーがマイナスに作用してしまうと、細やかな感情も神経質という形で表れてきます。気配りが利きすぎて口うるさくなったり、完璧を求めすぎて相手を批判したり、潔癖な面も出てきます。

天秤座 *Libra*

天秤座に月がある人は、本能的に他人を意識します。自分がどう見られているか、どんなふうにすれば相手と良い関係を築くことができるのか、そういうことを無意識に感じとって言動に表すのが特徴です。

この月がプラスに作用していると、社交的で人間関係のバランスを保つのが上手。相手を喜ばせるようなことを言ったり、周囲と協調しつつも、常にものごとを客観的に判断できます。

ところがマイナスに作用してしまうと、他人の目をことさら気にしたり、自分をよく見せようとして見栄を張ったりしがちに。人に同調しすぎて優柔不断になるとか、相手の顔色を見るような面も出てきます。

蠍座 *Scorpio*

蠍座の月は、ものごとの本質を本能的に見抜く洞察力を、あなたに与えています。そのため、このタイプはじっくりと時間をかけてものごとを見据えるのが特徴。心の裏にある本音や、嘘を見抜くことも得意です。

この月の力がプラスに作用すると、トラブルや障害があっても慌てず、方向性を見失わずに自分のとるべき行動を見極められます。ひとつのことに徹底的に関わる、良い意味での執着心も出てくるでしょう。

けれど、それがマイナスに働くと、深い洞察力も猜疑心に変わってしまいます。ものごとへの執着も執念に転じ、根に持ったり妬んだりする醜い感情も生まれてくるのです。

射手座 *Sagittarius*

月が射手座にある人は、本能的に自由を希求する気持ちが強いのが特徴です。常に広い世界に憧れ、生活に変化と刺激を求めます。

この月の力がプラスに働いていると、自由奔放で屈託なく、常にポジティブにものごとを考えます。回りくどいことはせず一直線に突き進み、率直に考えを述べるでしょう。理想も高く、それを追求する力も十分です。

ところがマイナスに作用した場合には、奔放さも地に足がつかない浮ついた感じになり、大らかさもルーズで無責任という形で出てしまいます。率直な物言いが人を傷つけることもあるし、集中力散漫でものごとを完成させる持続力も欠けてきます。

山羊座 *Capricorn*

月が山羊座にある人は、秩序やルールを守ろうとする心理が働きます。そのため何事にも真面目に取り組み、責任感も強いのが特徴。その心の奥には、実は社会的に成功したいという潜在的な欲求が渦巻いています。

この月がプラスに作用すれば、コツコツと努力し、忍耐強くものごとを成し遂げます。人に迷惑もかけず、自分のことは自分で決着をつける自己完結した賢者となるでしょう。

でも、月の力がうまく働かないと、成功したいがために打算的になり、実利ばかりを追い求めてしまう恐れも。常識や固定観念に縛られ、自由な発想ができなかったり、融通性に欠ける場合も出てきます。

水瓶座 *Aquarius*

月が水瓶座にあると、個性的でありたいという欲求が心の奥に根強くあります。そのため人と違うことを無意識にしたがる傾向があるのです。

その月の力がプラスに働くと、独創的で進歩的なパーソナリティを持つ人になります。世間体にとらわれず自由な発想でものごとを判断し、感情面もサバサバしていてドライ。理論的に考えるので、感情を引きずることもありません。

ところが、マイナスに働いてしまうと、個性的すぎて突飛な発言をしたり、奇行が目立ったりしてきます。感情もクールすぎて冷たいところが。理論的な思考でさえも、屁理屈になってしまいがちです。

魚　座 *Pisces*

月が魚座に入っている人は、感受性が鋭く、直感力が優れています。そして自分と他者との境界線が曖昧な点が大きな特徴です。

この月の影響がプラスに働けば、ムードや気配を直感的に感じ取るのが得意な人に。他人への同情心に富み、感情移入して一緒に泣いたり、自分を犠牲にしてでも人のために行動します。

しかし、月のパワーが悪影響を及ぼすと、繊細な感受性は傷つきやすく臆病という形になって出てきます。他人との曖昧な境界線も、人の意見にすぐ感化され、依存や甘えを生むことにつながる恐れが。逆に、人を思いやる気持ちが薄れ、冷酷な人間性が出てしまうこともあるのです。

水星

Mercury

◆ ◆ ◆

◆知性とコミュニケーションを司る水星

私たち人間には優れた知的能力が備わっています。未知のことを知りたいという欲求や向学心、他の人に考えや感情を伝える言語力と文章力、周囲の人々とうまく付き合っていくコミュニケーション能力、秀でた才能や技術……こうしたことはすべて人間の知性がなせる業といえるでしょう。

占星術において、この知的能力を司っているのが水星なのです。

水星は、ギリシア神話ではヘルメースという神にあたります。ヘルメースは才気煥発で好奇心旺盛、純粋な面を持ちながらも、ずる賢く、いたずら好きなところもあり、実に変幻自在な神でした。この水星の神・ヘルメースは、なんと生まれてすぐに盗みを働くのです。揺りかごから抜け出したヘルメースは、太陽神・アポロンの飼っている雌牛をこっそり盗み出します。それを他の神々にいけにえとして差し出しました。こんな大それたことをしでかしておきながら、そのあとまた揺りかごに戻り、すやすやと眠りについたというのですから、なかなか肝の据わった神様です。

もちろん、アポロンは怒り狂いました。でも、ゼウスの仲裁のもと、ヘルメースはアポロンに竪琴を贈って謝ります。許したアポロンはヘルメースに魔法の杖を与え、そのお陰でヘルメースは、天界、地上、冥界の3つの世界を自由自在に往来し、神々のメッセージを伝えて回ったのでした。

水星は、その人がどのような知性や才能を持っているのか、どんなふうに他人とコミュニケーションをとり、どういう人間関係を築くのかを示してくれます。能力主義が声高に叫ばれ、ますます対人ストレスが強まる現代では、水星が与えてくれるパワーを使いこなせるかどうかに、社会の荒波を乗り越えてゆくための鍵があるといってもいいでしょう。

この水星が授けてくれた知的能力をうまく活用できれば、あなたは他人とうまくコミュニケーションをとることができ、多くの友人や支援者を得ることもできるはずです。仕事でも自分の能力をいかんなく発揮でき、着実に実力を伸ばして社会貢献できるでしょう。

けれど、もし水星の力がうまく活かされないと、持てる才能を思うように発揮できず、宝の持ち腐れになってしまうかもしれません。対人トラブルやストレスもあなたを苦しめることになり、社会の中で孤立する恐れもでてくるでしょう。社会問題になっているニートにしても、水星の授けたパワーをうまく活用できていないために引き起こされる現象のように思えてなりません。

そんなふうに、水星が授けている知的能力を眠らせてしまわないためにも、自分の能力やコミュニケーション力をあらためてここで確認しておきましょう。もしかしたら自分で気づかない意外な才能が、まだまだあなたの中に潜んでいるかもしれません。

自分に備わる才能と人間関係のあり方を水星が教えてくれる

水星は知的能力を司り、その人が素質として備えている才能や、興味を抱く分野、得意な技術力などを表すのが特徴です。

同時に、言語能力やコミュニケーション能力も水星が授ける力で、生きるための処世術や、対人関係のとりかたも示唆してくれます。

水星が入っている星座を見ることで、どんな形で能力を発揮するのがベストなのか、あるいはどうコミュニケーションを図れば人間関係がうまく運ぶのかを知るきっかけを与えてくれます。

水星

次のページから語句を選んであてはめてください。語尾が文章とあわない場合は、各自で語尾を変換してください。

私の水星は（　　　　　　）座に入っています。
水星は、私の知性とコミュニケーション、そして才能を示すものです。
もし、自分の水星の力をうまく発揮できなければ、私の知的な能力は
（　　　　　　）あるいは（　　　　　　）になってしまいます。
しかし、水星の力を十分に活かせれば、私は（　　　　　　）になり、
自分の能力を十分発揮することができます。

◆生まれて最初に読んだ記憶のある本は何でしたか？
（　　　　　　　　　　　　　　　　　　　　）

◆好きな学科は何ですか？
（　　　　　　　　　　　　　　　　　　　　）

◆どんな話題が好きですか？
（　　　　　　　　　　　　　　　　　　　　）

◆自分を機械や電化製品にたとえるとしたら何でしょう？冷蔵庫？電話？掃除機？
それはなぜ？

（　　　　　　　　　　　　　　　　　　　　）

水星と12星座のキーワード

マーク	星座	キーワード
♈	牡羊座	活発化、迷いが少ない、決断が早い、独断専行、ワル知恵が働く、研ぎ澄まされ、スピーディー、極端、新しい知識に向き、浅はか、分別のない、瞬時に対応、自分勝手に働き、機転が利き
♉	牡牛座	鈍くなる、時間がかかる、着実にマスター、スペシャリスト、さびつく、他者を受け入れない、経営センスを発揮、思考停止、邪推、覚醒、しどろもどろ、休眠状態
♊	双子座	才気煥発、精度が高い、一聞いて十知る、知識欲旺盛、情報収集、ふたつのことを同時進行させる、マルチな才能、場の空気を読む、早合点、変化に富む、人の話を聞かない、宝の持ち腐れ、嘘をつく、小賢しく、文才を発揮、二枚舌
♋	蟹　座	知識を溜め込む、理性を欠き、記憶力抜群、敏感に察知、つじつまが合わない、ミーハー、世俗的、商才を発揮、殻にこもり、マヒ、引きこもり、詮索的、散漫
♌	獅子座	創造性を発揮、創作活動に適し、実力を発揮、浅知恵、奥深く、心の機微に疎い、極められる、詩的、自己表現力として発揮、気持ちがきちんと伝わり、オヤジギャグ的
♍	乙女座	訓練され、理解力が高く、習得が早く、緻密で、正確、偏狭、教養を積み重ね、頭脳明晰、分析力に優れ、数学系の才能を発揮、技巧的、実用的、情報処理の分野で発揮、ブラックジョーク的、辛辣、実務能力
♎	天秤座	対等、公平、客観的、本音が言えない、優柔不断、アートセンスを発揮、洗練された話術、社交辞令、聡明、狡猾、通り一遍、優れた社交センスを発揮、人に気を遣いすぎ、客観性を欠き
♏	蠍　座	破綻、抑えが利かず、精通し、プロ並み、取捨選択、潜在的、深く考えすぎる、人の足をひっぱる、陰の仕掛け人、裏工作に使われ、観察眼が鋭くなり、懐疑的、歪められ
♐	射手座	飲み込みが早く、適応力に富み、哲学的、向学心旺盛、知識を積み重ね、精神世界にハマり、語学力を発揮、知識欲が旺盛、深い知識、精神的な分野で働き
♑	山羊座	ひとつひとつ着実に学習、根気強く学ぶ、実際的な分野で発揮、習得が遅く、職人的な才能、ビジネスセンスを発揮、会社の歯車的、ナンバー2として発揮、役立ち、謀略
♒	水瓶座	画期的、クリエイティブな能力を発揮、理科系の才能を発揮、自由業、策を弄する、知識の伝達者、着想力を発揮、コンプレックス、雄弁、オタク的、考えをまとめ、グループをまとめ、人と協力し
♓	魚　座	文学的、精神世界に、勘に頼り、芸術的な才能を発揮、学習せず、本質を見抜き、錯乱、向上心に欠け、インスピレーションで、豊かな空想力、直感的な知力、理論的でなく、アバウト

水星と12星座

54ページでつくったワークシートの理解をさらに深めるため、自分の水星星座のところを読んでみましょう。

牡羊座 Aries

牡羊座に水星のある人は迷いが少ないのが特徴。水星のパワーがしっかりと働いていれば、決断が早く、仕事面でも次から次へと新しい手を打ってゆきます。アクシデントが発生しても、素早く態勢を立て直せるタイプ。状況変化の多い仕事や、短時間に高度な判断が必要な職業には適性があります。

ところが、水星の力が十分に活かされないと、よく考えもせずに行動してしまいがち。何でも自分勝手に事を進めるので、周囲はあなたの考えについていけません。また、昨日と今日とで考え方が変わることも。そうなると周囲から信頼を得ることも難しくなってしまいます。

牡牛座 Taurus

慣れない仕事や作業をするときは、人の倍の時間がかかりますが、慣れてくると精度も時間もアップするのが、水星が牡牛座の人。

この水星の力がうまく活かされていれば、ひとつの技術をマスターし、その分野でスペシャリストになることもありえます。他に、鋭い五感を活かした職種も才能が発揮できる仕事です。

ただ、水星の力がマイナスに働くと、頑固な面が出てきます。ひとつの考えに固執したり、他人の意見を頑として受け入れないことも。柔軟に対応しないと周囲から浮いてしまいます。また、思ったことをその場で言わず、後になってグチグチ言いがちな点は要注意。

双子座 Gemini

頭の回転が早く、一を聞いて十を知るのが、水星が双子座の人。

この水星のパワーが活かされていると、知識欲が旺盛になり、情報収集力も抜群です。ふたつ、三つのことを同時進行させるのも得意で、マルチな才能を発揮する人も多いでしょう。また、コミュニケーション能力も優れていて、弁舌さわやか。場の空気を読んで瞬時に対応する能力にも長けています。

ところが、水星のパワーがマイナスに作用すると、人の話を最後まで聞かずに早合点したり、コロコロと考え方が変化し、なかなかひとつの意見にまとまりません。多才な能力も宝の持ち腐れ状態になりがちです。

蟹座 *Cancer*

水星が蟹座にある人は、感情を優先してものごとを判断するのが特徴。この水星のパワーがうまく働いていると、人の気持ちを敏感に察し相手の望むことを即座にしてあげられます。

その能力を仕事に活かすなら、老人や子供を相手にするような職業が向いているでしょう。また、知識を溜め込む能力も備わっているので、記憶力も抜群です。

反面、水星の力をうまく発揮できなければ、感情を優先するあまり論理的な思考力に欠けてきます。話のつじつまが合わないことも多くなりがちに。仕事も気分で行うので、仕上がりにムラができ、一定したクオリティを保てなくなります。

獅子座 *Leo*

水星が獅子座の人の特筆すべき能力は、創造力と表現力です。

水星の力が十分に働いていれば、創作活動に抜群の才覚があります。表現力も豊かなので、人の心を惹きつける作品が創れるでしょう。また、水星は社会の中で勝ち抜ける能力も、あなたに授けています。そのため能力主義の職場や、実力で勝負する仕事を選べば才能を存分に活かせるはずです。

水星の力がマイナスに働いてしまうと、浅知恵になりがち。ものごとを表面的にしか捉えられず、奥深く考えることが苦手に。対人面でも人の心の機微に疎く、相手の気持ちが読めません。その結果、相手と心がすれ違うことも出てきてしまいます。

乙女座 *Virgo*

頭脳明晰で分析力に優れるのが、水星が乙女座の人。

この水星の力を十分に活かせていれば、理解力が高く、知識や仕事の習得も早いでしょう。頭脳プレーが得意で、研究職やプランナーなどの仕事はまさに適職です。また、緻密なことをさせたら寸分の狂いもなく完成させる能力も見事。正確さを求められる仕事を任されたら右にでる者はいません。

ところが、水星のパワーがマイナスに作用してしまうと、細部ばかりにこだわり、大局を見失いやすくなります。人とのコミュニケーションにしても、重箱の隅を突くような発言や皮肉が出てしまい、周囲を辟易させてしまうこともあるでしょう。

天秤座 *Libra*

優れた社交センスを発揮するのが、水星が天秤座にある人。

この水星のパワーが発揮されていれば、どんな相手とも対等に渡り合ってゆくだけの力が授けられています。交渉の仕事を任されたら見事にこなし、大きな成果を得るでしょう。また、公平にものごとを考えるので、常にふたつ以上のことを比較して答えを導き出します。そのため考えや意見がとても客観的です。

一方、水星のパワーがうまく活かされていないと、人に気を遣いすぎる傾向が。そのため自分の本音が言えないこともあります。客観的な判断力も鈍り、優柔不断になってしまう面もでてくるでしょう。

蠍　座 *Scorpio*

水星が蠍座にある人は、ものごとを深く探求しようとします。興味を抱いたことは、通り一遍の知識では満足しません。専門書を読み、情報を集めるうちに精通し、いつの間にかプロ並みの知識を身につけてしまいます。仕事では鋭い洞察力を発揮し、本物を見抜く目を持っているのが特徴。情報も取捨選択し、価値あるものだけをピックアップします。

このように水星の力が十分に活かされていると、ものごとと深く関わる能力があなたには授けられているのです。けれども水星のパワーがマイナスに作用すれば、深く考えすぎてしまう傾向が。その結果、考えが混迷することもあります。

射手座 *Sagittarius*

哲学的なことや精神的なことに関心を示すのが、射手座に水星があるあなた。俗物的な知識にはほとんど興味がなく、難しい本を読んだり、海外の書物などが好きなタイプです。

この水星の力がプラスに働いていると、向学心が旺盛に。社会人になっても語学や資格試験の勉強をしたりして、知識と教養を積み重ねていきます。人とのコミュニケーションでも、生きる目的や人生について語ることが大好きでしょう。

しかし、水星のパワーが鈍ってしまうと、精神世界にハマったり、怪しい宗教を信じてしまう恐れも。そうしたまやかしに引っかかり人生を狂わせてしまうこともあるのです。

山羊座 *Capricorn*

　山羊座に水星がある人は、ひとつひとつ着実に学習することで能力を開発していくタイプ。それにはある程度の時間がかかります。

　水星の力が活かされていれば、途中で投げ出さず、根気よく努力を続ける能力も、水星がしっかり与えてくれています。が、水星の力が不十分だと努力できず、才能が開花しません。

　また、あなたの能力は実際的な分野で、より発揮されるのが特徴。たとえば家計や家庭の法律、健康や医学というような生活と直接関わる仕事などは抜群のセンスを発揮します。

　他人とのコミュニケーションは苦手。自分から意識的に人の輪に入っていかないと孤立してしまいます。

水瓶座 *Aquarius*

　水瓶座に水星がある人は、人との連帯感が強いのが特徴。仲間意識が強く、人と協力しあって何かを成し遂げることが得意です。

　もし水星の力が活かされているなら、グループをまとめる役割にはうってつけ。仕事もチームワークが向いています。また客観的で科学的な思考法をいかんなく発揮するでしょう。

　ただ、水星のパワーが十分に活かされていないと、感情を排して理論的にものごとを考える傾向が強く出てしまいます。そのため人とのコミュニケーションでは、人間味に欠ける印象を与えがち。冷たい人に思われないよう気をつけましょう。

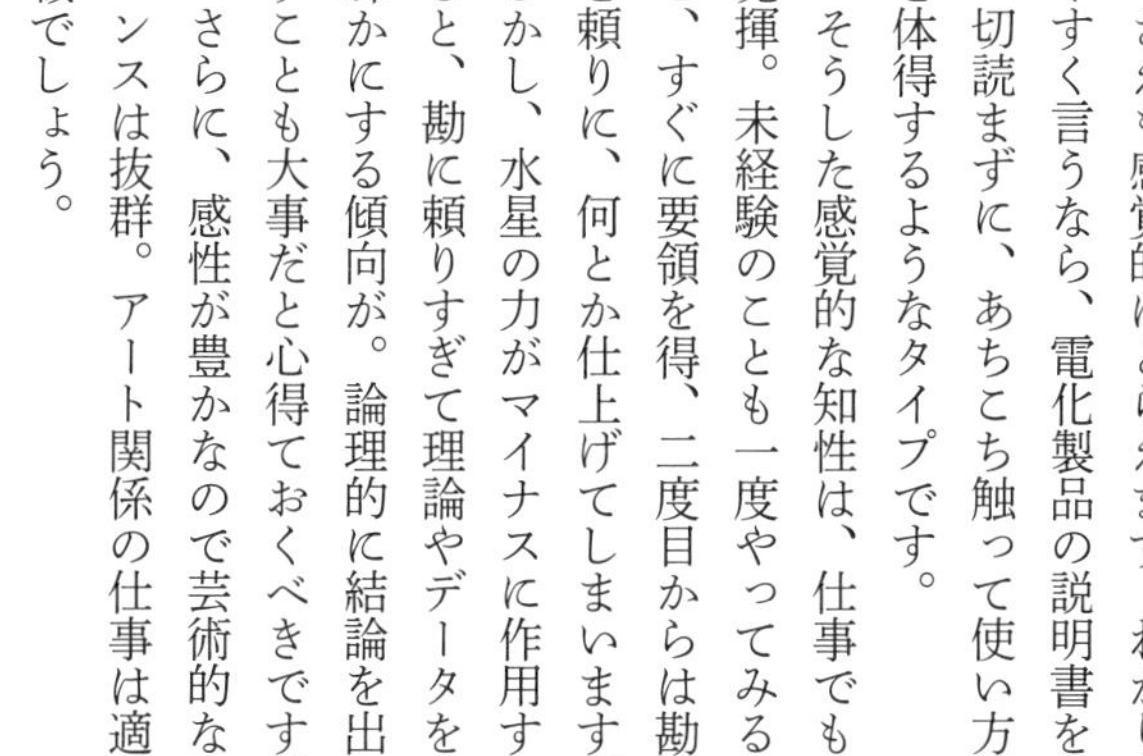

魚　座 *Pisces*

　水星が魚座にある人は、知識や技能でさえも感覚的にとらえます。わかりやすく言うなら、電化製品の説明書を一切読まずに、あちこち触って使い方を体得するようなタイプです。

　そうした感覚的な知性は、仕事でも発揮。未経験のことも一度やってみると、すぐに要領を得、二度目からは勘を頼りに、何とか仕上げてしまいます。しかし、水星の力がマイナスに作用すると、勘に頼りすぎて理論やデータを疎かにする傾向が。論理的に結論を出すことも大事だと心得ておくべきです。

　さらに、感性が豊かなので芸術的なセンスは抜群。アート関係の仕事は適職でしょう。

金星

Venus

◆　◆　◆

◆金星は「愛と美」を司るミューズの象徴

夕暮れどきにいち早く西の空に姿を現す「宵の明星」、そして明け方、東の空に残る「明けの明星」――それが金星です。

このひときわ明るく輝く金星は、ギリシア神話ではアフロディーテ、ローマ神話ではヴィーナスと呼ばれる女神を表し、どちらも「愛と美の女神」として崇め奉られています。この女神の誕生は、とてもドラマティックでショッキング。ヘシオドスの『神統記』では 次のように書かれています。時の神・クロノスが、その父親であるウラノスに襲いかかり、その生殖器を切り落としたとき、ウラノスの精液で海が泡立ちました。その波の間から誕生したのがアフロディーテ。この女神は大きな貝に乗って陸にあがってきたと記されています。ここで画家・ボッティチェリが描いた『ヴィーナスの誕生』という名画を思い出された人もいるでしょう。まさにあの絵のように、愛と美の女神はその美しい姿を海中から現したのです。

こうした神話を通して、占星術では金星を「愛と美を司る惑星」として位置づけました。人を愛する気持ち、誰かから愛されたいと望む欲求、そして愛する人とひとつになる官能的な喜びも、すべてこの金星が授けてくれているものなのです。同時に、美しいものを愛でたり、創造する感性や、芸術に触れたり、あるいはおいしいものを食べたときの幸福感もまた、金星の働きによるものとされています。

金星をそう解釈すると、星占いでは定番の恋愛運も、この金星の位置を見て占うことがわかると思います。あなたが生まれたとき、金星が何座に入っていたのか、他の星座との位置関係はどうか。そういうことをホロスコープから読み解くことで、あなたがどんな恋愛を望み、どんなふうに人を愛してゆくのか、恋愛に対する価値観が透けて見えてくるのです。

もうひとつ、金星が表すのは「調和」。金星には人と人を結びつけ、和平的な人間関係をもたらす力があります。人と人、あるいは自分と他人を結びつけるちょうつがいのような役目を果たすと考えてみてください。

金星のパワーがうまく働いているときは、その人は他人と協調する心を持ち、人間関係もうまくいっていることでしょう。もちろん恋愛もスムーズです。でも、この金星のパワーが偏ったり、バランスを崩してしまうと、楽しく豊かな人間関係が築けません。頑固になって他人を拒絶したり、嫉妬や束縛といったいびつな愛情を示してしまうこともあります。

こんなふうに占星術における金星の意味は、本来とても深いものなのです。けれど、ここでは金星が最も影響を与える恋愛に的を絞って解釈しようと思います。人生の最大の関心事（!?）である「私の恋愛」を、じっくりと、そして少し客観的な目で探ってみましょう。「ああ、これは金星の影響だったのか」と思えることが、きっといくつも出てくることでしょう。

金星は恋愛の形や人生の喜びを表す

金星はしばしば、恋愛の星だとされます。かつて、金星は女性にあっては恋愛のスタイルの、男性にあっては好きになる女性のタイプを示すなどとも言われてきました。しかし、実際には、誰にとっても魂をふるわせ、ときめかせるものへ誘う力を表すと考えるのが妥当でしょう。

むろんそれは狭義の恋愛には限りません。人生を彩る楽しみや喜び全般を象徴しています。自分の人生をより素敵に、潤いのあるものにしていこうとする力の源が金星なのです。

金星

次のページから語句を選んであてはめてください。語尾が文章とあわない場合は、各自で語尾を変換してください。

私の金星は（　　　　　　　）座に入っています。

金星は、私の恋愛の形や、人生の喜びを表します。

もし、自分の金星をうまく使えていなければ、（　　　　　　）で、（　　　　　　）な恋愛をしがちになってしまいます。

しかし、金星がプラスに働きだせば、私の恋愛は（　　　　　　）で、（　　　　　　）なものとなり、恋の喜びを十分に感じられるようになります。

◆初恋の思い出を書いてください。

（　　　　　　　　　　　　　　　　　　　　　　　　）

◆幸せな愛情を感じるもの、美しいと感じるもの、などを書き出しましょう。

（　　　　　　　　　　　　　　　　　　　　　　　　）

◆上に書き出したことから連想されること、感じることがあれば、書き出しましょう。

（　　　　　　　　　　　　　　　　　　　　　　　　）

金星と12星座のキーワード

マーク	星座	キーワード
♈	**牡羊座**	衝動的、情熱的、攻撃的、周りが見えない、身勝手、押しの一手、ラブラブ、大迷惑、舞い上がって、デリカシーに欠け、明るく、力強く、相手をリードする、全身全霊で愛し、刺激的、一目ぼれ、ケンカばかり、暴力的
♉	**牡牛座**	退屈、まったりとして、穏やか、独占的、頑固、安定感抜群、継続的、消極的、しつこくて、長期戦、相思相愛、包容力があり、官能的、スローペース、深い愛情、根気強く、あきらめない、好意を押しつけ、ひとつの愛を大切にする
♊	**双子座**	相手を振り回し、移り気、新鮮、刺激を求める、経験豊富、早熟、ラブゲーム、相手とともに成長できる、急に冷める、本気で人を好きになれない、深く考えない、長続きしない、飽きっぽい、楽しい、相手を尊重する、二股をかける
♋	**蟹　座**	自己防衛的、相手をいたわり、母性的、ウエット、居心地が良い、家庭的、情愛が深い、周囲に左右されて、世話好き、結婚につながる恋愛、愛情を押しつける、相手を守る、排他的、相手を甘やかす、嫉妬深い、尽くし型、泥沼
♌	**獅子座**	ドラマティック、熱烈、相手を包み込む、切磋琢磨しあう、征服する愛、ロマンティック、高めあう恋愛、相手に注文をつける、自分が主役、ハイレベル、素直になれない、孤独、プライドが邪魔する、強がり、自己中心的、支配的
♍	**乙女座**	要求が多く、純粋、白馬の王子様を待つ恋、理想が高く、夢見がち、モラルを守る、現実的、相手選びが慎重、自分にブレーキをかける、相手を批判する、神経質、相手の言動が気になる、相手をサポートする、分析的、貢ぐ恋
♎	**天秤座**	面食い、駆け引き上手、強引さに弱い、受け身的、知的、相手と距離をおく、スマートな恋愛、相手から愛される、優柔不断、人が羨む恋愛、パートナーシップを育む、依存的、不毛な関係、究極の恋愛、両天秤にかける
♏	**蠍　座**	のめり込む、相手との一体感を求め、感情をぶつける、相手を傷つける、思い込みが激しい、復讐心に燃え、激しい情熱、執念深く、不安、猜疑的、正直、強迫観念が強い、セクシャル、固い絆、真実の愛、重い愛情、秘密主義的
♐	**射手座**	電撃的、発展的、開放的、熱しやすく冷めやすい、強引なアプローチ、快楽追求型、一途、スピーディー、奔放、情熱のおもむくまま、短期間で終わる恋、同じ失敗を繰り返す恋、精神的な恋愛、楽しげ、冒険的、略奪的
♑	**山羊座**	安定した関係、マンネリ、ないものねだり、愛情欠乏症、利己的、計算高い、思い続ける恋愛、片思い、不器用、大人の恋愛、告白できない、現実主義的、条件が厳しく、障害に負けない、大きな愛、相手を尊敬する、誠実
♒	**水瓶座**	意地っ張り、クール、アブノーマル、友情が愛情に発展、個人主義的、甘えられない、夢中になれない、自由、知的な会話を楽しむ関係、対等な関係、常識にとらわれない、博愛的、感情をぶつけられない、ナチュラル、同志的
♓	**魚　座**	愛情表現が豊か、甘え上手、恋人と同化し、思いやりにあふれ、献身的、相手に影響され、癒し系、エゴイスティック、自己犠牲的、誘惑に弱い、多情、情欲に溺れ、体と心が一致した恋愛、不条理、感情的

金星と12星座

62ページでつくったワークシートの理解をさらに深めるため、自分の金星星座のところを読んでみましょう。

牡羊座 *Aries*

金星が牡羊座の人が、心の奥底で望む恋は、情熱的で激しく追い求める恋愛。相手から言い寄られる恋には関心が向かず、あなた自身が熱烈に好きになり、追いかけたいと思う人でなければ魅力を感じないのです。

そんな人が現れたなら、障害があってもひるみません。相手に恋人がいようが、遠距離恋愛になろうが愛情をストレートに表します。けれど、金星のパワーがうまく働かないと、周りが見えなくなります。相手の気持ちも考えられず、身勝手で強引な恋愛をしがちに。自分の思いを通そうとして恋人と衝突したり、意地を張って素直な愛情表現ができなかったりしてしまいます。

牡牛座 *Taurus*

金星が牡牛座にある人が求めるのは、安定した恋愛。一緒にいて安心できる人と穏やかな恋をしたいと感じます。どんなに素敵な相手でも浮気を心配するような恋は望みません。

この金星がうまく働いていると、一度好きになったら長いこと相手を思い続けます。付き合ってからも、少々のトラブルでは別れたりせず、相手の欠点も受け入れて、二人の愛を育むのです。けれど、この金星がうまく作用していないと、好きな人とずっと一緒にいたいという気持ちは、束縛や独占欲へと姿を変えることに。安定した関係も次第に退屈になり、相手をつまらなくさせる恐れもあるのです。

双子座 *Gemini*

刺激的で変化を求めるのが、金星が双子座にある人の恋愛傾向。この人といると次々といろんなことが経験でき、一緒にいて楽しい——そんな相手との恋愛を望んでいます。

この金星がうまく働いていると、あなたは相手を飽きさせません。知的で軽妙な会話、くるくると変わる表情、甘えたかと思うとクールに突き放す面もあり、相手の心をつかんで離さないでしょう。

ところが、金星の力がマイナスに作用すると、変化を求めるあまり次々と相手を変えたり、同時に複数の人にアプローチをしかけたりも。そのくせ心は冷めていて、本気で人を愛せないこともあるのです。

蟹座 *Cancer*

好きになったら何があっても相手を守り、母性的な愛で尽くそうとするのが、金星が蟹座にある人の恋愛。

この金星がプラスに働いていると、相手をいたわり、ケアする気持ちが人一倍強く、懐深い愛情で相手を包み込みます。落ち込んでいる恋人を励ましたり、マメに世話を焼いたりして、喜びも悲しみもともに分かち合える恋愛を経験できるでしょう。

ところが金星のパワーが使いこなせないと、あなたの愛情は過剰になります。ベタベタしすぎて相手にうっとうしい思いをさせたり、恋人を甘やかしすぎたり。そして相手が自分と同じくらいの愛情を注いでくれないと、不満に思うようになります。

獅子座 *Leo*

人生を一変させるようなドラマティックな恋愛を求めるのが、金星が獅子座にある人の特徴です。

この金星のパワーが十分に発揮されていると、あなたは恋によって劇的に変わります。驚くほど大胆になり、ためらうことなく性的な関係を持ち、好きな人にのめりこんでゆくでしょう。恋愛相手を見る目も高く、誰もが憧れるような人を落とし、お互いに高めあう恋愛ができるのです。

けれど、金星の力が使いこなせないと、自己中心的な恋に陥りがちに。一人で熱くなって舞い上がり、相手不在の恋になりやすいのです。また、プライドが邪魔をして、愛情表現が素直にできないこともあります。派手な出来事がないと恋に満足できないことも。

乙女座 *Virgo*

金星が乙女座の人は、純粋な愛情を持ちながらも、現実的な恋に目を向けるのが特徴。恋愛に対して照れや気恥ずかしさがあり、自分からアプローチするのは苦手です。が、意外と堅実で相手には経済力やステイタスを求めたりもします。このように金星の力がうまく働いていると、あなたはピュアなハートで理想的な相手を落としてゆきます。

ところが、その力がマイナスに働くと恋愛に対してやたら臆病に。慎重になって相手を選べなかったりもします。自分の価値観を恋人に押しつけ、要求も多くなるので、相手に息苦しさを感じさせてしまいます。

天秤座 *Libra*

絶妙な駆け引きで相手の気持ちを引き、追いかけさせる……そんな手練手管に長けた恋愛ができるのが、金星が天秤座にあるあなた。

この金星の力をうまく活用できれば、相手の情熱をかきたてるのは朝飯前。愛するより愛されることに喜びを感じ、実際にたっぷりの愛情を得て、満ち足りた恋愛を展開できるでしょう。

しかし、金星の力を使いこなせないと、駆け引きがわざとらしくなりがちに。感情をぶつけるのも避けるため、相手と心の距離をおいてしまい、表面的な関係しか築けないこともあります。受け身の恋に終始し、相手に依存したり、強引に迫ってくる人に引きずられる場合もあります。

蠍座 *Scorpio*

金星が蠍座にある人は、恋愛に深い絆を求めるのが特徴。相手との一体感を得ることで、恋愛の喜びを感じるタイプです。

この金星の力がプラスに働けば、あなたは一途な愛情を相手に捧げ、何があっても裏切りません。安っぽい恋愛には手を染めず、心から愛せる人が現れるまで独り身でも平気でしょう。

ところが、金星の力がマイナスに働くと、一途な愛情も激しい思い込みにすり替わってしまいます。恋愛感情をコントロールできずに、相手にぶつけて傷つけたりすることも。猜疑心も強まり、相手の浮気を疑ったり、執念深く追いまわすような重苦しい愛情もでてきてしまいます。

射手座 *Sagittarius*

情熱の赴くまま、奔放な恋に身を投じるのが、金星が射手座にある人の恋愛。

この金星のパワーがうまく使われると、あなたは素敵な人を自ら落とせる恋のハンターに。活き活きと愛情表現し、愛する人だけをまっすぐ見つめる瞳に魅力を感じない異性はいないでしょう。

けれど、金星の力が十分発揮されないと、熱い愛情はすぐ冷めてしまいます。追いかけているときは夢中でも、恋が成就すると興味を失い、結局、短期間の恋を繰り返すことにも。また、常識に縛られない愛情は、不倫も略奪愛もいとわないものになり、その結果、スキャンダルがつきまとうことも少なくありません。

山羊座 *Capricorn*

金星が山羊座にある人は、尊敬し合える恋愛を求めます。お互いに相手を認め合い、大人の恋を育みたいと感じているのです。

この金星のパワーがうまく発揮されると、あなたの恋心はとても安定します。一度好きになったら障害にもめげず深く長く愛し続け、余程のことがない限り心変わりはしません。

けれど、金星の力がうまく働かないと、恋に打算が働いてしまいます。社会的に認められるようなパートナーばかりを相手に選ぶようになり、求める条件が厳しくなりがちに。愛情表現も不器用になり、つらい片思いが長く続いたり、甘いムードや色気にも欠けやすくなります。

水瓶座 *Aquarius*

金星が水瓶座にある人の恋愛は、常識に縛られないので、とてもユニーク。

この金星の力が発揮されていれば、あなたは個性的なパートナーと対等かつ友愛的な関係を築くことができます。最初は仕事や趣味などを通じて相手と友達になり、そこから自然と恋に発展。やがてその恋は同棲や事実婚へとつながり、人生のパートナーを得ることに。

けれど、金星のパワーがマイナスに作用すると、ユニークな愛も度を越してアブノーマルに。アウトローの恋人を持ったりして苦労することもあります。相手に素直に甘えられず、心の奥底では寂しい思いをすることもあるでしょう。

魚　座 *Pisces*

金星が魚座にある人は恋愛至上主義者。仕事よりも友情よりも、恋愛をためらいなく優先し、身も心も一心同体になることに究極の愛情を感じます。

もし、この金星の力がプラスに働いていれば、あなたには自己犠牲的な精神が与えられて、愛する人の心を癒し、献身的に尽くすパワーが宿っています。それが発揮されれば、あなたは上手に恋人に甘えられ、愛されるでしょう。

でも、金星のパワーをうまく使いこなせなければ、恋愛に溺れやすくなります。ダメな相手に深情けをかけて無駄な愛情をつぎ込んだりもしがち。誘惑にも弱くなり、複数の人と関係を持つ恐れもでてきます。

太陽

The Sun

◆　◆　◆

◆太陽は英雄になるための力を授けてくれる

「あなた、何座？」と聞かれて即座に答えられる星座、それが誕生日から導きだす「太陽の星座」です。よく雑誌の後ろのページに載っている星占いの星座が、それですね。これは、あなたが生まれたときに太陽が入っていた星座を表し、今では最もポピュラーな星座として、広く人々に知れ渡っています。

この太陽の星座、厳密に言うと、実は「生まれ持った性格」を表しているのではありません。雑誌などで「牡羊座の性格」などと書かれたりしているので誤解されている人も多いでしょう。それは、複雑な西洋占星術をよりわかりやすく示すために、誕生日から簡単に知ることができる太陽の星座を代表格に据えて書かれたにすぎないのです。

では、「太陽の星座」とは、いったい何を表すのでしょうか。それは、その人が自分らしく人生を切り開いていくための力を表します。言い方を変えるとしたら、自分が目指そうとしている生き方や人生の目標、それを達成するための方法を示しているのです。

太陽は、世界中のあらゆる神話の中でも重要な位置を占めています。中でもよく知られているのは、ギリシア神話の太陽神アポロン。アポロンは太陽、精神、音楽、そして予言の神といわれ、健全な肉体と精神を持った青年の神として言い伝えられています。その姿は、まさに英雄のごとし。

　占星術が示す太陽も、自分の中の英雄的な面を表しています。英雄というのは、困難なことを成し遂げて初めて、英雄と呼ばれるわけです。つまり英雄になるために必要なこと、たとえば障害を乗り越えて未来へと突き進むエネルギーや、理想を追求し、妥協せずに自分を鍛え上げてゆく力といったものは、すべてこの太陽が授けてくれるものなのです。

　太陽が牡羊座の場合を、例にとって説明してみましょう。牡羊座に太陽がある人は、よく目にする性格分析では、負けず嫌いで挑戦的と解釈されます。でも、それは表面的な解釈にすぎません。太陽の意味合いをより深く理解するなら、何かに挑戦し、戦うことによって人生を切り開いてゆき、自分の生きる道を作り上げていこうとする、それが、牡羊座の太陽の特徴なのです。そうすることで、自分を表現し、自分らしく生きることができるわけです。

　そういう観点から太陽の星座を解釈していくと、おそらくこれまでよく目にしてきた性格的な特徴とは異なる部分が見えてくると思います。もし、太陽の力が十分発揮されていなければ、あなたは自分の進むべき道を見出せず、モラトリアムな心理状態に陥ってしまうでしょう。自分が自分らしく生きるために太陽が与えてくれているものが何なのか、ぜひそれを発見してください。

太陽は人生を切り開くパワーを授ける

太陽は、自分が自分らしく生きるための力やエネルギーを表します。この太陽の授けてくれる力をしっかりと受け止め、プラスに発揮することができれば、あなたは自分の個性や資質を余すところなく発揮し、とても充実した人生を送ることができるでしょう。

しかし、太陽のパワーをうまく活かせないと、あなたは自分の思うように生きることができません。その結果、誤った人生を選択してしまったり、不満を抱えて生きることになったりしてしまいます。

太陽

次のページから語句を選んであてはめてください。語尾が文章とあわない場合は、各自で語尾を変換してください。

私の太陽は（　　　　　　　）座にあります。

太陽は、私の人生を切り開く力を表すものです。

私は（　　　　　　　）することで、自分の人生を切り開いていきます。もし、自分の太陽の力をうまく発揮できなければ、（　　　　　　　）で、（　　　　　　　）な生き方になってしまいます。

しかし、太陽の力を十分に活かせれば、私は（　　　　　　　）で、（　　　　　　　）な人生をつくりあげます。

◆自分が輝いていると思えるのは、どんなときですか？

（　　　　　　　　　　　　　　　　　　　　　　　　　　　）

◆幼いころにやりたかったこと、なりたかったものは何ですか？

（　　　　　　　　　　　　　　　　　　　　　　　　　　　）

◆自分にしかできないと思うものはありますか？

（　　　　　　　　　　　　　　　　　　　　　　　　　　　）

◆上に書いたことから連想されること、感じることを書き出しましょう。

（　　　　　　　　　　　　　　　　　　　　　　　　　　　）

太陽と12星座のキーワード

マーク	星座	キーワード
♈	牡羊座	開拓、常に前進、体当たり、猪突猛進、熱くなる、思いのままに行動、攻撃的、退屈しがち、失敗が多く、荒々しく、闘争的、活き活きとした、新しいことに挑戦する、自分の可能性を追求する、パワフルな
♉	牡牛座	鋭敏な感覚を活かす、粘る、ひとつのことをやり通す、一歩一歩着実に積み重ねる、楽園を求める、快楽重視、いろんなものを手に入れる、貪欲、味気ない、つまらない、防御的、型にはまりやすい、享楽的、平和、快適、味わい深い
♊	双子座	情報収集、知的欲求を満たす、フットワークを軽く、新しいチャンネルを求める、知識を広げる、旅、器用貧乏、ずる賢く、要領よく立ち回る、何ひとつ習得せず、三日坊主、フリーター、好奇心旺盛、身軽、経験豊富、充実した
♋	蟹　座	豊かな感受性を活かす、安らげる居場所を求める、信頼関係を築く、模倣、閉鎖的、悲観的、引きこもりがち、臆病、不平不満が多く、人々に人気のある、温かい家庭を築く、感性豊か、過去から学び、人々を包み込み
♌	獅子座	創造、夢を追う、自己表現、トップを目指す、誇り高く生きる、独善的、幼稚、力ずく、権力志向、派手、遊び好き、放蕩的、無鉄砲、堅実性に欠け、成功する、有名になる、華々しい、注目を浴びる、クリエイティブ、ゴージャス
♍	乙女座	知識を深める、探求、秩序を重んじる、研究、細かく分析、批判精神旺盛、オタク的、マニアック、心配性、平凡、枠からはみ出ない、被害者意識の強い、有能、完璧、職人的、技術を活かした、使命感に燃えた
♎	天秤座	バランスを保つ、外交的になる、交際範囲を広げる、人と人をつなぐ、人間関係をうまく活かす、判断ミスが多く、人に迎合し、困難を克服できない、試練と向き合わない、刺々しい、格好つけた、人と協力する、優雅、スタイリッシュ
♏	蠍　座	欲望に忠実になる、強い目的意識を持つ、人と深く関わる、精神面を鍛える、挫折が多く、人の足をひっぱり、自嘲的、破壊的、コンプレックスの強い、秘密的、執念深い、目的を達成する、ひとつのことを突き詰める、深い感動を得る
♐	射手座	冒険、理想を追う、遠くを見据える、未来を見つめる、世界に羽ばたく、何かに夢中になる、哲学的に考える、無駄が多く、成り行き任せ、トラブルが多く、散漫、野性的、放浪的、ワールドワイド、ボーダーレス、大きなことをなす
♑	山羊座	野望を抱く、根気強く努力する、頂点をめざす、責任をまっとう、縁の下の力持ちになる、重圧に押しつぶされ、ステイタスにこだわり、虚栄的、意固地、組織の歯車になる、プレッシャーをはねのけ、社会的成功を得る
♒	水瓶座	個性を前面に出す、改革、人脈を拡大、連帯、独創的なアイデアを持つ、変わり者、突飛な行動、反抗的、理屈っぽく、実践力不足、目立ちたがり、アナーキー、前衛的、権力に屈しない、斬新、友情あふれる、自分らしい、自由
♓	魚　座	人を信じる、奉仕、直感に従う、感性を磨く、人を愛する、騙されがち、他人任せ、流されがち、犠牲的、一貫性のない、自堕落、怠けがち、耽溺しがち、愛に満ちた、芸術的、スピリチュアル、享楽的、しなやか、好きなことをやる

太陽と12星座

70ページでつくったワークシートの理解をさらに深めるため、自分の太陽星座のところを読んでみましょう。

牡羊座 *Aries*

12星座のトップを走る牡羊座は、心理占星術では自我の目覚めを表します。そのため太陽が牡羊座に入っていると、自分の存在理由を確認するために前へ前へと突き進み、人生を全力で戦うことによって生きている実感を得ようとするのです。この太陽の力が活かされていれば、自分の可能性を追求し、新しいものを開拓することで人生を切り開いていきます。考える前に自然と体が動き、現状に甘んじたりはしません。

けれど、太陽のパワーが活用できないと、ただ無目的に体当たりして失敗することも。あるいはエネルギーがうまく発揮できず、退屈で不満足な人生を送りやすくなるのです。

牡牛座 *Taurus*

12星座の2番目に位置する牡牛座は、いろいろなものを手に入れ、所有する星座。ここに太陽があると、自分が欲しいと思うものを貪欲に手に入れることで、人生の醍醐味や快楽を味わおうとします。こうした太陽のエネルギーがうまく発揮されれば、目標に向かって努力を惜しまず、必ず欲しいものを手に入れます。それを実現させるだけの現実的な知恵と力が、太陽によってちゃんと与えられているのです。

ところがそのパワーがうまく発揮されなければ、欲しいものを得るための努力もできず、成果を手にできません。防御的で淡々とした味気ない人生になりやすいのです。

双子座 *Gemini*

双子座は知恵と情報、そしてコミュニケーションの星座。ここに太陽が入っていると、あらゆる情報を収集し、知識を身につけ、それを武器に人との交流を図ることで、人生を楽しく豊かに送ろうとします。

この太陽のパワーがうまく機能していると、あなたは面白いことや刺激的なことを常に求めて歩きます。ときにはいくつものことを同時進行させながら、多才な能力を駆使して有意義な人生を送っていくのです。

けれども、太陽の力が発揮されなければ、いろいろなことに手を染めるものの、何ひとつ習得できないことに。器用貧乏な人生に終わってしまうこともありがちなのです。

蟹座 *Cancer*

蟹座はフィーリングを大事にし、身近な人との心の触れ合いに、生きる喜びを感じる星座。ここに太陽が入っていると、信頼できる人と親密な関係を築き、安住できる巣作りをすることで安定した人生を送ります。

この太陽のパワーが活かされていれば、大切な人を優しく保護し、ケアする気持ちが自然と生まれてきます。そうすることで周りから愛される人生を送ることができるのです。

しかし、このパワーがマイナスに作用してしまえば、周囲との信頼関係をうまく築くことができなくて、孤立したり閉鎖的な人生になりがちに。自分に自信が持てず、不平不満の多い生き方になりやすいのです。

獅子座 *Leo*

獅子座は何かを創造し、自己表現してゆく星座。ここに太陽がある人は、人生の主役は自分であることを強く意識し、自ら何かを創りだし、主体的に生きようとします。

この太陽のパワーがプラスに活かされると、自分に自信を持ち、夢を追い、誇り高く生きることができます。その結果、周囲から認められ、賞賛されて、実りある人生を歩むことができるのです。

しかし、太陽の力がうまく発揮されないと、自信は虚栄と化し、独善的に。自尊心を傷つけられるような挫折を経験すると、ひねくれたり無鉄砲になったりして、投げやりな人生を送りやすくなってしまいます。

乙女座 *Virgo*

清廉潔白で、高い理想と使命を抱き、完全無欠を目指す——それが乙女座に太陽がある人の生き方です。

この太陽のパワーを使いこなせれば、緻密な分析力と論理的な思考力で、人生を切り開いていきます。些細な変化も見逃さないので失敗も未然に防ぐことができ、破綻のない一生に。また探求心も授かるので、特定の専門分野でスペシャリストとして成功を収めることも可能でしょう。

けれど、太陽のパワーがマイナスに作用すれば、細かいことにこだわり、心配性で冒険のできない人生に。被害者意識が強く、人を批判するばかりで、自分では何ひとつできずに一生を終えてしまうこともあるのです。

天秤座 *Libra*

天秤座はバランス感覚に優れた星座。ここに太陽がある人は、常に自分と他者との兼ね合いを図りながら、持ち前の調整能力を発揮して、人生を巧みに渡ってゆきます。

この太陽の力をうまく活用できれば、ときには人に譲り、またあるときはソフトな物腰で自分の要求を押し出し、優位な立場に身をおくことができるでしょう。

しかし、もし太陽のエネルギーがマイナスに作用すれば、特有のバランス感覚に足元をすくわれ、自分自身の立ち位置を見失うことに。そうなると周囲に迎合したり、人の視線ばかりを気にして、自分らしい生き方ができなくなってしまいます。

蠍座 *Scorpio*

蠍座はものごとを突き詰め、人と深くコミットする星座。ここに太陽があると、ひとつのことに情熱を傾け、それを極めることに喜びを感じます。同時に心から信頼できる人と人生を分かち合うこともできるのです。

この太陽のエネルギーがプラスに発揮されていれば、あなたは強い目的意識を持ち、どんな逆境にも耐えて必ずや目標を達成するでしょう。

ところが、太陽の力がうまく活かされないと、打ち込める対象を見つけられず鬱屈した人生に。コンプレックスが強まり、成功している人を妬んだり、報復や復讐というネガティブな感情に支配されて人生を棒に振ってしまう恐れも出てくるのです。

射手座 *Sagittarius*

射手座は冒険心が旺盛で、生きることはまさに冒険そのものと感じられる星座。ここに太陽があると、未知のことに興味を抱き、それがどんなに危険をはらんでいることでも、体験せずにはいられません。

その太陽の力がプラスに働けば、未来を見据え、新しいことを次々と行い、スケールの大きな人生を歩むことができます。日本に留まらず、世界で活躍する人もいるでしょう。

でも、太陽の力がマイナスに作用してしまうと、興味の対象がすぐに変わってしまい、散漫な一生を送りやすくなってしまいます。成り行き任せになり、無責任な生き方をしてしまう場合もあるのです。

山羊座 *Capricorn*

山羊座は社会的に認められることに存在価値と人生の喜びを見出す星座。ここに太陽があると、着実に実績を重ね、実利を追求し、社会的成功を得る力が授けられています。

その太陽のパワーを上手に活かせれば、目標を達成するために必要な努力は惜しみません。成功までには時間がかかることも理解しているので、途中で投げ出さずに根気よく続け、人生を開花させます。

けれど、太陽の力が十分に発揮されなければ、ステイタスにこだわるわりには努力不足だったり、期待や責任という重圧に押しつぶされ、大成できずに終わることも。地位や名誉にしがみつく場合もあります。

水瓶座 *Aquarius*

水瓶座は自由と個性、改革を重んじる星座。ここに太陽があると、自分らしく生きることにこだわります。人がどう思おうと関係なく、既成概念にもとらわれません。興味の赴くことにマイペースに取り組み、人生を切り開いてゆきます。

この太陽のパワーが十分発揮されれば、あなたの個性は周囲に受け入れられることに。斬新な思考でマンネリ化した状況にメスを入れ、革新的・発展的な人生を歩もうとします。

しかし、太陽の力がうまく働かないと、単なる変わり者で終わりがちに。やたらと体制に反抗したり、個性的すぎて認められなかったりで人生が思うように発展しません。

魚座 *Pisces*

魚座は夢見がちで、奉仕精神に満ちた星座。ここに太陽があると、夢を失わず、世知辛い世の中でも善意を信じ、慈悲深い心で人生を歩んでゆきます。

この太陽のパワーが十分活かされていれば、人を信じる心を持ち、人に奉仕することで生きる喜びを実感します。この世のすべての出来事を肯定的に受け止め、流れに身をまかせながら、自在に世の中を泳いでゆけるでしょう。

けれど、太陽の力がうまく発揮できていないと、夢ばかり見て現実逃避しがち。その結果、自堕落な人生を送る恐れも。人に騙されたり愛に溺れたりして、人生を無駄に過ごすこともあるのです。

火星

Mars

◆ ◆ ◆

◆火星は闘争本能と性的エネルギーの星

火星は暗い夜空に赤い光を放つ星です。その赤い色が流血や燃え上がる炎を連想させたせいか、バビロニア時代には戦いを呼ぶネルガルという神に見立てられ、災厄の星とされてしまっています。

伝統的な占星術でも、火星は長らく凶星として忌み嫌われてきたという歴史を持っています。

たしかに火星は強い攻撃性を司る星です。たとえば、誰かに足を踏まれたとき、反射的に湧き上がってくる怒りと強いエネルギー。自分と同じ目標を持った相手を前にしたとき、心にムクムクと立ち現れるライバル意識。こうしたことを考えてみると、比較的容易に自分の内にある火星を意識することができるかもしれません。

この火星のパワーは、心理学でいう「アグレッション」を象徴しています。それは怒りのエネルギーや攻撃性と言い換えることができるでしょう。また、火星は性的なエネルギー、リビドーを表す星でもあります。

このような火星のパッションは使い方を間違えると、暴力や激しやすく扱いづらい性質として、表れてしまうものです。その逆に、内なる火星の力を恐れて、それを自分の中に抑圧しようとすると、強力な破壊衝動となって事故やトラブルを巻き起こすことも。そういうパワーを秘めた星だからこそ、古代の人は火星のことを忌み嫌ったのかもしれません。

しかし、時代を経て、ギリシア神話では軍神アレス、ローマ神話ではマルスという神の名が、火星に当てはめられるようになっていきます。

軍神アレスは戦争好きの残酷で凶暴な神様です。けれどもローマ神話のマルスは国家を守護する神、ローマの繁栄と平和を守ってくれる強くたくましい神でした。時の流れと共に、人々は火星パワーの建設的な一面——欲するものを得るために戦うファイティング・スピリッツや勇気——に気づいたのかもしれません。

そう、火星の力は、上手に発揮しさえすれば、あなたの強い味方となってくれる行動力となって表れるようになるのです。必要なのは自分の火星パワーの特徴を知って、それを欲しいものを手にするためにうまく活用していくこと。自分の中の闘争本能を恐れたり、封じ込めようとしたりするのは愚かなことです。

火星が位置する星座は、あなたがどんな戦法を得意としているか、どういうときにフラストレーションが溜まりがちになるか、などを教えてくれます。ですから、まずは自分が生まれたとき、火星がどの星座にあったかをホロスコープから探しだしましょう。そして次ページからのワークシートに記入してみてください。これを通じて、あなたは人生の有利な戦い方を身につけることができるでしょう。

火星は欲求を満たすためのパワーの源

火星は欲しいものを自らの力で得るための行動力を授けるものです。この火星の力をうまく発揮できれば、ポジティブに目的に突き進み、その目標に到達することができるでしょう。けれども、火星の上手な活かし方がわからずにいると、フラストレーションを感じ、挫折感や性的な欲求不満を深めることになってしまいます。これまでの人生を振り返り、自分がどのような方法で目的を達成してきたか、できなかったのはどういうときか、などを考えてみましょう。

火星

次のページから語句を選んであてはめてください。語尾が文章とあわない場合は、各自で語尾を変換してください。

私の火星は（　　　　　　）座にあります。

火星は、欲しいものを手に入れるための行動力を示すものです。

また、性的な衝動や傾向についても火星は教えてくれます。

もし、自分の火星の力をうまく発揮できなければ、（　　　　　　）や（　　　　　　）な状態になり、フラストレーションが溜まってしまいます。

しかし、火星の力を十分に活かせれば、私は（　　　　　　）、（　　　　　　）な行動をして目的を達成することができます。

◆どういうときにイライラしますか？

（　　　　　　　　　　　　　　　　　　　　）

◆自分の力で手に入れたと言えるものは何でしょう？

（　　　　　　　　　　　　　　　　　　　　）

◆自分のライバルと思うのは、どんな人ですか？

（　　　　　　　　　　　　　　　　　　　　）

◆上に書いたことから連想されること、感じることを書き出しましょう。

（　　　　　　　　　　　　　　　　　　　　）

火星と12星座のキーワード

マーク	星座	キーワード
♈	**牡羊座**	飽きっぽく、カッとしやすい、気持ちが荒ぶった、怒りっぽい、衝動的に行動しがち、ガマンのきかない、駄々っ子のような、スピーディーに、体当たり的な、一心不乱に、パワフルな、大胆な、ハンター的な
♉	**牡牛座**	うっくつした気分の続く、頑固な、むくれがちな、怒りを溜め込んだ、意地汚い、しつこいと言われる、不快感の強い、ねばり強い、断固として譲らない、根気よく、持続的な、疲れ知らずの、イエスと言わせる
♊	**双子座**	焦燥感を感じる、頭でっかちな、悪知恵を働かせがちな、落ち着かない、ソワソワしやすい、口ばかり達者な、成り行きまかせな、サッと、軽快に、経験を活かした、器用に、要領のいい、言葉巧みに
♋	**蟹　座**	弱虫な、意気地のない、ウジウジしがちな、グチの多い、引きこもりがちな、ゆとりのある、弱点を活かした、人の力を借りる、人の心を温めるような、利他的な、他人のためになる、人情味のある
♌	**獅子座**	意地っ張りな、負け惜しみばかり言う、すねやすい、いじけた、他人をあてにする、人気を失った、人に嫌われる、堂々と、素直な、誇り高く、相手の注目を引くような、創造的な、ケチくさくない
♍	**乙女座**	臆病な、自信に欠けた、欠点をあげつらう、皮肉を口にしがちな、細かいことを気にする、辛らつ度が増した、完璧な作戦を練った、細やかな、人の心を打つような、弱点を武器にした、純粋無垢な
♎	**天秤座**	見栄っ張りな、カッコつけたがる、非協力的な態度を取りがちな、他力本願な、女らしさを武器にして、スマートに、人脈を活かした、ソツのない、好感度の高い、他人を味方につける、駆け引き上手な
♏	**蠍　座**	意地悪な、人から怖がられる、復讐心にとらわれた、猜疑心の強い、欲深い、セクシーさが過剰の、無自覚にフェロモンを振りまくばかりの、魅惑的な、人を惹きつける、色っぽく、ねだり上手に、威嚇的な
♐	**射手座**	飽きっぽく、人を傷つけやすい、トラブルメーカー的な、元気のありあまった、何事もやりすぎる、無邪気に、元気に、前向きな、自分の長所を活かした、活発に、自由奔放な、冒険的な、ストレートな
♑	**山羊座**	不器用な、用心深すぎる、前に進めない、自分に厳しい、生真面目な、融通の利かない、打算的な、結果につながる、合理的な、長い目で見て有利になる、着実な、堅実な、信用を得る、賢い、堅実な
♒	**水瓶座**	不平不満を言う、毒舌的な、屁理屈を言いがちな、ないものねだりな、偏見の強すぎる、人に敬遠される、ひとりよがり、画期的な、オリジナリティのある、論理的な、自分の個性を活かした、斬新な
♓	**魚　座**	他人に依存した、ひとりでは行動できない、ワガママな、甘えん坊な、尽くしすぎる、克己心のない、ダラけすぎた、自己犠牲的な、小悪魔的な、献身的な、ロマンティックな、臨機応変な、人の心を読んだ、熱狂的な

火星と12星座

78ページでつくったワークシートの理解をさらに深めるため、自分の火星星座のところを読んでみましょう。

牡羊座 Aries

カッとなると自制心を失いやすいあなた。ハチャメチャな行動を取って、後悔することが多いかもしれません。性に関しても、勢い任せにベッドインし、身体を重ねたとたんに熱が冷めてしまう、という経験を持ちやすいでしょう。

しかし、火星のパワーを上手にコントロールできるようになると、あなたは負け知らずの人生を歩んでいけるようになるはず。標的を定めたら、一心不乱かつスピーディーに突き進み、自分の目的を達することができるようになります。ライバルや敵を蹴落とすことも躊躇なくやってのけるでしょう。あなたには野性的な強さが秘められているといえます。

牡牛座 Taurus

つまらないことで頑固になったり、むくれてしまったりするあなた。意地を張ったせいで恋をダメにしたり、「しつこい人」と言われて傷ついたりした経験が、あなたにはあるはず。また、自分の性的な欲望の強さに振り回され、肉体関係を断ち切れないこともあるかもしれません。

けれど、この牡牛座的な火星のパワーを上手に発揮することができるようになれば、あなたは常に確実に、自分の目標、目的を達成することが可能となるでしょう。ねばり強く、根気よく、欲しいものに近づいていくことのできるあなたは、大地に根を張る大木のような強さを持っている人なのです。

双子座 Gemini

火星のもつ本能的パワーが知的な双子座のスタイルで発揮されます。少し落ち着きがなく、興味をもった多様なことに取り組んで行く傾向があるでしょう。ただ、ひとつのことを完成させる前に、興味の対象が他に移ってしまうこともあるかもしれません。しかし、火星をうまく使えばあなたには、ふたつの望みを同時進行で叶えてしまえるような、非常に巧みで器用な火星パワーが宿っています。欲しいものができると、それに近づく最短距離を計算する能力が現れて、やすやすとそれを手にいれられるでしょう。リズム感もよく言語の能力にも恵まれることが。知的好奇心への燃料を欠かさないことが重要です。

蟹座 *Cancer*

蟹座に位置する火星は、一般的にその威力を弱めるとされています。そのため、あなたは自分をとても弱虫だと感じていたり、自分の怒りを素直に表現できなかったりしがちかもしれません。性に対しても奔放になれず、快感に身をゆだねるのを苦手としがち。しかし、そんな弱気な火星には違う意味でのパワーがあります。それは「自分の弱さを認められる」という強さです。だから、あなたは他人の力を借りることがとても上手。手の届かない場所になっている果物は、背の高い人に頼んで取ってもらう。そういう知恵と勇気があなたにはあるのです。その人間的なパワーを活かしてください。

獅子座 *Leo*

火星のもつ強いパワーが誇り高く、自己表現へと誘う獅子座で発揮されるので、エネルギッシュかつ燃え上がるようなかたちで自身の欲望や熱意が発揮されます。ただ、その勢いが強すぎて他者の意向に鈍感になったり、少しでも意に沿わない反応があるとプライドを傷付けられた気になってしまう可能性も。それは火星を上手く使えていない状態の時です。

しかし、火星の力をうまく使うことができれば、自分自身にしかできないようなスタイルで、正々堂々と自分の理想に向かって邁進、そしてその生き様を生き生きと誇示することができ、人のモデルになれるはず。

乙女座 *Virgo*

他人を攻撃することで、自分が傷ついてしまうようなナイーブさを持つあなた。「言い過ぎた」と思うことや、「他に方法はなかっただろうか」と後悔することが、しばしばあるでしょう。性的に潔癖、あるいはオクテになりがちな面があり、純愛を貫く恋に憧れることもあります。

けれど、これは乙女座に位置する火星の一面にすぎません。あなたの中には欲しいものを手に入れるためなら、念入りな作戦を立て、ときには純粋さや弱さを武器にして戦うしたたかさが秘められています。とくに恋のシーンでは、かよわさを強調することで、相手をトリコにしてしまうでしょう。

天秤座 *Libra*

　動物的な荒々しさやガツガツした浅ましさを嫌うあなた。スマートな天秤座に位置した火星は、本来の激烈さを失いがちです。戦わずして勝ちを譲ってしまうことや、怒っていても涼しい顔をしてしまうことがあるかもしれません。性的表現も基本的にはエレガント。ただ、自分自身の怒りや本能を必要以上に抑圧していないかのセルフチェックは必要。

　しかし、本当に欲しいものが見つかれば、あなたの火星もやはり強いパワーを発揮するでしょう。敵陣営を味方につけたり、相手と絶妙な駆け引きをしたりすることで、見事に目的を達成するのが、あなた流儀のスマートな戦い方なのです。

蠍　座 *Scorpio*

　火星が蠍座に位置すると、その力は地下深く眠るマグマのように、あなたの内に沈潜します。そのため、あなたは強いオーラやフェロモンを内側から発するようになり、ときとして人を畏怖させるような雰囲気を漂わせるようになるのです。

　この火星の力を活用すれば、じっと相手を見つめるだけで恋の罠を仕掛けること、ライバルを萎縮させて勝利を手に入れることなどができるようになるでしょう。ただ、火星パワーのマグマは、ときに大噴火を起こし、手のつけられない怒りの暴走となる場合が。それを避けるには、性的なエクスタシーで、定期的にエネルギーを放出するのが正解です。

射手座 *Sagittarius*

　あなたは火星パワーを奔放に使いがち。怒りや不満をストレートに口にして人を傷つけてしまったり、酔った勢いなどで異性とベッドインに至り、朝が来ると「なぜこんなことに?」と自分に腹が立つといった経験をしやすい人です。あなたの火星は気まぐれに、無邪気に働く傾向が強いのです。けれども、その活発で高揚感に満ちた火星パワーをうまく使いこなせば、あなたは夢や理想を現実にすることができるでしょう。

　目標を絞りこみ、そこに集中して力を使うことを覚えるのがその近道。無目的に働いていた火星パワーが一点に注がれれば、強い力となるに違いありません。

山羊座 *Capricorn*

山羊座は火星の力を熟成させる性質を持つ星座。パチパチと燃え始めた種火を炭に移して、パワフルで長持ちする炭火を作ろうとするのです。そのため、あなたは怒りや恋心を瞬発的に発揮するのが苦手。セックスにも若いうちは保守的ですが、経験を積むとやがて深いエクスタシーを感じる力を持つようになります。

この火星をうまく活用するコツとは、遠回りでも着実に歩みを進め、確実に標的を追い詰めていく作戦を取ること。欲しいものを得ることを焦っては、火星パワーを使いこなすことはできません。ちっぽけな夢を追い求めるのもやめて。あなたは大きな野望をなす力に長けた人です。

水瓶座 *Aquarius*

本能や強いエネルギーが、ある種の理念、本人の独自の価値観と共鳴しつつ働きます。強いパワーをもっているけれど、それは本人が心から信じ、理解できる理念や理想と合致して初めて良い形で発揮できます。

この火星パワーをうまく活用するには、よい意味での個性を発揮するよう心がけること。欲しいものを手に入れたいと思うとき、他人とは違うやり方はないかと模索してみると、素晴らしい発想が湧き、不可能を可能にすることもできるでしょう。志を同じくする仲間との協働もできます。ただ、この力をうまく使えないと独善的、ドグマ的、あるいは屁理屈の上での行動に結びつく危険も。

魚　座 *Pisces*

魚座にある火星は悪い形で発揮されると、人に対する依存的傾向、自己犠牲的な献身などとして表れます。弱い相手に対しては、ワガママ放題になってみせたりしますが、憧れている相手には、ひたすら尽くして自滅することがあるかもしれません。また、セックスにおいてマゾヒズム的傾向が表れることもあるでしょう。天使のような献身と、悪魔のような気まぐれを併せ持つあなたですが、それをうまく活用すれば、異性の心を惹きつけてやまない小悪魔になることができるはず。また、人の心を巧みに読み取り、自分を使いわけることも、目標を達成するための武器となるでしょう。

木星

Jupiter

◆可能性を広げていこうとする木星

雑誌の星占い特集で、自分の星座が「12年に一度の幸運期」とされているのを目にして、喜んだ経験はないでしょうか？　これは実は、約12年の周期で公転している（太陽の周りを回っている）木星が、あなたの太陽サインに入ったことを言っているのだと知っていましたか？

伝統的に占星術では、木星は「グレーター・ベネフィック」と呼ばれ、大吉星とされていました。ベネフィックとは英語のベネフィット（利益）の由来となった言葉です。木星はいわば「多大な利益をもたらす星」というわけです。

そのため、木星の配置さえよければ、大金持ちになれるとか、結婚運に恵まれるなどと、単純に解釈されることもあるのですが、心理占星術では、もう少し深く、この星の作用を見ていくことにしましょう。

木星の英語名はジュピター。ギリシア神話では神々の王であるゼウスに当てはまります。木星がゼウスと同一視されたわけは、その輝きの強さのおかげだったのかもしれません。木星は太陽系における一番大きな惑星です。ところで、ゼウスはかなり浮気な神様で、数々の女神たちと恋に落ちたとされます。「もっと、もっと」と次なる愛を求めてやまないゼウスには「可能性を広げていこうとする態度」が備わっていたのです。

最も大きな星である木星。守備範囲を広げてゆくことで神々の王として君臨したゼウス。こうした点から木星は「拡大と発展」を司る星と見てとることができるのです。木星は、「この世界にはもっと面白いものがあるかもしれない」「自分にはもっと大きな才能や可能性があるかもしれない」と考えさせる、健やかで肯定的な実感を人にもたらす存在なのです。

この木星が位置する星座は、あなたが幸運を手に入れるうえで欠かせない態度を示しています。その星座の持つ性質を拡大し、自分の中で発展させていくことができれば、あなたは自分の世界を広げ、さまざまな幸運を手にしていくことになるでしょう。

けれども、木星星座の性質を理解せず、その力を発揮できないでいると、得られるはずの幸運をとり逃してしまい、人生に対して悲観的な視線を持つようになるかもしれません。

では、ワークシートをやってみることで、自分は木星パワーをうまく発揮できているかを確認してみましょう。火星までの惑星では、あなたの性質や才能、恋愛など、個人の持つ傾向を見てきました。けれど、木星以降の星は運行速度が遅くなるため、同じ学年の人はみな同じ星座に星が入ることになります。つまり、ここからは自分の持つ性質に注目するのではなく、どういう性質を取り込めば人生をより活き活きと輝かすことができるのかを意識して、ワークシートに取り組むのがポイントです。

木星は健やかな精神と幸運をもたらす

幸運をつかむために必要な態度と、あなたがつかむことのできる幸運を示してくれるのが木星です。もし、このパワーを十分に発揮できれば、自分の手で運をつかみ、それを発展させることで、喜びに満ちた人生を歩むことができるでしょう。しかし、木星の力を発揮しないままだと、自分自身や人生についてネガティブな価値観を抱くようになってしまいます。このワークシートで、これまで自分が運やチャンスとどう向き合ってきたかを振り返ってみましょう。

木星

次のページから語句を選んであてはめてください。語尾が文章とあわない場合は、各自で語尾を変換してください。

私の木星は（　　　　　　）座にあります。

木星は、私の人生の中で得られる幸せを示すものです。

もし、自分の木星の力をうまく発揮できなければ、（　　　　　　）や（　　　　　　）な状態になり、幸せをつかむチャンスを逃しがちになってしまいます。

しかし、木星の力を十分に活かせれば、私は（　　　　　　）、（　　　　　　）という幸運を手に入れることができます。

◆せっかくのチャンスを逃したと思うことはありましたか？

（　　　　　　）

◆こういう点では自分は恵まれていると思うことは何ですか？

（　　　　　　）

◆ピンチのときに、救いの手が差しのべられた経験はありますか？

（　　　　　　）

◆上に書いたことから連想されること、感じることを書き出しましょう。

（　　　　　　）

木星と12星座のキーワード

マーク	星座	キーワード
♈	牡羊座	焦りを感じやすい、何をやっても満足できない、孤独を感じやすい、生きる意味がわからない、トップに立つ、チャレンジのチャンスを得る、倍率の高い面接を突破する、新規事業を起こす、電撃婚する
♉	牡牛座	日々が味気ない、他人を羨むばかり、豊かな生活の享受、玉の輿に乗る、ゆとりのある、じっくりとした、年とともに美しさが増す、人から賞賛を受ける、人に信頼される、美しい物を収集できる
♊	双子座	狭い世界に甘んじた、腰の重い、人脈に恵まれる、コミュニケーション力のある、文才を発揮する、たくさんの恋を経験する、好奇心のある、どんなチャンスも逃さない、いつまでも若々しくいられる
♋	蟹　座	自分のことで精一杯、人を警戒しがち、利己的、大勢の人に愛される、リラックスした、部下や後輩に慕われる、誰もが羨む結婚生活を送る、親しみやすく、理想の住居の獲得
♌	獅子座	ひがみがち、自分を哀れんだ、クリエイターとして成功する、自信に満ちた、ドラマティックな恋を体験する、個性を活かした、華やかな場所で活躍する、人から憧れられる存在になる
♍	乙女座	自己卑下した、能力を埋もらせた、自分を大事にしない、堕落した、家庭と仕事の見事な両立、異性から大切にされる、仕事の昇進を繰り返す、美しい肉体をキープできる、ノルマを必ず達成する
♎	天秤座	自分の魅力を低下させた、出会いの少ない、やぼったい雰囲気、モテる女性であり続ける、偏見のない、同性から憧れの目を向けられる、センスを活かして成功する、結婚してセレブの仲間入りをする
♏	蠍　座	何をやっても中途半端、禁欲的、女らしさを失った、他人を嫉妬することの多い、体質の劇的な好変化、カリスマ的人気を得る、愛の成就、ソウルメイトとの出会い、金銭的な大成功、スカウトされる
♐	射手座	ネガティブなことを考えがち、アクティブさに欠けた、退屈しがち、旅に憧れる、世界的な活躍をする、夢を見る、ライバルに勝利する、遠くのものに憧れる、一攫千金のチャンスを得る
♑	山羊座	実力不足、何事も人頼み、小さなことにビクビクする、社会的地位の獲得、プレッシャーに強い、40代以降も大恋愛を重ねられる、ステイタスある相手との結婚、ヘッドハンティングを受ける
♒	水瓶座	没個性的、友達が少ない、権力に負けがち、恋に縁遠い、個性を活かせる仕事で成功する、才能を開花してくれる人物と出会う、有名人との結婚、男性中心の世界で活躍、恋人が最高の友人である
♓	魚　座	人の気持ちが理解できない、寂しさが募る、グチが多い、気持ちがピリピリしがち、芸術的才能の開花、人の導き手としての成功、恋の相手が途切れない、必ず窮地を人に救われる、霊的な恵み

木星と12星座

86ページでつくったワークシートの理解をさらに深めるため、自分の木星星座のところを読んでみましょう。

牡羊座 *Aries*

「これはチャンスかも」と感じたその瞬間、即座にアクションを起こすことをためらわないで。なぜならそれこそが、あなたにとって幸運をつかむための鉄則だからです。牡羊座はきわめて衝動的、本能的な性質を持つ星座。そこに木星が位置するあなたは、内なる衝動に突き動かされてみることで、可能性を広げていくことのできる人。リスキーなチャレンジを避ける必要はありません。たとえ、その挑戦自体が失敗に終わったとしても、あなたは挑戦という経験を通じて、成長を果たすでしょう。リスクの少ない選択ばかりしていては、人生を真に謳歌することはできないのです。

牡牛座 *Taurus*

最後の一歩の粘りを大事に。そうすればあなたは幸運を確実に手にすることになるでしょう。牡牛座はじっくりと歩みを進めるのを得意とする星座。そこに木星を持つあなたは、着実な歩みを経て豊かな成功、大きな幸運を得ることのできる人です。「これ以上の努力、追求は無駄かも」と思うときでも、もう少しだけ踏みとどまって。あなたの努力と幸せの追求には、決して「無駄」はないのです。その経験自体、あなたの強さ、美しさを増大させる力となるのですから。欲しいものを簡単にあきらめてしまえば、他人を羨み、ただ味気ない日々を繰り返すだけの人生となってしまうでしょう。

双子座 *Gemini*

軽快さとコミュニケーション能力の高さが特徴の双子座。そこに木星が位置するあなたが幸運を手に入れるために欠かせないのは軽快さ。人脈を広げるため、人付き合いの場所へ積極的に顔を出すようにすれば、そこから思わぬ幸運の道が開けるでしょう。話題のスポットにいち早く足を運ぶことも、恋やビジネスのチャンスを得るキッカケとなります。人脈と見聞を常に広めていこうとフットワーク軽く立ち回ることもまた、あなたの人格を若々しく魅力的に保つためのキー。狭い世界に甘んじる日々を送っていたのでは、人気運も幸運もすべてが逃げていってしまいます。

蟹座 *Cancer*

周りの人間を大切にすること。縁あって親しくなった相手との関係を大事に育んでいくこと。あなたが幸運をつかむために必要なのは、そういう慈愛の精神です。蟹座は自分のテリトリーを守ることを信条とする星座。蟹座に位置した木星を持つあなたは、家族という小さなテリトリーから出発し、少しずつ自分の領域を広げて、活躍、成長していける人。心のつながりで結ばれた人間関係という支えがあってこそ、あなたは輝きを増し、自分の能力を発揮することができるのです。忙しいときでも、友のためなら駆けつける厚い情を持ち続けることが、むなしさや不幸を遠ざけるポイント。

獅子座 *Leo*

自分の能力、特技、魅力を自ら周囲にアピールすることで、あなたは幸運をつかむ人です。獅子座は自己演出に長けた星座。その性質を強調していくのに尻込みしていては、幸運を招き寄せることはできません。他人から注目を浴びることを恐れていると、自分の力を世間に知らしめることなく、ひがみっぽい日々を送ることになってしまいます。ヘタな謙遜よりも、堂々と自慢をしたほうがよいでしょう。そういうあなたを羨望の目で見つめ、もっと華やかな場所へ送り出そうとしてくれるサポーターが必ず現れるはず。自分への自信を深めることも創造的な才能の開花をもたらす源になります。

乙女座 *Virgo*

どんな取り組みにも誠実さを持って立ち向かいましょう。細部への配慮に長けた乙女座に木星が位置するあなたにとって、ものごとに対する誠実な態度こそ、幸運を手にするポイントです。とくに、仕事の細部やベース・メイク、部屋の掃除や食生活への気配りなど、誰もが手抜きをしがちなことにこそ、こだわりと誠意を持って取り組んで。そういう姿勢が評価されれば、あなたは素晴らしい仕事や恋のチャンスを得るに違いありません。面倒なことは手抜きするばかりの毎日を送っていると、自分自身までも雑に扱うようになってしまいます。

天秤座 *Libra*

エレガントで社交的な天秤座に木星が位置するあなたは、自分の容姿を最大限磨くことで、幸運を招き寄せることができる人。「大切なのは中身」という言葉を言い訳にして、自分の外見への気配りを怠ることは、幸運吸引力の低下を招いてしまいます。生まれ持った容姿に不満があったとしても、それをいかに魅力的に見せるかは工夫次第。さらには、その努力の過程こそが、あなたの内なる魅力を作り出してくれもするはずです。センスを磨き、自分のチャームを磨き、さらには社交術にも磨きをかけていけば、幸運は必ずあなたの手に。恋も仕事も思いのままになっていくはずです。

蠍　座 *Scorpio*

信念を持ち続けること。これがあなたの幸運をつかむための秘訣です。蠍座は強烈なフェロモン、吸引力を持つ星座。木星がこの蠍座に位置するあなたは、幸運を次々と自分のほうに招き寄せることができる人なのです。運命の恋人や天職、エクスタシーを感じられる恋や仕事。それらを手に入れるために必要なのは、「必ず手にしてみせる」という強い想い。自分の夢をあきらめたり、妥協したりしてはいけません。「こんなものかな」という恋や仕事に甘んじてしまうと、あなたは生きる精気を失いがちに。強い欲望を持ち続ければ、それがあなたのオーラとなり、人脈やチャンスを得られるはず。

射手座 *Sagittarius*

チャレンジ精神を失わずにいることが幸運を得るための条件です。木星を支配星とする射手座は、ポジティブなパワーに満ちた星座。あなたの中には「高いハードルこそチャレンジしがいのある目標」という木星射手座に特有のチャレンジ精神があるに違いありません。それを活かさないでいると、幸運を得られないばかりか、活気のない退屈な日々を過ごすことになってしまうでしょう。仕事上の思いきった方向転換、ライバルの多い恋への挑戦、一人旅や留学など、つい躊躇しがちなことを思いきって決行しましょう。そのときこそ、未来が開けてくることは間違いないのですから。

山羊座 *Capricorn*

山羊座は合理性に富む星座です。そこに木星があるあなたは、確実性を追い求めることで、幸運を手に入れる人。イチかバチかのギャンブルでは、大きな幸運を手にするのは難しいでしょう。棚ボタ的な幸運ばかりを狙っていると、自分の実力を磨くチャンスを失い、いざというときにプレッシャーに負けて幸せを逃すことに。あなたには「自分の実力で手に入れた」と胸を張っていえるような幸運の取得のほうが似合います。大切なのは、小さな目標や願いをひとつひとつ叶えていくこと。その積み重ねが自信と実力となり、それが次なる目標の達成につながっていくのです。

水瓶座 *Aquarius*

常識を疑ってみることから、幸運の幕が開きます。この仕事は男にしかできないというのは本当だろうか？ このタイプの男性との結婚は破綻しやすいというのは事実だろうか？ ふいにそんな疑問が湧いてきたときこそ、あなたにしかなしえない幸運をつかむためのチャンスなのです。水瓶座は個性と平等、博愛の精神を重んじる星座。そこに木星が位置するあなたは、社会のゆがみや偏見の視線と闘う勇気を持つ人。そして、それによって自分らしい生き方を見つけていける人です。女性初のパイロットだとか、超有名人との結婚などの常識外の幸運も、あなたにとっては夢ではないはず。

魚 座 *Pisces*

感受性の強い魚座に木星が位置するあなたは、リラックスした状態で毎日を過ごすことが幸運を呼び寄せるポイント。あなたの中には幸運のありかを直感的に感じ取るセンサーのようなものがあるのです。しかし、日々を緊張に満ちた状態で過ごしていると、このセンサーが働かず、幸運に近づくチャンスを失ってしまうでしょう。また、他人の気持ちにも鈍感になり、幸運をもたらしてくれる人との絆も弱くなってしまいます。忙しいときでも、一人でゆったり過ごす時間をほんの少しだけ取ることを習慣にしてください。そして、他人に対する目配り、優しさも忘れないように。

土星

Saturn

◆ ◆ ◆

◆「制限」と「限界」を司るのが土星

苦手だったことを克服した経験。それが自分にとっての大きな自信となっている、という人がいたら、その人は土星の恩恵を十分に知っている人でしょう。土星とは試練を通じて私たちを鍛え上げ、この社会の中で確かな自分の基盤を築く手助けをしてくれる星なのです。

この星は占星術の長い歴史の中では、まがまがしい大凶星とされて、恐れられてきたという事実があります。「グレーター・マレフィック」つまり「大きな害をなすもの」という名前で呼ばれたこともありました。土星が与えてくれるものといえば、災厄や死や凶作など、人々の希望を打ち砕くものだけと考えられていたのです。

それというのも、土星はかつて地球から最も遠い惑星、宇宙の果てを運行している、いわば「境界線」「限界」を象徴している星だったからでしょう。ギリシア神話では、土星はクロノスという神様に割り当てられていました。クロノスとは時間と歴史を司る神。時間はあらゆることに制限を与えます。何人も時間の法則、その限界から逃れることはできません。

けれども、人は限界を知ることによって初めて計画性を持ち、自分の目指すべき頂点を見据えることができるのではないでしょうか？

たとえば、時間がたっぷりあるほど、ダラダラと前に進まない仕事や勉強も、締め切りを提示されたとたん、集中力が発揮され、あっという間に片付くということがあるはず。土星はそういうパワーを与えてくれる星でもあるのです。

さて、ここでの土星のワークシートでは、土星があなたに与えるであろう試練と、その上手な乗り越え方に「集中して」取り組んでもらおうと思います。どんな試練が待ち受けているのか、恐れる必要はありません。土星のパワーをしっかりと発揮すれば、必ずあなたはその試練を乗り越えることができます。そして、今まで以上に強くたくましい自分に出会うことになるでしょう。

ワークシートにある「14歳、29歳のころにあった出来事」というのは、占星術で「サターン・リターン」と呼ばれる、誰しもに平等に訪れる試練の年を示しています。これは占星術上の「厄年」のようなものだと考えると分かりやすいかもしれません。

また、時期とは関係なく、苦手意識を持っているもの、人より時間をかけなければできないこと、というのも土星のパワーを活かせば、実は特技へと変えられる分野にあたります。何事も天才ではない限り、習得するのに時間がかかるものですが、かけた時間の分だけ人より秀でることができるとしたら、積極的に取り組むだけの価値があるはず。ワークシートを通じて、そんな事実にも気づいてもらえればと思います。

土星は試練を通じてあなたを鍛える

土星は制限や限界を司る星であり、強い自分を作るための力を与えてくれる星です。土星の力をしっかりと発揮すれば、あなたは試練と出遭ったとしても、決して恐れることなく立ち向かい、痛みや苦しみを乗り越えて、成長することができます。けれども、試練から逃げ出そうとしたり、立ち向かうことをあきらめたりしてしまうと、それはいつまでもあなたのコンプレックスとして残ってしまいます。ここで自分のコンプレックスを探ってみましょう。

土星

次のページから語句を選んであてはめてください。語尾が文章とあわない場合は、各自で語尾を変換してください。

私の土星は（　　　　　）座にあります。

土星は、私が出遭うであろう試練と、それを乗り越えるための力を示すものです。

もし、自分の土星の力をうまく発揮できなければ、（　　　　　）や（　　　　　）な試練に出遭い、それを乗り越えられず、コンプレックスを感じるようになってしまいます。

しかし、土星の力を十分に活かせれば、（　　　　　）（　　　　　）に試練を乗り越えて、強い自分を作っていくことができます。

◆苦手意識を持っている相手や仕事はありますか？

（　　　　　）

◆人より時間をかけなければできないことは何ですか？

（　　　　　）

◆14 歳、29 歳のころにあった出来事を思い出してください。

（　　　　　）

◆上に書いたことから連想されること、感じることを書き出しましょう。

（　　　　　）

土星と12星座のキーワード

マーク	星座	キーワード
♈	**牡羊座**	ライバルを怖れ、恋人を他の女性に奪われる、自己の限界にぶち当たる、自分より強そうな相手に怖じ気づく、果敢に、力強く、自力で、ファイティング・スピリッツを持って、勇敢に、負けることを恐れず
♉	**牡牛座**	安全な場所から追放される、大切にしていたものを失う、恋人から別れを言い渡される、金銭的ピンチに陥る、落ち着いて、ゆっくりと、着実に、希望を忘れずに、コツコツと、自分の力を信じて
♊	**双子座**	得意な仕事で挫折する、初等教育でつまずく、好きな相手にバカにされる、受験で失敗する、頭を使って、情報収集に努め、好奇心旺盛に、大人になっても勉強を続けることで、見聞を広めながら
♋	**蟹　座**	母親を兄弟に取られたと感じる、仲間はずれになる、先生に嫌われる、好きな人に拒絶される、両親の離婚、人に心を開くことで、愛を与えることを恐れずに、真の優しさを獲得し、愛することを通して
♌	**獅子座**	人から無視される、大事なときに体調を崩す、仕事の成果を認めてもらえない、好きな人にあっけなく振られる、自分で自分を認めることで、堂々と、誇りを持って、創造力を活かすことで、
♍	**乙女座**	能力の限界を感じる、病気や怪我による夢の挫折、尊敬している人から怒られる、恋人や両親に失望される、ひたむきに、自分に優しくすることで、無理をせず、節度を覚えることで、経験を積むことで
♎	**天秤座**	容姿について中傷を受ける、大事な面接に落ちる、姉妹と比べられて傷つく、セクハラにあう、恋人の浮気を知る、自分のコンプレックスを見つめることで、センスを磨き、自分を管理して、自分をいじめずに
♏	**蠍　座**	親友に裏切られる、恋人の浮気を目撃する、大切な人との仲を引き裂かれる、信じていた人から騙される、人を許すことで、信じることを恐れることなく、強い精神力で、深い懐を持ち、愛する力で
♐	**射手座**	飛躍のチャンスを逃す、告白に失敗する、不満な現状から抜け出せない、才能の成長が止まる、片思いを続ける、ポジティブに、好奇心で恐怖を乗り越え、思いきった決断で、探究心を活かすことで
♑	**山羊座**	ライバルに先を越される、スランプから脱せない、好きな人を奪われる、苦手分野を克服できない、根気強く、計画性を持って、厳しい訓練に耐えて、自分の力を信じることで、プレッシャーをはねのけ
♒	**水瓶座**	好奇の視線にさらされる、周囲の人から敬遠される、恋人ができない、憂鬱から抜け出せない、自分らしさを取り戻して、勇気をふりしぼることで、人目を恐れず、大胆な発想で、イメチェンによって
♓	**魚　座**	他人に利用される、怖気づいて、孤独感にさいなまれる、家族の犠牲になる、詐欺に遭う、人を見る目を養い、人との境界線の引き方を身につけ、しなやかに、自分で自分を癒し、共感者を得て

土星と12星座

94ページでつくったワークシートの理解をさらに深めるため、自分の土星星座のところを読んでみましょう。

牡羊座 *Aries*

闘争本能の強い牡羊座にある土星は、戦うことに対するコンプレックスを作り出します。あなたの中には他人に負けるのを恐れる気持ちと、他人を打ち負かすことへの恐れがあるはず。そのため仕事や恋のシーンで敗北することがあると、それ以降、人と競うことをことごとく避けるようになるかもしれません。またコンプレックスのせいで、大事な場面で他人に勝ちを譲ってしまう、ということも起こってくるでしょう。

しかし、土星の示す苦手分野は時間をかけて克服すれば、最大の強みとなるもの。戦いに対する恐れに打ち勝ったとき、あなたは最高の勝利を手にするはずです。

牡牛座 *Taurus*

安定を好む牡牛座にある土星は、喪失を恐れる気持ちを生み出します。そのせいで、今の安定を失うのを極度に恐れ、冒険を避ける傾向を持っているかも。また、大切な恋や財産を失ったあとは、恋人を持ちたい気持ちや財を成したい気持ちを抑圧するようになり、真剣な恋愛や結婚を避けるようになってしまう場合が。

しかし欲望や恐れを抑圧してはいけません。形あるものは、いずれ失われますが、瓦礫をもう一度積み上げて、新たな夢を作っていくことは可能であるはず。その事実に気づいたとき、あなたは自分自身の中に揺るぎない安定感を見出すことができるようになります。

双子座 *Gemini*

知的好奇心の強い双子座に土星が位置しているあなたは、勉強につまずいたり、情報に乗り遅れたりすることに密かな恐れを感じやすい人です。そのため、志望校に落ちたことなどがコンプレックスになりやすく、人前では何かと「知ったかぶり」をすることで、知識のなさをごまかそうとする傾向が出る場合も。

しかし土星の位置する星座の性質は、うまく活かせば強みとなるもの。学生時代のコンプレックスを拭うために、もう一度大学へ入るとか、学校では得られない生の情報を知るために、各地を旅行して知識を深めたりすれば、知的分野で大きな成功を収めるかもしれません。

蟹座 *Cancer*

保護領域を求める蟹座に土星があると、家族や恋人、友人などに拒絶された経験が心の傷となりやすくなります。そして、人と親密な関係を持つことへのコンプレックスを強めてしまう場合が。他人への警戒心が強くなると、友達ができなかったり、知らない人の集まる場所を苦手に思ったりするようになりがち。恋人ができても、愛を与えることが苦手で、愛してもらうことばかり要求するようになる場合も。

けれど、このコンプレックスから目を背けないように。苦手意識と闘っていけば、いずれ誰よりも人の心の痛みの分かる人間となり、誰からも慕われる人となるでしょう。

獅子座 *Leo*

承認欲求の強い獅子座に土星があると、人から認められないことへの恐れが強く表れがち。そのため、服装や話し方を派手にすることで、人の注目を集めようとする傾向が出る場合が。また認められない結果を恐れるあまり、発表会や面接など、いざというとき体調を壊すというパターンが表れることも。

しかし、一度でも大舞台で他人から認められ、賞賛を受ける経験をすれば、恐怖やコンプレックスは消え、あなたは大きな自信を身につけることのできる人。そのためには、他人が認めてくれなくても、自分で自分を認め、自己能力や魅力を磨き続ける努力を。必ずや報われるでしょう。

乙女座 *Virgo*

潔癖な性質を持つ乙女座にある土星は、完璧ではない自分への罪悪感を持ちやすい傾向を与えています。また、与えられた役割をこなせなかったり、周囲の期待に応えられなかったりすると、「自分はダメだ」という自己否定感に襲われがちです。

このコンプレックスを抱えてしまうと、あなたはまるで自分のダメさを証明しようとするかのように振る舞い始めます。それはたとえば遅刻や欠勤、身だしなみへの配慮の欠如といった形で表れるでしょう。この試練を乗り越えるには、自分に厳格であろうとするのをやめること。そうすれば、ありのままの自分を愛せるようになるでしょう。

天秤座 *Libra*

美的感覚に優れた天秤座に土星があると、容姿に対するコンプレックスを抱きやすくなります。そのせいで自分の匂いに過度に敏感になったり、無理なダイエットを繰り返して身体を壊すといったことが起こりがちでしょう。さらには外見へのコンプレックスを人間性で挽回しようとがんばりすぎて、人に対して愛想を振りまく八方美人となってしまう場合もあります。

しかし、このようなコンプレックスへの過剰反応を控え、できる範囲の努力で自分の容姿を磨く努力を続ければ、あなたはやがて自分の真の美しさに目覚めることができるはず。努力を投げ出してはいけません。

蠍座 *Scorpio*

物事に深くコミットしていく蠍座にある土星は、人を信用することへの恐れを生みがち。恋人の携帯をこっそりチェックせずにはいられないクセや、人から親切にされると下心を疑ってしまう傾向などを、あなたも持っているかもしれません。一度、恋人や親友に裏切られる経験をすると、他者に対する猜疑心はますます深まり、人とコミットすることを苦手に感じ始めるでしょう。

しかしあなたの中には、裏切りや失望に負けない極めて強い精神力が潜んでいます。それを自覚できるようになれば、人を信じること、許すことが容易になり、深い愛を経験することができるはずです。

射手座 *Sagittarius*

探究心の強い射手座にある土星は、未知への恐怖をあなたに植えつけます。知らない世界に飛び出すこと、新たなことへの挑戦などを、あなたは避けようとする傾向を持っているかもしれません。そのため、不満を持ちつつも、現状の恋や仕事に甘んじてしまうことが多く、新たなチャンスを与えられても、自ら拒絶することさえあります。

そんなあなたに必要なのは、思いきって未知なることへ挑戦をしてみること。一人で世界を旅したり、初挑戦のスポーツに挑んでみたりすれば、恐れやコンプレックスが消えていくかも。不満を抱く恋や仕事に別れを告げるのも怖くなくなるはず。

山羊座 *Capricorn*

野心家の山羊座に土星を持ったあなたは、努力が報われないことを恐れる気持ちの強い人です。そのため、はなから努力するのを止めてしまい、「がんばっても無駄」という間違った信念を持ちがちです。また、仕事上での自己実現という夢を捨て、逃避的な結婚へと逃げ込む場合も。子供のころに、得意分野でライバルに追い抜かれるといった経験をしている場合、そのコンプレックスのせいで、何をやっても本気になれない毎日を送るかもしれません。

しかし、あなたは本気になれば、どんな偉業も成し遂げえるパワーを持っている人。報われない結果を恐れるより、まずは努力をしてみて。

水瓶座 *Aquarius*

個性を重んじる水瓶座にある土星は、偏見の目を向けられることを強く恐れる気持ちをあなたにもたらしています。本当はみんなとは違うスタイルを試したくても、そんな自分をどう思われるかが怖いため、あなたは自分に素直になることができません。これまでに「変わっている」と言われたことがコンプレックスとなっていて、自分の個性を必死で隠そうとしてしまっている場合も。

しかし、偏見を恐れる気持ちを克服し、自分らしい生き方やスタイルを貫き始めると、あなたは素晴らしい輝きを見せるようになる人です。闘うべきは偏見の目ではなく、あなたの内なる恐怖心だと言えます。

魚　座 *Pisces*

感受性に富む魚座に土星が位置していると、「心のつながりの断絶」を強く恐れがちになります。そのため、あなたは人付き合いに無駄な時間を費やしがちかも。恋人から捨てられるのを恐れ、過度に心配性となってしまうとか、相手に嫌われたくないために、貸したお金が返ってこなくても泣き寝入りしてしまう、といった対等ではない人間関係に、はまり込むこともありそう。

しかし、土星の与える恐怖を乗り越えれば、あなたは豊かな人間関係の輪の中で、つねに人との心のつながりを感じながら生きていくことができます。まずは無理やり人に好かれようとするのをやめてみるべき。

天王星

Uranus

◆　◆　◆

◆古い時代に革新をもたらす天王星

占星術の世界は、長いあいだ太陽から土星までの7惑星で主に考えられてきました。その伝統、価値観に大きな変転を起こすきっかけになったのは、18世紀を迎えてから発見された天王星だったのです。

フランス革命やアメリカの独立など、時はまさに革命の時代。そのころに、この星は人類の前にその姿を現したのです。

そのため、天王星は「改革と革新を司る星」とされました。ただ、この天王星の公転周期は84年。土星は約30年ですからその倍以上の時間をかけて、この星は太陽の周りを一周していることになります。したがって、ひとつの星座を移動するにも7年かかるのです。占星術では土星以降の外天体（天王星、海王星、冥王星）のことを「トランサタニアン」と呼んで、同じ世代に共通する特徴や、世代的な影響を司るものと考えます。

天王星のパワーは、やすやすと使いこなすことはできないものです。けれども、これまでの常識や価値観、社会の構造を打ち破ろうとするとき、あなたは自分の内なる天王星のパワーを、はっきりと感じ取ることができるでしょう。発明、改革、発見、変化。こうしたものを司るのが天王星であり、この星の力は、つねに新しい未来に向けられているのです。

天王星と12星座

牡羊座 *Aries*

牡羊座は開拓精神に富む星座。ここに天王星が位置しているあなたは、革新パワーを受け入れることが得意です。社会に何か変革が起こり始めると、それをすばやく察知し、自らも社会の改革者になろうと、いち早く立ち上がることが多いでしょう。ただ、やみくもに変革へと突っ走りすぎて、挫折するのも早いというのが欠点。大きな改革に乗り出したいときには、計画性を持つことを心がけたほうがよいでしょう。

牡牛座 *Taurus*

不動宮の中でも確かなものを求める「地のエレメント」にあたる牡牛座。ここに位置する天王星は、変化や改革を嫌う傾向を持っています。オフィスに新たな機器や手法が導入されることに対して、断固として反対したりすることがあるかもしれません。新たなものに飛びつく人間を不信の目で眺めることも多いでしょう。しかし、本格的に改革が実行されれば、それを受け入れる懐の深さは持っているはずです。

双子座 *Gemini*

フットワークの軽い双子座に天王星を持つと、気軽な気持ちで大きな改革に取り組むことができます。新しい方法を試してみることに積極的で、たとえそれが自分にとって不利となる部分を持つことであっても、好奇心から改革を受け入れるということもあるでしょう。そのため、軽い気持ちで始めたことが、自分の転機となることが多く、気がつけば今までとは違う人生を歩みだしていたということになることも。

蟹座 *Cancer*

保護本能の強い蟹座は、天王星とは馴染みにくい星座といえます。そのため、あなたは人生における変化に敏感で、自分の環境に変化が起こると、強いストレスを感じることになります。たとえそれが結婚や出産などのおめでたい出来事でも、人生の変化に違いはありませんから、ストレスに注意しましょう。ただ、自分にとって不利な環境を変えることには積極的で、改革的な運動に参加し、力を発揮することも。

獅子座 *Leo*

王者であろうとする獅子座に天王星があるあなたは、変革の象徴、改革のリーダー的存在として活躍する可能性があります。あなた自身の考え方や生き方のスタイルなどが、次世代の感覚と、たまたまマッチしたことがキッカケとなるかもしれません。しかし、逆にあなたのオリジナリティが大衆から支持されなければ、極端な異端派に走る場合もあります。そうなると、生きづらさを感じ続けることになる恐れが。

乙女座 *Virgo*

観察眼に優れた乙女座に天王星が位置している世代には、発明家的な存在として名をはせる人物が現れる可能性があります。ただ、その発明は大衆文化にとってはあまり関係のない特殊分野であることが多く、知る人ぞ知る、という存在になるかも。環境や社会の変革に対しては、あなたが自ら積極的な取り組みをすることは少ないでしょう。乙女座はデリケートな星座なので、荒々しい改革は望まないのです。

天秤座 *Libra*

美意識に優れた天秤座にある天王星は、あなたにかなり個性的な美的感覚を与えるかもしれません。自分がいいと思うものが、他人には受け入れられないことがあるはずです。ただ、それにめげることなく、大切に自分の感覚を育んでいくならば、あなたはファッションや建築界の改革者となるかもしれません。でも、美的感覚が重視される分野以外での社会的な改革には、あまり反応を示さないでしょう。

蠍座 *Scorpio*

蠍座は現状をくつがえす強いパワーを秘めた星座です。ここに入った天王星は、あなたが不満な現状を打破する強い力を持っていることを示しています。ただ、その力は破壊的な形で表れることも多く、気をつけないと、あなたは時代の反逆児となって、その社会から追放されるという事態に追い込まれるかもしれません。ただ、そんなあなたにカリスマ的な人気が出て、社会のムードに大きな影響を与える可能性も。

射手座 *Sagittarius*

天王星が高みを目指す射手座にあると、現状に甘んじない精神が強まります。そのため、あなたはとくに不満がないときでも、新たな環境、社会を求めて、行動を起こすことがあるかもしれません。引っ越しを繰り返したり、旅が中心の変動的で、平凡ではない人生を送ることになる場合も。それは、あなたが社会を改革するよりも、自分が変わったほうが早いと考える一面を持っているせいかもしれません。

山羊座 *Capricorn*

野心的な山羊座と革新的な天王星。この組み合わせは、あなたの人生に大きな転機をもたらす可能性があります。野望を叶えるためなら、あなたは現在の地位や環境を捨てて、新天地へと赴くことを厭わないはずです。ただ、そのための準備には慎重なので、思いつきだけで大きな変革に飛び込むことはしないでしょう。他人から見れば思いがけない転身でも、あなたにとっては用意周到なものだったりするのです。

水瓶座 *Aquarius*

天王星は水瓶座の支配星にあたります。ここに天王星が位置していると、そのパワーは増大することになります。あなたの人生は常に変革や改革と無縁なものではいられないでしょう。あなたの属する世代が中心となり、次の時代のムーブメントを起こしていくという可能性も非常に強いです。また、不正や不平等を正そうとする意識も強く、共感する人間と連帯して社会を変えようとするパワーに満ちています。

魚座 *Pisces*

感受性の鋭い魚座に天王星が位置していると、いわゆる「シックスセンス」が発達することがあります。目には見えないその場のムードを感じ取ったり、虫の知らせを受けるといった体験を、あなたもしているかもしれません。ただ、そういう個人的な変化には敏感でも、社会的な変革の動きに対しては、けっこう無頓着だったりします。あなたにとって変革とは、自らの内側で起こるものなのかもしれません。

海王星

Neptune

◆ ◆ ◆

◆海王星の作用は陶酔を生み出す

天王星よりも、さらに外側に発見された天体、それが海王星でした。太陽の周りを一周するのに165年もの期間を必要とします。つまり、あなたが生まれたときに位置していたポイントに、海王星が再び戻ってくるのは、165年後ということになります。気の遠くなるような話ではありませんか。

そんな海王星は、私たちの年月に対する想像力を超えるような存在だと考えることができるかもしれません。自己という小さな殻の外にある星。意識の境界線を「溶解」し、不定形な無意識のかなたに、自己を連れ去る星。海王星は、混沌や忘却、陶酔といった事象を司っているのです。

この海王星のパワーとは、ひと言でいえば、現実世界に魔法の霧をかける力です。アルコールや音楽、ムードに酔っているとき。盲目的な恋に落ちているとき。私たちはまるで霧の中を漂っているように、現実を直視することを忘れます。こうした酔いをもたらすのが海王星のパワーなのです。

海王星は約14年間、ひとつの星座に留まります。ですから、たいていの場合は、親と子供は別の星座に海王星を持つことになります。親の世代とあなたの世代の特徴を分けるもの。海王星の位置する星座はそれを教えてくれます。次ページからは海王星が世代に与える影響を見ていきましょう。

海王星と12星座

牡羊座 Aries

この世代に共通するのは、熱狂への陶酔です。スポーツ観戦や闘牛など、気持ちが熱く燃え上がる趣味を好み、その熱狂を周囲と分かち合うことで、さらなる陶酔感を得ようとする傾向が見られます。ただ、それが昂じると、戦闘を好む性向を持ってしまう恐れもあり、この世代が中心となり、国家間の争いを生み出してしまうかもしれません。違うサインに海王星を持つ世代との交流が冷静さを取り戻すコツです。

牡牛座 Taurus

牡牛座に海王星が位置している世代は、美食や音楽など、五感を酔わせるものに夢中になりやすく、優れた文化を生み出す担い手となるでしょう。ただ、それが行き過ぎると、退廃的な暮らしに安住しがちになり、建設的な時代を育んでいこうとする気迫を失う場合が。また、貧困の時代にこの世代が生まれると、社会的不満の声が多く上がるようになり、暴力的なデモが断行されてしまう危険性が生まれるでしょう。

双子座 Gemini

この世代は、双子座の持つ言語的な能力やコミュニケーション力を駆使した娯楽を生み出したり、それに耽溺しやすいでしょう。優れた文学を愛する気持ちを持つ人が増え、それが優れた作家や詩人を生む土壌となるかもしれません。しかし、この海王星の力が悪くでると、詐欺師的な人物が多く現れるようになったり、世代間のコミュニケーション・ギャップが強まるなどのよくない傾向が表れるようになります。

蟹座 Cancer

この世代生まれに共通するのは、ロマンティックな雰囲気やイマジネーション豊かな世界に耽溺しやすい傾向です。同時代的なつながりを好む気持ちも強まるので、同窓会や土地の絆でつながった者同士の集まりなどが、他の世代よりもずっと頻繁に開かれたりすることもありそうです。ただ、感情に流されて、現実が見えなくなる傾向もあるので、親密な者同士が激しい憎み合いに至るといったケースも増えます。

獅子座 *Leo*

建設的な試みに熱狂し、自分たちの時代を築こうとするムーブメントが起きやすい世代です。とくに、その時代が排他的であったり、貧困や災害などに悩まされている地域の生まれだったりすると、その傾向は強まります。また、恋愛に崇高さやドラマ性を求める気持ちも強く、演劇、オペラ、恋愛映画などが大ブレイクしやすい土壌を育みます。ただ、海王星の力が悪く働くと、利己的な独裁制が横行することも。

乙女座 *Virgo*

乙女座に海王星を持つ世代に共通するのは、完璧な世界を理想とする傾向です。そのため、天才と呼べる人物に熱狂しがちで、自分の地域で生まれた天才をヒーローとして崇め奉る意識が強まります。また、純粋なものへの憧れも強く、純愛、清貧の精神などをよしとし、その反動で、肉欲や物質的欲望に対する否定的な価値観が生まれてくることもあるでしょう。聖職者を信奉するムードが高まることも。

天秤座 *Libra*

天秤座が海王星に位置する時期に生まれた人たちは、洗練への憧れが強いといえます。貴族趣味を愛し、王族、皇族といった人々を崇拝、憧憬しやすいのが特徴です。そのため、教養のない人間をバカにする傾向や、自分の生まれに対してコンプレックスを抱く傾向なども強まりがちです。けれども、美しい文化を生み出すことは得意ですから、この世代が活躍すると、素晴らしい建築や美術が誕生するでしょう。

蠍座 *Scorpio*

この世代に生まれた人たちは、未知なるものへの憧れと畏怖の気持ちを持っています。魔術的、霊的なものへの信奉を持ちやすい世代といえるでしょう。オカルトやスピリチュアルなものが流行しやすく、カリスマ的なオカルティストが輩出される可能性も。ただ、その傾向が強まりすぎると、熱狂的なカルト集団を生み出す土壌を作ってしまったり、インチキな商売に騙されやすい傾向を強める場合もあるようです。

射手座 *Sagittarius*

探究心の強い射手座に海王星が位置すると、まだ見ぬ世界に対する憧れが強まります。そのため、この世代は、放浪の旅を続けるような生き方に憧れの気持ちを向けやすく、冒険家を生む土壌を育みます。壮大な宇宙旅行への期待や憧憬を持つ人も多くなるでしょう。ただ、閉塞感の強い社会では、この世代からの不満の声が上がりやすく、社会制度や風習を崩壊しようとする気運が高まるようになるでしょう。

山羊座 *Capricorn*

権力志向への憧れを、この世代は持ちやすく、肩書に弱いという傾向を持っています。その憧れを自分のものにしようと、努力、精進するムードがこの世代に広まっていけば、優秀な人物、偉大な政治家などを輩出するようになるでしょう。けれども、権力への陶酔感に溺れてしまうと、地位や肩書を振りかざすような人物が増えてしまい、弱肉強食の殺伐とした社会を生み出すことになる危険もあります。

水瓶座 *Aquarius*

ネットワークを広げることを好む水瓶座。ここに海王星がある世代は、人と連結することに対して、独特の陶酔感を持ちやすいといえます。国や国籍を超えて、共通の趣味や主張でつながったからできる何かに夢を託そうとするでしょう。問題は、つながりの中身より、連体意識のほうが強調されてしまう場合。誰かが大志を表明しない限り、そのつながりはあっけなく霧散してしまうことが。

魚座 *Pisces*

殉教者に憧れる気持ちや、自己犠牲的な愛にマゾヒズム的な陶酔感を見出しがちな世代です。そのため、悲恋を描いたドラマや、スターの追っかけに時間とお金をつぎ込むことなどが大流行することがあります。また、貢ぎ物を神に捧げる祭りに熱狂するムードが高まることも。この世代は、非日常的な場所におかれると、集団で社会のルールからはみ出す危険性を秘めています。日ごろから適度なガス抜きをすべき。

冥王星

Pluto

◆ ◆ ◆

◆「闇の世界」を象徴する破壊と再生の星

太陽系の最果てに、１９３０年に発見された冥王星。この星は２００年以上のときをかけて、12星座を巡ります。１９３０年から現在までは、まだ２００年を経ていません。つまり発見以降の観測では、この星はすべての星座をまだ通過していないのです。

そんな遠大な周期で動いている、この未知の天体に、天文学はプルトーという名前を付けました。プルトーはローマ神話に出てくる冥界の王の名前です。簡単にいえば、冥王星は「闇の世界」を象徴している星といえるでしょう。

人はみんな、嫉妬や憎悪といった暗くネガティブな闇の感情に駆られることがあるものです。偉大な作家や思想家は、この心の闇、心の深部へと下降することで、魂の変容を体験したり、人々の心の奥深くに迫る作品や思想を得ることがあります。

冥王星のパワーとは、まるで自らを地獄の炎に投げ込み、そこから蘇ってくる不死鳥・フェニックスのような、「人生の変容」を促す力です。物事を根底から破壊し、再生するパワー。そんな冥王星の力には誰も抗うことはできません。この星の位置する星座は、その世代が経験することになるかもしれない人生や魂の変容のありさまを伝えるものです。

冥王星と12星座

牡羊座 *Aries*

牡羊座は戦うことで新天地を切り開いていこうとする性質を持つ星座。ここに位置した冥王星は、徹底的な闘争によってしか気づくことのできない真実に人々を促す可能性が。したがって、この時代に生きる人は、戦争や闘争という痛みを伴う経験を経ることで、人間のあり方への気づきを得ることになるかもしれません。そこから建設的な思想や、魂を打つ物語がつむぎだされれば、後世に残るものとなるでしょう。

牡牛座 *Taurus*

自分の感覚を通じて世界を読み解こうとする性質を持つ牡牛座。ここに冥王星が位置する時代には、極めて実験的な試みで、人間や世界の探究が行われる可能性があります。モルモットによる実験によってでしか、人体を救う新薬の開発が不可能なように、生命を犠牲にすることでしか得られない何か。それをこの時代に生きる人は知ることになるでしょう。心の痛い経験から大きな人類の進歩が得られるでしょう。

双子座 *Gemini*

知的好奇心が旺盛な星座である双子座。ここに冥王星が位置するときには、その知的な好奇心を犠牲にして、新たな何かが生まれ出る可能性が高まります。アインシュタインが発見した物理法則が原子爆弾につながるのと同じこと(双子座冥王星時代にアインシュタインの理論はできた)。この時代に生きる人は、知性の行く先に待ち受ける、思わぬ犠牲を通して、人生観を変化させていくでしょう。そしてそれを後世に伝えるはず。

蟹　座 *Cancer*

生命を守り、育む力の強い蟹座。そこに冥王星が位置する時代には、母なるものが犠牲となって、子孫を守っていかなければならない事態が訪れるかもしれません。この時代には、子離れのために行われる母親の痛い決断のように、大切なものを無理やりにでも手放さなければならない経験を、人類の多くが味わうことになるでしょう。けれども、その断腸の思いこそ、より力強い未来を生み出すことになるはず。

獅子座 *Leo*

獅子座は「個人としての私」のオリジナリティを大切にする星座。ここに冥王星が位置する時代には、個我が犠牲となりがちになるでしょう。自分を殺すことで、社会や生命を守らなければならない、という苦しい体験を多くの人が共有することになる可能性が。しかし、この全体主義の台頭は、確実になんらかの大きな恩恵を人類にもたらすはず。また、個人のあり方を考えなおす思想も数多く現れるでしょう。

乙女座 *Virgo*

細部を犠牲にすることでしか、国家や社会、人命などを存続させられないような状態。そういうものを、この時代に生きた人は経験することになる可能性が。本来、乙女座は細部へのこだわりを大切にする星座です。しかし、ここに位置した冥王星は、それを犠牲にすることを強要するでしょう。たとえ大切なものを失っても、全体のためには致しかたない、という苦渋の決断を迫られる時代なのかもしれません。

天秤座 *Libra*

愛と美の女神、ヴィーナスを支配星とするエレガントな天秤座。この星座に冥王星が入っている時代には、愛すべき存在、美しい遺産や街を喪失するという、悲嘆的な出来事が人々を襲うかもしれません。そして、その追悼の気持ちが世界のあり方や、人々の生き方を変えることになるでしょう。痛ましい出来事を通じて、人は悲しみを共有し、励まし合うこと、支え合うことの尊さに気づくのかもしれません。

蠍座 *Scorpio*

冥王星が守護する蠍座。この星座に入ったときの冥王星は「死と再生のドラマ」という、その本来の使命を劇的な形でやってのけるかもしれません。世界のどこかで大規模な破壊が行われ、一瞬のうちに荒野を作り上げるという可能性もなくはないでしょう。けれども、その荒れ地からは、新たな生命、社会、価値観などが不死鳥のように生まれ出て、人々は生命の持つ底力に驚愕、感嘆し、強い希望を見出すでしょう。

射手座 *Sagittarius*

冒険を愛する射手座。この星座に冥王星が入っている時代には、冒険的な取り組みにさまざまな犠牲が伴うことになるかもしれません。不死や理想郷などを求めたがゆえに味わう挫折。限界を突破しようとする挑戦が引き起こす悲劇。そういうものを、この時代に生きる人は体験することになるでしょう。その体験を通じて生まれてくるのは、新たな倫理観や哲学。悲劇を繰り返さないための知恵が生まれるはずです。

山羊座 *Capricorn*

着実な進歩を望む気持ちの強い山羊座。ここに冥王星が入る時代には、確実性が崩壊することになるかもしれません。コツコツと重ねられてきた研究や技術の成果が、新発見によって、あっけない崩壊を迎えること。常識と思われてきたことが覆され、人々の価値基準を揺るがすこと。こうした経験により、この時代の人々は価値観の危機を迎えるでしょう。しかし、それは新たなパラダイムの幕開きとなるはずです。

水瓶座 *Aquarius*

自由、平等、博愛の精神を重んじる水瓶座。ここに位置する冥王星は、平等な社会を築こうとする思想や主義主張を、極端な出来事を通じて、破滅の危機に追いやるかもしれません。あるいは、自由である、平等であると、人々が信じ込んでいた社会の裏側に潜む大きな不正を、大胆に暴いてしまうという可能性も。人々は怒りや失望、落胆を乗り越えて、真の自由や平等を模索することになるでしょう。

魚　座 *Pisces*

他者との心の共有を求める魚座。この星座に冥王星が入る時代には、信じていたものに裏切られる、騙されるというショックを社会全体が経験するかもしれません。人の心は散り散りになり、猜疑心が強くはびこるようになるでしょう。しかし、その体験を元にして人々は、違う価値観を持つ人間との付き合い方、信じ方、心の共有方法を探っていくでしょう。それに成功すれば、人類はよりひとつになれるはず。

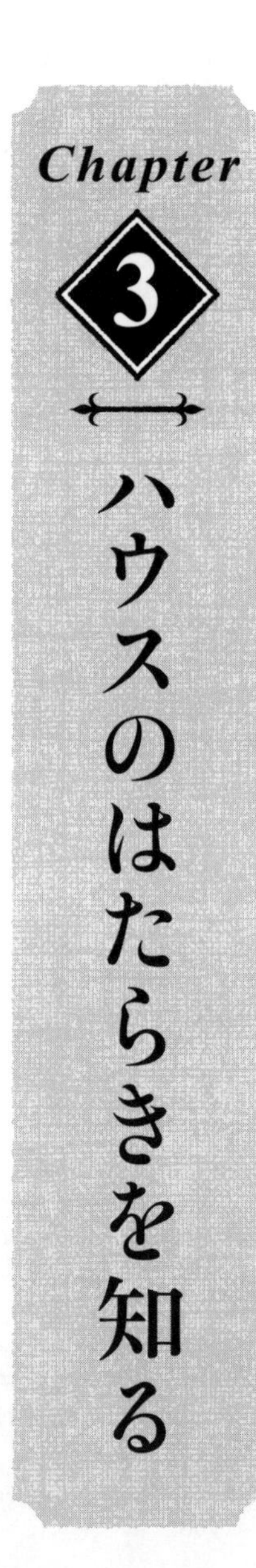

あなたという人間を内側から司っているさまざまなモチベーション（惑星）と、それを彩る独自のカラー（星座）。

その組み合わせが、あなたの心という複雑極まりない存在を作り上げていることは、これまでの作業で十分に理解していただけたと思います。

単純に解読結果を読むだけではなく、あなた自身でワークシートに書き込み、そこから連想されることをつづっていくことで、あなたのホロスコープは、ほかのどんな占星術家が読むよりも活き活きと大切なメッセージを送り出してきてくれたはずです。これだけでもホロスコープのもつ威力を十分に味わっていただけたのではないでしょうか。

しかし、占星術はここで終わるものではありません。ホロスコープのもつ奥深さからすると、これはまだ初歩の初歩。

次のステップとして「ハウス」を学ばなければ、占星術ははじまりません。

惑星は文法でいえば「主語＋動詞」という文の基幹部分を象徴していました。星座は副詞、つまり「どのように」惑星が働くかを象徴します。

一方で、**ハウスは「人生上のどの範囲で」**ということを象徴しています。少し難しくいえば、ハウスは人生の経験の場を象徴するといえるでしょう。

たとえば、太陽が牡羊座にある人の場合、その人は自分の人生を「果敢に」作り上げようとするでしょう。いきおい、誰もやっていないことに挑戦しようとしたり、少し無謀なことにチャレンジする、といったことがしばしば見られるようになると思います。

リスクを引き受けることで個性が輝くのが牡羊座の太陽です。

しかし、それがどこでそうなるのか、ということを表すのが、ハウスなのです。

たとえば、あくまでも自分を強く押し出すことで自分を輝かせる人もいるでしょうし、ユニークな結婚生活を送ることでリスクを引き受ける人もいるかもしれません。仕事の面で大きなチャレンジをする人もいるでしょうし、旅行や精神的な活動において大胆さを発揮する人もいるでしょう。その人生経験の場所を象徴するのがハウスなのです。

ハウスとは何か

さて、ここから各ハウスと惑星との組み合わせの意味をご紹介していくことになるのですが、その前にこのハウス区分の基準になる「ホロスコープの軸」についてお話ししておく必要があります。これはホロスコープを読み解く上で、きわめて重要なファクターだからです。

そして、そのことを考えるためには、ホロスコープの中での「ハウス」の位置づけを確認しておく必要があります。ちょっと面倒ですが、今からの解説をしっかり読んでくださいね。

136ページからの各ハウスの読み方の項に進んでいただければすぐに占うことはできます。しかし、書いてあることの意味をより深く味わい、しっかり占星術を学ぶためにも、後で戻ってきてここを読んでください。

12星座は1年の季節の、12ハウスは1日の昼と夜のリズムに基づく

占星術のツールには12の星座（サイン）がありますが、もうひとつ、12にホロスコープを分割するシステムがあります。これが「ハウス」です。両方12分割なので、混同しがちですが、このふたつはまったく異なるものです。

思い出してみましょう。14ページの図で見たように占星術では地球を中心に宇宙を考えています。現在では太陽の周りを地球のほうが1年かけて1周することを誰もが知っていますが、かつては地球が宇宙のセンターにあって、その周りを太陽が回っていたのです。

地球から見たときのこの太陽の通り道を「黄道」と呼び、それを12等分したものが占星術上の星座（サイン）であったことは、すでにお話ししましたね。つまり、12星座は太陽の1年の動きをもとにして出来上がっているのです。さらにいえば12星座は春分や秋分、夏至、冬至を軸とした季節の変化を人類が体験したことと深くつながっているということがわかるでしょう。

太陽は毎年、北半球では冬至の日に山羊座に入ります。春分で牡羊座、夏至で蟹座、秋分で天秤座に、というわけです。1年の季節のリズムとサイクルが12の星座には刻み込まれています。

それにたいして、「ハウス」は地球の「自転」をもとに生み出されました。これは「1年」ではな

く、「1日」のリズムとサイクルをもとにしています。

毎日、太陽は朝に東の地平線から昇ってゆきます。正午ごろに太陽は南中し、夕刻に西の地平線に沈み、そして真夜中に大地の僕たちの足の真下、深いところに沈み込み、そしてまた昇り始めて朝に日の出となって新生します。

また、太陽だけではなく、星座やほかの惑星たちもこのような1日の回転をします。これを天文学では「日周運動」と呼びます。

実際には地球のほうが1日で地軸を中心に自転しているのですが、地上の僕たちからみると、太陽や星たちが東の地平線から昇っては西に沈んでいくように見えるのですね。かつての人々は、透明な天空の巨大なドーム（天球）に星座がはりついていて、そこを運行する惑星ともども、不動の地球を中心に天球がおよそ24時間でぐるりと一周するのだと考えていました。

そして、どの星座や惑星が昇ってくるのか、頭の上で輝いているのか、あるいは地平線の下にあって見えないのか、その位置関係は当然、とても大切だと考えられました。そもそも僕たち人類が一番最初に感知した天文現象といえば、まず間違いなく、昼と夜のリズムだったでしょう。そしてそれは生命と死、成長と衰退といった、この世界のサイクルの最も基本的な体験の象徴となったはず。

そもそも「ホロスコープ」という言葉自体、もともとは「ホライゾン」（ホロ）を「見張る」（スコープ）というのが語源なのです。

12 ハウスは4つのアングルをもとに出来上がる

では、1日の光と闇、見えるものと見えないものの領域を測る基準は何でしょう。

それは、地平線と子午線です。

そしてこの地平線と子午線が交わる太陽の通り道を、ホロスコープの基準点、「アングル」と呼びます。

具体的に言うと、ホロスコープのアングルとはアセンダント－ディセンダント、MC（南中点）－IC（天底）の二本の軸からできる十字のことです。そしてこの軸をもとにした4つの区分をもとにして、さらに12にホロスコープを区切ったものが「ハウス」になります。

つまり、12ハウスは4つのアングルの、さらに細かい区分だと考えてもよいのです。

＊ホロスコープのハウスの分割の仕方には、さまざまな方法があります。最も簡単なものは「イコールハウス」といい、アセンダントから30度ずつ、きっかりホロスコープを割ってゆくものです。この方法は簡単で有効ですが、MCと10ハウスの位置がずれてしまうという欠点があります。

英国などでポピュラーなのが「プラシダス」システムという方法。ほかに「コッホ」「レジオモンタヌス」「キャンパナス」「ホールサイン」などなど、実にさまざまな計算方法が知られています。現在では多くの占星術計算ソフトでさまざまな計算法を自由に選べるようになっています。本書ではプラシダスを中心に用います。

もちろん、これが正しい、という意味ではなく、みなさんが経験を積むうちに自分にあったものを選べるようになるのがベストでしょう。

アングルと太陽

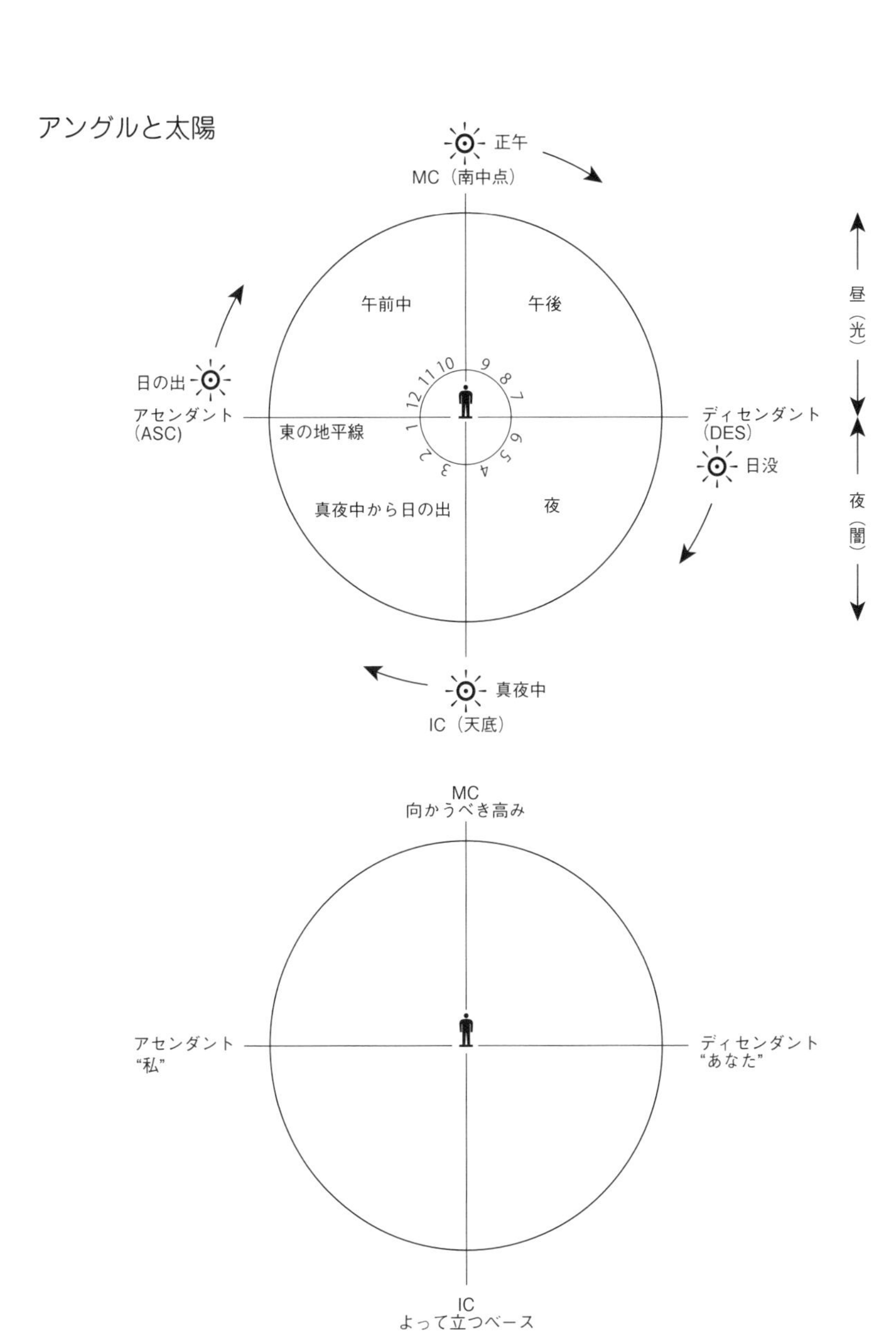
正午
MC（南中点）
午前中
午後
日の出
アセンダント
(ASC)
東の地平線
12 11 10 9 8 7
1 2 3 4 5 6
ディセンダント
(DES)
日没
真夜中から日の出
夜
昼（光）
夜（闇）
真夜中
IC（天底）
MC
向かうべき高み
アセンダント
“私”
ディセンダント
“あなた”
IC
よって立つベース

アングルやハウスは最もパーソナルなポイントになる

惑星の星座における位置は、同じ時刻であれば地球上のどこから見ても同じです。しかし、ハウスとなると話がまるで違ってきます。

たとえば東京で正午のころに生まれた人は、太陽はホロスコープ上のMC近くに見ることができるでしょう。しかし、同じ瞬間に別の人が地球の裏側で生まれていた場合、その人のホロスコープでは太陽はIC（天底）近くに現れることになるはずです。

つまり、アングルはあなたがこの世界の「どこ」で生まれたかを示す重要な指標となるのです。

さらに実践的なレベルで考えると、アングルやハウスを通過してゆく天体は、ホロスコープの中で最も動きの速い要素ということになります。

惑星の中で最も動きの速い月ですら、ホロスコープの星座で考えると、ひとつの星座を通過するのにはおよそ二日半かかります。

しかし、アセンダントやMCでは、季節にもよりますが、およそ2時間でひとつの星座を通過（正確にはアセンダントやMCを2時間でひとつの星座が通過）することになります。そう、24時間で天球が1周するのですから、それを12星座で割れば一星座あたりに2時間かかる計算ですね。

生まれた時刻が4分違えば、同じ場所で生まれてもアセンダントは星座では1度の違いが生じます。よく、ホロスコープ占星術では出生時刻の正確さが大事と言いますが、これはまさにホロスコープのハウスやアングルがこれほど速く動くからにほかなりません。

つまり、アングルはホロスコープの中で最も「パーソナル」な、あなただけの特徴を示すポイントになり得る、ということなのですね。

実際、ホロスコープを解釈する上でこのアングル上にかかってくる星座や惑星は絶対に無視できない重要なキーとなります。

出生時刻がわからない人の場合

すでに述べたように、ハウスの分割は正確な出生時刻、場所のデータがないとできません。出生時刻が4分違えばアセンダントなどは大体1度、また2時間の誤差があれば星座まるまるひとつくらいズレてしまうのです。

ですから、出生時刻が不明の場合には、事実上、アセンダントやMC、ハウスを使った判断はできないということになります。

出生時刻が不明の場合には、最も安全なのは、アセンダントやハウスを用いずに、星座と惑星の関係と、後で説明するアスペクトのみを利用してホロスコープを読むことでしょう。

けれど、これでは「人生のどの場面で」という重要なファクターが欠けてしまいます。

そこで次善の策として用いられるのが「ソーラーハウス」あるいは「ソーラーチャート」と呼ばれる方法。これは、太陽の入っている星座をそのまま、第1ハウスとしてハウスを定める方法です。たとえば魚座の太陽の人であれば、魚座の0度から29度まで（魚座そのもの）を第1ハウス、次の星座の牡羊座を第2ハウス、牡牛座を第3ハウス……としていくのです。

この方法は、実際の天体図とは異なり、シンボリックなものではありますが、不思議なことによく当てはまることが多いのです。雑誌などで行われている星占いは、一般的にこのソーラーハウス法を用いています。

アングルの意味

では、ホロスコープの基本点とも言えるアングルにはどんな意味があるのでしょうか。

アセンダント（ASC）

ＡＳＣとは東の地平線と黄道（12星座）が交差するところ。つまりホロスコープの上では星が地平線から昇っていくところになります。「アセンディング」とは「上昇という意味ですから、しばしばここは上昇点と呼ばれます。

この軸は地表を表すわけで、このラインの上にある天体は地平線よりも上にあって、見える状態になります。

逆にホロスコープ上でこの軸よりも下にある天体は地下に沈んでいて見ることはできません。

ディセンダント（DES）

アセンダントにたいしてディセンセンダントは西の地平線にあたります。

ディセンダントとは「下降点」。西の地平線にあたります。このふたつはホロスコープの上ではそれぞれ、第１ハウス、第７ハウスの起点となります。

ここは自分を象徴するアセンダントの対向のポイントであり、「他者」あるいは「あなた」を示します。ここにある星座や惑星はあなたが出会う人や世界を示します。沈みゆく星ということは象徴的に言えば「自分」が無効化し、有効に働かなくなるポイントです。自分から見た、他者、「あなた」を象徴するというのもよくわかるでしょう。

メディウム・コエリ(MC)とイマム・コエリ(IC)

MCはラテン語で「メディウム・コエリ」の略。ICは「イマム・コエリ」の略です。コエリとは天という意味。メディウムとは「真ん中」ですから「中天」。イマムとは底、天の底にあたります。つまり、これはホロスコープのてっぺんと底に相当するというわけですね。

MCは通常、10ハウスの起点に、ICは4ハウスの起点に相当します。

先にもご説明したように、星座にたいしての惑星の動きは、地球の周囲への惑星の公転を示します。時間が同じなら地球上のどの地点でも星座にたいしての惑星の位置は同じ。

しかし、地平線から昇ってくる星や子午線を通過していく天体は、同じ時間であっても地球上の場所によって変わってきます。これは地球の自転によって決まるものだからです。

たとえば東京で日の出の時間に生まれた人なら、ホロスコープではアセンダント上に太陽が現れるでしょう。しかし、地球の反対側で同じ時間に生まれた人であれば、ホロスコープの上では太陽はディセンダントの近くに現れることになります。

ホロスコープの軸

アセンダント(ASC)とディセンダント(DES)、MCとICを結ぶ線をホロスコープの軸といいます。ホロスコープの軸は、あなたという人がこの地球にいつ、しかも「どこで」生まれたか、ということを示す座標であり、あなたをこの時間と空間に具体的に定位させる枠組みだといえるでしょう。

アセンダントはホロスコープの中でも最重要のポイントになります。そもそも、このポイントのことを最初は「ホロスコープ」と呼んでいました。ホロスコープとは「地平線」(ホーラー。ホライゾンの語源)を「見張る」(スコープ)ものという意味だったのです。これが転じて、星図全体をホロスコープというようになっていったのです。

それほど、アセンダントは重要だとされてきました。ここは朝日が昇っていくところで、占星術では「誕生」のポイントです。あなた自身がこの世界にたいしてどんなふうに向き合い、どんな行動パターンを見せるかを示すとされます。

自分が誰であるか、ということを自分自身に、そして周囲に見せるポイントなのです。

伝統的な占星術では容貌や振る舞い、行動パターンなどもこのアセンダントが示すとされていました。

アセンダント、ディセンダントに対し、MCは頭上、ホロスコープの頂点にあたります。ここはあなたが人生の中で「到達する点」あるいは「最終的に目指す方向」を示すと考えられます。多くの場合、職業や公的な面を示すとされているのは、仕事がその人の人生のなすべきことだとされることが多いからでしょう。

一方でICは自分の足元、自分の「ルーツ」です。ここは自分が心理的にも物質的にもしっかりと自分を支えとなってくれる環境や存在を象徴します。

MC-ICの軸はしばしば両親軸と呼ばれますが、このMC、ICの状況はその人が経験した親の姿を象徴することが多いのです。伝統的にはMCは母親、ICが父親を示すとされますが、実際にはどちらかとは決められないケースがよく見られます。

軸のそばの惑星は影響力が顕著に表れる

ホロスコープの中でこの軸に、それぞれ前後10度以内くらいに惑星があった場合、とくに5度以内にあった場合にはその惑星の影響力は顕著に表れます。

とくにアセンダント、MCの場合にははっきりすることが多いでしょう。

たとえば、アセンダントに火星があれば、その人はエネルギッシュで、ときに闘争的になるかもしれません。トランプ大統領などがそのよい（悪い？）例です。

またMCのそばの惑星はその人にたいしての世間から見て目立つ要素を示すことになります。

ホロスコープを見る場合、まずここから見ていく、というのが一番の早道だとも言えるでしょう。ぜひチェックしてみてください。

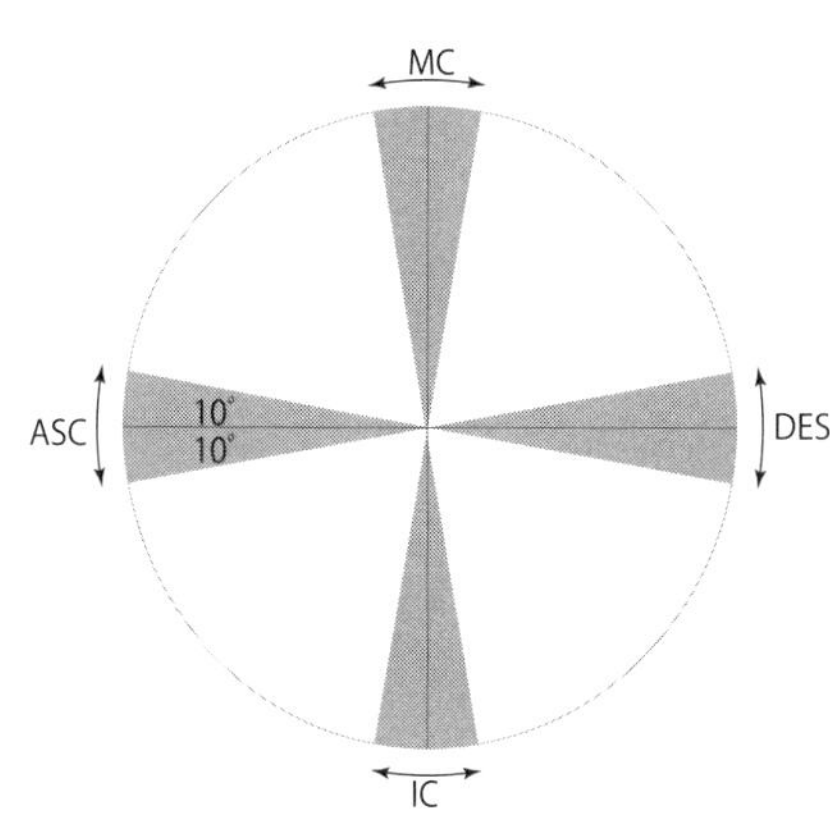

天球（ハウス）の惑星の散らばり方について

ホロスコープのハウスの分割の基準になるアングルの意味がわかったところで、ホロスコープの惑星の散らばり方による、特徴のつかみ方を説明しておきましょう。

ホロスコープは、ＡＳＣ－ＤＥＳ、ＭＣ－ＩＣのラインによって分割されます。ＡＳＣ－ＤＥＳの軸より上は目に見える、地上よりも上の世界。それより下は水平線よりも下の地下世界ということになります。

もし半数以上の惑星がホロスコープの上側（ＡＳＣ－ＤＥＳの線より上）、つまり上半球にあれば、そのホロスコープの持ち主は人生の中でパブリックな生活や社会的な行動にエネルギーを注ぐことになりがちです。

一方で下半球に惑星が多ければ、その人は自分の私生活、自分自身のプライベートな世界を大切にする傾向があるでしょう。

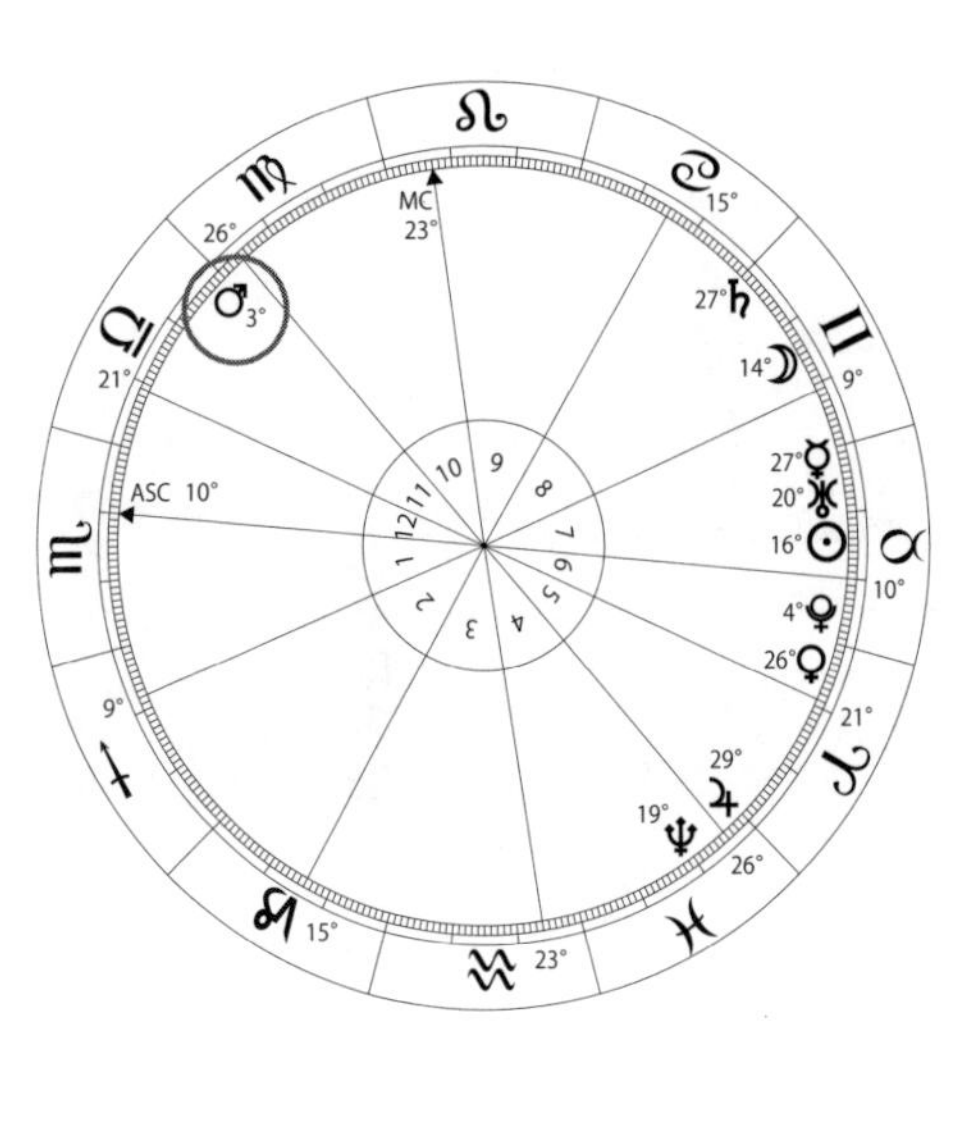

フロイトのホロスコープ。
火星がシングルトン。

また、ＭＣ－ＩＣの軸を基準に左側、左半球に惑星が多ければ、その人は人生のイニシアチブを自分でとっていくことを好むことになりそうです。

逆にホロスコープの右半球に惑星が多ければ、その人が他者との関係性を大事にしながら人生をわたっていく傾向が有ることを示します。

平均したようにホロスコープの惑星が散らばっていれば、その人は比較的バランスがとれ、公私、自分と他者にうまくエネルギーを注いでいくということです。

さらにホロスコープの中で、どの場所においてもポツン、とひとつだけ惑星が孤立しているように見える状態があれば、これも「シングルトン」（43ページ参照）となります。これはホロスコープ全体の大きな特徴となります。その惑星の意味が人生を大きく牽引することになるでしょう。

その意味も200ページの「ノーアスペクトの惑星」と似ていると考えていただいてさしつかえありません。

アセンダント（上昇星座）からわかること

上昇星座＝アセンダント（ASC）の星座は、端的に言えば基本的な行動パターンを表します。シンボリックに星の「誕生」（地平線から現れる）位置ですから、あなたがこの世界に生まれ、この世界にどんな姿を見せ、どんなふうにアプローチしていくかを示すというわけです。

その星座の基本的なイメージや意味（39ページ参照）を当てはめてみてください。

性格を読み解く3つのキー　太陽、月、アセンダント

また、太陽、月、アセンダントはその人の性格やキャラクターを読み解く重要な3つのキーです。太陽は人生を切り開こうとする基本的なエネルギー、月はその人が生存し、存在するための安定の筋道、アセンダントは実際にその人が社会に向かって見せる顔、ということになるでしょうか。

しばしば用いられるたとえでは、車で言うと太陽はエンジン、月は内装、そして車の外観がアセンダントということになります。

あるいは、ユング心理学の用語を使えばこのアセンダントは「ペルソナ」ということになるでし

ょう。ペルソナとは「パーソナリティ」の語源です。もともとは「仮面」という意味でした。

ペルソナとは、本来は誰にも見えない自分自身の内面と、この社会をつなぐインターフェイスのようなもの。むき出しに自分を社会に向かわせると、自分の内面が傷ついてしまったり、あるいは相手に理解されにくいですよね。自分はこんな人、というわかりやすい仮面を人は誰しも、自然にかぶるようになります。そしてその仮面、ペルソナを使って、この社会と渡り合うのです。

ここでは、その仮面を象徴的なイメージを使って示しておきましょう。たとえば牡羊座のアセンダントのペルソナは「戦士」のそれ。内面がどんなに優しくデリケートでも、アセンダントが牡羊座であれば、とにかくエネルギッシュに、「いざ勝負!」というスタイルでこの世界に向き合おうとすることが多いのです。

アセンダントの星座だけではなく、アセンダントのそばにある惑星や、アセンダントにアスペクトする惑星も影響を与えるとされます。伝統的にはアセンダントの星座(上昇星座、上昇宮、ライジングサインとも言います)は、その人の肉体的な外見、容貌を示すとされ、出生時刻が不明な場合にはその人の容貌から逆に出生時刻を推測するようなことまで行われていました。

現在ではアセンダントから(あるいはホロスコープ全般から)容貌を直接的に推定できると考えている占星術家は少数派でしょう。が、ここでは歴史的な経緯をご紹介する意義を含め、一種、象徴的なイメージとしてあわせて外見的な解釈例を示しておきます。

容貌の描写についてはヴィヴィアン・ロブソン、グロリア・バレット、またルル・ラブア氏らの著述を参考にしています。

アセンダントの星座の意味

牡羊座

「戦士」の仮面

エネルギッシュ、かつ行動力に溢れているように見えます。キビキビとした活動力を見せて、ひとつの行動から次のアクションへと常に動き回ろうとするイメージ。

言葉や行動も端的。せっかちな印象を与える一方、歯切れがよく、きっぷがよく気持ちの良い振る舞い。人生はチャレンジであるというモットー。

中肉中背でも筋肉質で引き締まった身体。力強く印象的な眉。力強い声。ときに羊を思わせる顔立ち。

牡牛座

「美しい田園の領主」の仮面

この世界にたいして安定した態度で向き合おうとします。おっとりとしていて温和だけれど、強い意志を感じさせる振る舞い。落ち着いた態度。どこか育ちのよい印象を与えることが多く、着る物や食べ物にもこだわりがあって、趣味の良さを感じさせることが多い。グルメ。また声が良いことも多く、心地よい響きの声が人々を魅了する。歌が好きな人も。ゆったりと歩くこと。印象的な太い首筋、頑丈そうな肩。宝飾やワインなどを集めることも。歳を取ると肥満する傾向も。

双子座

「メッセンジャー」の仮面

知性やコミュニケーションを武器に世間と渡り合っているという印象です。知的なイメージで、つねにくるくると動き回る視線。あちこちから情報を得ようとします。同時にふたつ、あるいはそれ以上のことを処理しようとする。歩きながらスマートフォンを見たり、電話で話したり。つねに誰かに話しかけたり、本や雑誌を読んだり。ときに落ち着きのない印象。

全体にスマート、ほっそりとした印象で薄い顔立ち。鳥や猿のような印象を与えることも。長い腕や脚をリズミカルに振って歩く。手がいつも動いている。模様替えや着替えを好む。

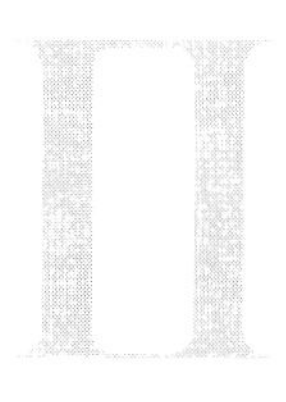

蟹座

「母親」の仮面

感受性が強く、優しい印象。この世界をケアしよう、あるいは周囲からケアされるというかたちで世界と向き合おうとしている印象です。一見、内弁慶なかんじで、自分の安心できる世界を構築しようとしている。が、内側で動いている情緒や感情は実に活発で、ほかの人の心と触れ合おうとします。寂しがり屋な反面、シャイだが慣れるとよく喋る。ノスタルジック。ときに愚痴っぽい。が、人の相談によく乗る。

水っぽく、きめ細かいがたるんだ肌。丸顔の印象。座ったとき猫背がちだったり足先を内側に向ける。水や食べ物を持ち歩いたり、一日のうちに少しずつ何かを食べる。電話やメールなどがマメ。

獅子座

「王者」の仮面

堂々として大きな存在感。自信ありげな話し方、振舞いをします。一方、人々からの関心がそれたと感じるや、不機嫌になったり、自信をなくす。

ついついドラマチックに、あるいは大げさにものごとを話す。人にあれこれと指導、アドバイスをしたがります。自分の存在を大きく輝かせることでこの世界に向き合おうとする。明るく、楽しい人という印象です。

どこか猫科の動物を思わせる顔立ちや雰囲気。丸く大きな瞳、丸い鼻。花のある人。ダンスやカラオケなどを好む。大きく、迫力のある声。大げさな役者的な身振り。自撮り、写真好き。

乙女座

「セクレタリー」の仮面

この世界の中で秩序正しく、きちんと行動していこうとするタイプです。この世界に秩序を取り戻す役回りを演じようとするように見えます。

律儀で細かいことまで気を配っているような印象。ものごとを実務的に処理する。知的な風貌で、聡明そうなイメージ。目立つ方ではないけれど、しかし、この人がいないと物事がうまく回らないと一目置かれたりしている。

清潔感があり若々しい。細面でメガネが似合う。狐のような印象だと古い占星術書にある。

折り目正しい服装を好み、また文字も丁寧に綺麗に書く。

天秤座

「外交官」の仮面

この世界に美しさやエレガンス、平和的な態度で臨もうとする人です。自分一人ではなく、周囲の人やパートナーとの協力によって働きかけようとすることも多いでしょう。この世界は美しくあるべきだという深いところでの信念。美意識がたかくおしゃれ。伝統的には美男美女が多いともいわれています。実際には相手からどのように見られているかにたいして敏感。ふっくらとした柔和な印象か、あるいはモデルのような美しい容貌。大きな腰周り。優雅な動作。

優れたファッションセンス。バランス感覚。よい趣味。跳ねるように歩く。ソフトな話しぶり。

蠍座

「探偵」の仮面

この世界にたいして慎重に、しかし、鋭い洞察をもって向き合おうとします。一見、壁があるように見えますし実際に容易なことでは自分をさらけ出さない人ですが、いったん、ここは、と思うと徹底的にその対象と深く関わろうとするでしょう。

もの静かな印象でも不思議に人をひきつける人。ときにセクシーな魅力を持つ人も。一見した見かけより強い体力やエネルギーを秘める。

浅黒い肌、ワシを思わせるような鼻。不思議な説得力をもつ声や話しぶり、間の取り方。静かだけれど鋭い眼光。頭を真っ直ぐに、しかし体を揺らして歩く。癖のある動作。

射手座

「トレジャーハンター」の仮面

この世界にたいして伸びやかに、そして何かよきものをもとめようとおおらかに向き合う人でしょう。楽天的で寛大、またスポーティで行動力に溢れたような印象を与えます。ざっくばらんなかんじですが、多くの場合、それがフランクさとして好感を与えます。

細かいことに気を取られないようなイメージ。一方で、深く精神的なものを探求することも。つまり物質的なものであれ、精神的なものであれ「宝物」の探求者なのです。

健康的で、引き締まった筋肉をつける人という印象。知的でありながら運動も好みジョギング、ウォーキング、サイクリング、旅を好む。歩幅が大きく、伸びやかな歩き方。

面長でときに馬を思わせる顔。

山羊座

「実業家、官僚」の仮面

この世界に何かを残そう、現実的に、何かを達成するために向き合おうとします。野心的でありながら慎重、自分を積極的に表現しようとすることは少ないかもしれません。とくに若いころにはどこかぎこちない印象を与えることもありそうです。ペシミスティック、メランコリック。

しかし、年齢を重ねるにつれて円熟した存在感を発揮するように。

しばしば痩せていて虚弱な印象を与えることもあるが、鍛えることで強靱さを身に付ける。克己心。膝や骨に弱点をもつことも。うつむき加減の歩き方。力強いがしばしばハスキーな声。慇懃、丁寧な態度。

水瓶座

「発明家、未来人」の仮面

この世界にたいしてユニークで新しい感覚や独創性をもって向き合おうとします。

独自の考えや思想を持ち、それを示すことを志すでしょう。アートや新しい表現に関心を持ちます。

古い占星術の教科書では美男美女、最もヒューマンな生まれなどともされていますが、一般的には自由な感覚の持ち主で、古い体制を知性の力で破っていこうとする人であるといえそう。聞き上手であるものの議論好き。

知的なサークルに入る。あまり笑わないが、周囲にはつねに関心を向ける。活発な歩き方。

ときにエキセントリックだったりコンサバではないファッション。

魚座

「マーメイド」の仮面

この世界にたいして限りなく優しく、そしてすべてを受け入れようとしつつ向き合います。

ロマンチストであり、この世界の中に潤いをもたらそうとするでしょう。あるいは少なくとも自分はそのように生きようとするでしょう。

芸術家肌であったりスピリチュアルな生き方を志すことも少なくありません。ほかの人の痛みを我がものとしますが、ときに情に流されやすく、非現実的な考えにとらわれるようなことも。

青白く不思議なイメージの肌。潤んだ瞳。たるんだ体つきの場合も。頼りない動作だがときにそれが魅力に。

ライジングプラネット

アセンダントのそば（前後10度くらい）にある惑星は、とくに強力に働きます。これをライジングプラネットと呼び、ホロスコープを解読する上でのキーとなります。その惑星の基本的な意味をよく参照して下さい。

また外見的な印象は、その惑星が支配する星座のイメージと重なります。場合によってはその惑星のイメージのほうがはっきりと出るでしょう。

また12ハウスにあってもアセンダントからその惑星が10度以内にあれば、その惑星は第1ハウスにあるものとして読んで構わないでしょう（134ページで説明する、通常の5度前ルールを10度まで広げるわけです）。

アセンダント以外のアングル上の惑星

MCに近い惑星は「カルミネートする」（上り詰めた）惑星とも呼ばれ、こちらも重要です。実質、第10ハウスあるいは9ハウスに入っている惑星になり、MCにたいして前後10度以内にある天体と考えていいでしょう。

その惑星は9ハウスにあっても10ハウスに入っていると考えて解釈してかまいません。

そしてその惑星の効果は極めて強力なものになります。

このルールはディセンダント、ICについても同じです。

たとえ6ハウスに入っていてもディセンダントから10度以内であれば、第7ハウスに入っていると見て、さらにその効果を強く考えましょう。

また3ハウスにあってもＩＣのそば10度以内にある惑星なら4ハウスと同じ意味だと考えて、さらにその意味を強いものとして解釈しましょう。

ハウスに入った惑星を読んでいく

では、いよいよそれぞれのハウスに入った惑星を読んでいきましょう。

それぞれのハウスは人生におけるさまざまなテーマを象徴しています。

惑星と星座が主語・動詞と副詞に相当するとすると、**ハウスはその惑星のエネルギーが人生の「どの分野で」働くかを示すのです。**

たとえば第2ハウスはその人が手にすることができるリソースを表します。ここに楽天性や拡大の木星があればその人は金銭や所有物にたいして大らかでいられるということを示すというわけです。

ハウスは星座と比べて具体的な事象を象徴することが多く、そのまま読むと「金運がよい」「結婚運が悪い」などといった予言的な解釈になってしまうことも多いのですが、あまりここで具体的に読んでしまうと運命論的になってしまいます。

あくまでも惑星は心の働き方を象徴するもの。「いい悪い」で判断するのではなく、その惑星のイメージをなるべく広げて、そのホロスコープの持ち主の心の中でどのようなことが起こっているかを想像していくことが大事です。

各ハウスの意味

ハウス	ハウスの呼称	特性
第1ハウス	自我のハウス	誕生とそれを取り巻く環境、外界との関わりを示す。
第2ハウス	価値のハウス	自分が所有するものへの関わり方を示す。
第3ハウス	知性のハウス	知性の発達や、言葉の能力との関わり方を示す。
第4ハウス	基盤のハウス	自分が、今、ここにいるという感覚。父親との関わり。
第5ハウス	表現のハウス	自分の固有性を外に向かって表現する方法を示す。恋、創造性を表す。
第6ハウス	反省のハウス	健康、自分の義務や役割について考えることを示す。
第7ハウス	他者のハウス	人間として他者に関わる場を示す。結婚、契約。
第8ハウス	共有のハウス	他人と何かを共有する場を示す。セックスもそのひとつ。
第9ハウス	探求のハウス	より遠いもの、より大きなものと関わる場。具体的には宗教や旅行、哲学。
第10ハウス	目標のハウス	自分がなろうとするものを表す。職業、母親との関わり。
第11ハウス	集合のハウス	今の自分を超えようとする場。友人、グループ。
第12ハウス	溶解のハウス	原初的、母子一体的な状態に戻ろうとする場。

5度前ルール

ところでハウスを解釈する場合に少し注意すべきことがあります。

それは、ハウスの境界線（起点）の手前5度以内にある惑星は、次のハウスに入っているとみなされるということです。

たとえば第5ハウスの境界線（起点）が獅子座の9度だったとします。金星が獅子座の7度にあれば、図の上では金星は第4ハウスにありますが、解釈の上では第5ハウスに入っているものとみなして読み取るのです。

これは、ハウスの起点がハウスを代表するポイントと考えられているためです。

ハウスに惑星が入っていない場合

この本で扱っている惑星は10個。一方でハウスは12あります。ということは、何の惑星も入らないハウスが出てくることになります。

よく質問を受けるのは、「結婚のハウス」である第7ハウスに惑星がない場合、結婚運がないのか、といったこと。

けっしてそうではありません。その場合にはハウスの境界線（起点）にある星座の支配星（ルーラー、234ページ「ルーラー（支配星）とは何か」参照）が惑星の意味を代行します。

第7ハウスの起点が牡羊座なら、惑星が入っていなくても火星があるのと同じような解釈ができるのです。

しかし、もちろん、その働きは惑星が実際にある場合よりも弱くなります。

惑星が集合しているハウスはとくに重要

人によってはひとつのハウスのなかに2つ、3つ、あるいはそれ以上の惑星が集合する場合があります。木星と土星といった相反する意味をもつ惑星が集合した場合、解釈に迷ってしまうかもしれません。

惑星が集合しているケースでは、まずはそのハウスが司るテーマが人生のなかで決定的に重要になる、と考えてください。

さまざまな複雑な矛盾するような心の働きが、そのハウスが司るテーマにおいて発生します。あせらないでひとつひとつを読み解いていくようにしてください。

5つ以上の惑星が集合しているようなケースでは、その人には特別な運命が与えられていると考えてもいいかもしれません。

第1ハウスの読み方

◆「私」という人間がつけている仮面のハウス

第1ハウスは「自我のハウス」。この1番目のハウスは、「私」という存在を知るうえで、とても重要なハウスです。それはあなたがこの世に誕生したその瞬間、太陽が昇る東の地平線にあったハウスだからです。このハウスは、あなたが胎内から外界に出てきたときの「表の顔」を表します。人は誰でも本当の自分をそう簡単には表にさらしません。みんな社会に向けて表向きの仮面をかぶって、人と接しているわけです。その仮面の役割がこの第1ハウス。自分が他人からどんなふうに見られたいのか、逆にどんなふうに見られているのか、そしてそのためにあなたはどういう仮面をつけているのか、そうしたことを第1ハウスは示してくれているのです。

もし、あなたが第1ハウスにある惑星の力をうまく活用できているなら、あなたは自信を持って外の世界と関わっていけるはず。仮面をかぶった自分の演じ方がわかっていますから、世間に対してどんな態度や行動をとっていけばいいのかが明快です。けれども、その力を使いこなせていないと、自分をどうやって外界のチャンネルに合わせればいいのかわからなくなってしまいます。素顔と仮面の区別がつかず混乱したり、仮面が自分の顔からはがれなくなってしまうことも。そんな悲劇が起こらないよう、第1ハウスの惑星の意味を知って、自分の「表の顔」を探ってみてください。

月 *the Moon*

あなたは周囲に対して感情を素直に表現しようとする人です。そのため他人からは気持ちが変わりやすい人に見えるかもしれません。その感情がうまく表現できているときは、表情豊かな人として周囲に好意的な印象を与えるはず。相手の気持ちも細やかに汲み取れるので、よき相談相手として頼られているかもしれません。

けれど、感情をうまく表現できないと、イライラした雰囲気を撒き散らしてしまうことも。そうなると周りの人はあなたを敬遠するようになります。そうならないためにも、あなたには、感情を思いのままにぶつけてもちゃんと受け止めてくれる、信頼できる相手が必要になります。

水星 *Mercury*

水星は知性やコミュニケーション能力を司る惑星です。これが第1ハウスにあるあなたは、自分の内側に存在する感情や考えを上手に解きほぐし、言葉にして相手に伝えることがとても巧み。その場に応じて、また相手によって言葉を選び、整理して話せるあなたは「頭のいい人」という印象を周囲に与え、そういう仮面をつけています。

でも、この水星の力を上手に発揮できないと、おしゃべりでゴシップ好きな人になったり、口達者で屁理屈ばかりこねるタイプにもなりかねません。使い方さえ間違えなければ、あなたにとって言葉は、才能や知性をアピールする最上のツールとなるはずです。

金星 *Venus*

金星は調和や愛情、美を表す惑星です。これが第1ハウスにある人は、とても魅力的。なぜなら、あなたは周囲の人に対して「愛情あふれる美しい人」という印象を与えたいと無意識のうちに思い、そういう仮面をつけるからです。実際に端整で魅力的な容姿を持つ人も多く、愛想よく振る舞うので、誰からも好かれるタイプでしょう。

ただ、この金星の力がうまく使えないと、自意識過剰や八方美人になってしまうことも。怠けやすく、浪費家の面が出てくることもあります。でも、もともと人気運を授かっている人ですから、少々ハメをはずしても周りからは憎めない人と思われるトクな性格です。

太陽 *The Sun*

自分の能力を最大限に発揮して、周囲に示そうとするのが太陽が第1ハウスにあるあなた。自信にあふれ、堂々とした仮面をかぶっています。性格的な明るさや存在感は人一倍強く、周囲への影響力も多大。どこにいても自然と注目を集めるタイプでしょう。

ただ、この太陽の力をうまくコントロールできていないと、尊大な態度をとったり、強引な印象を与えがちに。独善的な人に映る場合もあるでしょう。でも、太陽の力がプラスに発揮されれば、みなぎる自信とエネルギーで困難を克服し、人生を切り開くことができます。野心も強く、実行力もあるので、若くして成功する可能性を秘めています。

火星 *Mars*

火星はエネルギッシュなパワーと冒険心を表す惑星。これが第1ハウスにある人は、勇猛果敢に人生に挑む挑戦者の仮面をつけています。好んで危険な道、困難な道を選択するところがあり、アグレッシブに人生を切り開いていきます。どんなときも迅速に行動し、迷いがないため、周囲の人の目には自信家と映るでしょう。

この火星の力がうまく働いていないと、性急さや短気といった火星のマイナス面が顔を出します。好戦的になって、すぐ人にかみついたりするので、敵をつくりやすくもなります。そうした欠点を抑えることができれば、物事を積極的に推し進めて、大成することができるでしょう。

木星 *Jupiter*

木星は拡大や豊かさを表す惑星。これが第1ハウスにある人は、誰に対しても寛大で、のびやかな印象を与えます。誠実で前向きなので、どんなときも希望を失わず、周囲から信頼される人徳者。正義感も強く、悪に対して立ち向かう公明正大さも持っています。そんな人柄が認められ、多くの友人や支援者を得ることによって社会的成功を勝ち取ることができるタイプです。

けれど、この木星のパワーがマイナスに作用してしまうと、楽観的すぎて用心深さに欠ける性格に。周囲からものんきでいい加減な人に思われやすくなります。自分に甘くなって努力ができず、成功のチャンスを活かせない場合も出てきます。

土星 *Saturn*

土星は根気強さや責任感、試練を与える惑星。これが第1ハウスにある人は忍耐強く、どんな試練をも乗り越えて、何事も責任を持ってやり遂げます。そういう仮面をつけることで、社会の中で認められようとするわけです。

この土星の力がプラスに発揮されると、常に自分を律し、目標に向かって一歩ずつ進んでいくので、時間はかかってもいずれ成功する可能性が。でも、マイナスに作用してしまうと、試練に挫折し、コンプレックスを抱いてしまう恐れもあります。確固とした意志やヴィジョンを持っていながら、自分の考えをうまく人に伝えることができず、周囲に誤解される場合も出てきてしまいます。

天王星 *Uranus*

天王星は他人と異なる存在でありたいという欲求をもたらす惑星。それが第1ハウスにある人は、独創的で風変わりな個性の持ち主です。周囲の目にはエキセントリックな人に映る場合もあり、共同生活や団体行動は苦手なほう。画期的なアイデアが浮かんだとき、それを表に出せると周囲から認められるでしょう。

海王星 *Neptune*

感性を司る海王星が第1ハウスに入ると、感受性が鋭く、夢見がちなロマンティストに。アート的なセンスも現れてくるので、周囲には芸術家肌に映るタイプです。反面、社会感覚に疎く、現実の厳しさに対応できずにお酒やドラッグに溺れてしまう脆い一面も。繊細すぎて、傷つきやすいイメージになる場合もあります。

冥王星 *Pluto*

生まれ変わりたいという欲求が強いあなたは、仕事や恋愛でつまずくたびに、頭の中にリセットボタンが思い浮かぶはず。そのため人生が落ち着くまで紆余曲折を経るかもしれませんが、最終的には逆転できるパワーを秘めています。そのパワーが独特のオーラとなって表れると、カリスマ的な存在として映ることも。

第2ハウスの読み方

◆自分の価値観と資産を示すハウス

第2ハウスは「価値のハウス」。第1ハウスは、自分がどんなふうに外の世界と関わるのかを認識する場所でした。それがわかると、次は外界から自分の身を守るものが欲しくなります。それがこの第2ハウスが示す資産です。資産というのは具体的に言うと、お金や物、時間、そして体力などがそれ。これらの資産をどのように得て、どう使って自分の身を守るのか、それはその人の価値観によって決まってきます。たとえば、経済的な安定に価値をおく人は、お金をせっせとためるでしょう。人間関係に価値を見出す人は、お金を社交に惜しまず使うかもしれません。つまり、自分にとって何が一番大切なのか、何に価値をおくのか、それがはっきりわかっていれば、お金や時間、体力という資産を有効に使うことができます。それを示すカギとなるのが第2ハウスなのです。

このように第2ハウスにある惑星の力をうまく使いこなせれば、あなたは自分にとって価値のあるものに資産を使うことができ、人生がとても有意義になります。でも、惑星の力を使いこなせなければ、資産を無駄に使ってしまいがち。その結果、手元に何も残らず、不安定な生活を送ることにもなりやすいのです。自分にとって価値ある資産の使い方とはどんなことなのか、ここでしっかり認識し、自分の資産を上手に運用してください。

月 *the Moon*

感情を表す月が第2ハウスにある人は、お金や物質的な豊かさに価値をおき、それを得ることで感情が安定するタイプです。経済的に安定していないと不安でいられません。それなのにここに月が入ると、お金の出入りが激しくなる傾向が。ストレスを発散するために散財したり、衝動的にお金を使ってしまうことが多いためです。

感情を安定させ、精神をリラックスさせるには何が必要なのか、自分と向き合って考えていかないと、お金や物に振り回されてしまいます。また、あなたにとっては人も資産のひとつ。信頼関係を築ける相手と支えあいながら、安心できる環境に身をおくことが大切です。

水星 *Mercury*

水星が第2ハウスに入っている人は、水星が司る知的なことや人とのコミュニケーションに価値をおきます。そのため自分の才能や知識を活かしたり、人と接する仕事でお金を稼ぐ資質を持っているのが特徴。資産を得るためのアイデアにも秀でているので、商才に長けている人も多いでしょう。

また、合理性を追求する水星のパワーが加わり、収入を得る方法も無駄がありません。少ない労力で、最大限のお金を生み出す能力はピカイチ。

けれど、この水星の力がマイナス方向に出てしまうと、実利主義に走りやすく、資産のために人情を切り捨てるようなことにもなりかねません。その点には注意を。

金星 *Venus*

金星が第2ハウスにある人は、目に見える美しさや快楽に価値を見出します。美しいものに囲まれて心地よく過ごすためなら、時間もお金も惜しまず使うタイプでしょう。お金の稼ぎ方にしても、芸術やファッション、装飾品などの美的な仕事やレジャー、あるいは社交センスを活かせるような分野で収入を得やすいのが特徴です。

金星のパワーがプラスに働いていれば、欲しいものを手に入れる要領を得ているタイプなので、財運にも物質運にも恵まれる可能性が高くなります。でも、マイナスに働いてしまうと贅沢しがちに。物欲を抑えられず、結果、お金が手元に残らないこともあるのです。

太陽 *The Sun*

太陽が第2ハウスにある人は、より多くの収入を得ることに価値をおき、そこにステイタスを求めるタイプです。経済的安定を得るために仕事をし、自分の才能や時間といった資源を、お金を稼ぐために使います。資産運用にも長けているので、太陽のパワーが十分に発揮されていれば、お金には一生困らないでしょう。

けれども、太陽の力がマイナスに作用すると、お金を得ることが人生の目的になりがち。お金や物に執着し、お金がないと生活が楽しめなかったり、見栄っ張りになって浪費する場合も。得たお金をどう活用するのか、それを考えることが人生に本当の豊かさをもたらすでしょう。

火星 *Mars*

短期間で資産を得るセンスを持っているのが、このタイプ。火星は冒険心を駆り立てる力を持っていますから、第2ハウスにあると、リスクがあっても大きなリターンが見込めるマネーゲームに賭けたくなるのが特徴です。この火星のパワーがうまく発揮されていれば、効率よく大金を稼ぎ、欲しいものを得ることができます。

でもマイナスに働くと無謀な投機やギャンブルに手を染めて、財産を失う恐れも。お金を使うのも早く、なかなか手元に残りません。また、自分の力を誇示するためにお金を使うこともあるでしょう。せっかく得た資産をいかに有意義に活用するか、それがこのタイプの課題です。

木星 *Jupiter*

拡大と幸運を表す木星が第2ハウスに入っている人は、資産を増やすことに価値をおくタイプです。健全な方法でお金を手にすることができるので、この木星のパワーがプラスに発揮されていれば、年を経るごとに所得や報酬が増え、経済的に豊かになっていきます。でも、この木星のパワーがマイナスに働くと、「もっとお金を稼ぎたい」「もっとお金を使いたい」という際限のない欲望を抱きがち。稼いだお金もあっという間に使いやすく、お金がなくなっても、また稼げばいいという超楽観的な考え方に。あなたの場合は、得たお金を計画的に貯蓄できるかどうかで、人生が潤うかどうかが決まってきます。

土星 *Saturn*

裕福な生活に憧れながらも、お金を貪欲に稼ぐことを躊躇するのがこのタイプ。資格取得のために投資するなど、時間とお金を使ってコツコツと努力しながらも、お金を得るチャンスが訪れると臆病になりがち。それは所有欲を抱くことに罪悪感を持つせいです。そのため資産を生み出す道を自分から放棄してしまいやすいのです。

もちろん堅実な道を選んでいるかぎり経済的に破綻することはありません。けれども、ときにはちょっとした贅沢や冒険をすることで、その抑圧から解放されるのもよいのではないでしょうか。所有欲を満たすことが、あなたの人生を変えるきっかけになるかもしれません。

天王星 *Uranus*

自分のためにお金を使い、他人と違うモノを手にすることに価値を見出すのが、このタイプ。一歩間違えると、実用性のないモノにお金をつぎこんで自己満足することもあります。周りの人々が喜ぶような贈り物や、社会に貢献するためにお金を使うことを覚えれば、あなたの金銭的価値観に深みがでるはずです。

海王星 *Neptune*

もともとお金や物には執着がなく、稼ぐことや蓄財には興味がわかないタイプです。そのため、入ってくれば入ってきただけお金を使いがち。とくに、夢やインスピレーションを刺激することには糸目をつけない一面もあります。海王星の力がうまく働かないと、詐欺に引っかかって損をする恐れも出てきます。

冥王星 *Pluto*

お金を稼いだり、貯めたりすることに莫大なエネルギーを注ぎやすいのがこのタイプ。金銭欲や物欲が強く、一度手にした資産は絶対に手放しません。なぜなら、お金は権力の象徴であり、自分の身を守るものと考えているからです。その欲望の強さがプラスに発揮されると、努力して大きな財産を手にする可能性も。

第3ハウスの読み方

◆知性を発達させ、情報を送受信するハウス

第3ハウスは「知性のハウス」です。知性とは、物事を理解したり、判断したりするための能力。伝統的な占星術において、ここは「初等教育のハウス」とされていたのは「知性を磨く場所」という意味からでしょう。また、「小旅行」「兄弟」「隣人」「伝達」「学習」「コミュニケーション」などのキーワードも、このハウスが司るものとされてきました。

これらをまとめると、情報を得たり、人と情報を交換し合ったりすることで、物事を理解、判断する能力としての知性を深めていく過程。これが第3ハウスの領域だといえます。

ではこのハウスに入った惑星は、何を表しているのでしょう。それはあなたの知性がどういう形で育っていくのか。そして、自分の得た知性や情報を使うことで、どういう力を発揮できるのか、についてです。また、人と意思の疎通を図ろうとするときの特徴や、知性を使う場面でどんなふうに振る舞うのか、といったこともわかります。たとえば、金星の力がこのハウスで発揮されれば「調和的に」人とコミュニケーションを図ろうとするかもしれません。火星の場合は「情熱的に」知性を使おうとするでしょう。

さて、あなたのホロスコープの第3ハウスにはどんな惑星が入っていたでしょうか。これからその惑星の与える力を読んでいきましょう。

月 *the Moon*

あなたは他人の感情に敏感な人です。相手の伝えたがっていることを、すばやく察知し、共感することができるはず。あなたと会話した相手は、理解されたことを喜び、あなたとのコミュニケーションに満足を覚えます。そのため、あなたは多くの人から有益な情報をもたらしてもらえるようになるでしょう。ただ、相手がネガティブな状態だと、それに引きずられるように、あなたも後ろ向きになってしまいがち。気持ちが不安定になったときは、ポジティブな相手と会話をするとよいでしょう。そうすれば、人の気持ちに共鳴しようとする月の力が、相手の前向きさに反応し、明るさを取り戻せます。

水星 *Mercury*

知性を司る水星と第3ハウスは、とても相性がよく、知的好奇心が活発に働きます。この水星の力を最大限に働かせるためには、変化に富んだ環境に身をおくことが大切。さまざまな人と幅広く付き合い、いろいろな場所へ旅行に出かけましょう。あらゆるジャンルの本や映画をたくさん楽しむことも、あなたの知的好奇心の刺激につながります。こういう経験によって水星パワーを磨いていけば、文筆、演説などのジャンルで、才能を発揮することができるようになります。自分に有益な情報をもたらしてくれる人々と上手にコミュニケーションを取り、情報通となることも可能でしょう。

金星 *Venus*

この位置の金星は、人を魅了するコミュニケーション能力を与えてくれるもの。あなたは相手を気持ちよくさせる言葉を紡ぎだすことが得意なはず。これは「愛と美の女神」が司る金星の力が、人との交流において発揮されるからです。また、あなたは自分を洗練させるための情報を求める傾向が強く、教養のある人、美意識の高い人と交流するのを好みます。そういう人たちを集めて、ミニ・サロンのような社交の場を作ってみてください。質の高い情報交換の場となるかもしれません。教養として身につけておきたいことを習える教室も、あなたの知性に磨きをかけるのに最適な場所です。

太陽 *The Sun*

あなたは人とコミュニケートすることで、新たなアイデアを得たり、自分らしい生き方を発見したりしていける人です。広いジャンルの人と付き合うことを好むので、自然といろいろな情報に触れるチャンスが増え、物知りになるでしょう。若いうちは情報に流されがちかもしれませんが、やがて自分の価値基準でものを見る知性が発達してくるはず。そうなると、情報を操ることに関心が出てきて、放送、出版、広告といった世界に、身をおこうとするかもしれません。人脈の豊かさを利用して、個性的な商売を始めれば、あなた自身が世間を騒がす話題を作り出すことになる場合もありそうです。

火星 *Mars*

火星のエネルギッシュさが、人とのコミュニケーションの場で発揮されるので、熱弁家となります。自分の考えを言葉で表現することは、あなたにとって自分の存在を強調するための大切な手段となるでしょう。ただ、強引にコミュニケーションを図ろうとすると失敗します。自分の話に熱くなっているときは要注意。周りの反応に気を配りましょう。何かを学ぶことにはとても意欲的なので、いくつになっても知性を高める勉強が可能です。ただ、机の前で受け身な学び方をするより、実践を通じて学んでいくほうが向いています。たとえば、語学を学ぶなら、その国に行ってみるのが一番ということです。

木星 *Jupiter*

拡大と発展を象徴する木星がこの位置にあると、知性を磨く機会を得やすくなります。子供のころから本をたくさん与えられ、知識を得る喜びを知ったかもしれません。引っ越しの多い環境に育ったせいで、見聞を広められた人も多いでしょう。大人になってからは、広範囲にわたる知的好奇心を活かすことで、マルチな才能を発揮します。また、今の子供にも自分と同じように知性を磨く機会を与えたいと考え、教育に関わる職につこうとするかもしれません。日常的なコミュニケーションにおいても、惜しげもなく自分の持つ情報を分け与えようとするあなた。そこが人から好かれるポイントです。

土星 *Saturn*

この位置に土星があると、子供時代に知性を磨くチャンスを十分与えてもらえないとか、苦手な勉強につまずく経験をしやすいようです。自らの知識量や知性にコンプレックスを抱きがちかもしれません。そのため、知的な会話に気後れして、その輪に入りそびれてしまうことが。知識の乏しい人が知ったかぶりするのを見ると、軽蔑しつつも、憧れを持ったりするでしょう。けれども、このコンプレックスを克服しようと、大人になってじっくり勉強を始めると、あなたは非常に知性の面で秀でた人となります。「知っている」と自慢するための知識ではなく、実用的な知識を身につけることができるはず。

天王星 *Uranus*

人があまり関心を抱かないジャンルの知識を深めることに喜びを感じやすいあなた。その関心を突き詰めていけば、個性的な知性の持ち主となるでしょう。ただ、人とのコミュニケーションに独特の個性が表れると、「変わった人」と思われて、意思の疎通が難しくなる場合も。常識を学ぶことも重んじてください。

海王星 *Neptune*

情報をイメージでとらえるタイプのあなた。思考を視覚化したり、芸術作品として表現したりすることに長けています。もし論理的思考を巧みに操れなくても、引け目に思う必要はありません。あなたは知識や情報を自分なりにとらえなおし、無意識のうちに人を酔わせるような言葉に変えて発しているはずです。

冥王星 *Pluto*

人の心や物事の核心に迫る洞察力を持っているあなた。また、あなたの発するメッセージには、強力なパワーが宿る場合があります。会話の中で自分が支配する側に立とうとすると、相手を追い込むキツイひと言をぶつけてしまうかもしれません。「言葉の暴力」という形で、知性を発揮しないように気をつけて。

第4ハウスの読み方

◆自分のルーツや基盤を表すハウス

ホロスコープの一番底の部分に位置する第4ハウス。ここはいわば、その人の根っこの部分を表す「基盤のハウス」です。自分を支えてくれる確かなもの。たとえば家庭や自宅といった安らぎを得られる場所は、このハウスに当てはまる領域です。家族を含めた「身内」と呼べる人間関係もまた、自分を支えてくれる大切な基盤にあたります。

このような個人的環境、身近な人間関係をもとに人生の基盤をしっかりと作り上げ、そのパーソナルな領域で安心感を得ていこうとする活動は、すべてこの第4ハウスが司っているのです。

従来の占星術では、ここは家庭運、家族運を表す、としていましたが、心理占星術では、とくに父親との関係や影響を読み解くことに重点をおいています。自分がこの世に存在する基盤が家系にあると考えてみると、父系社会においては、一番身近な自分のルーツは父親ということになるからです。

このハウスにある惑星は、あなたが安心できるテリトリー、自分の基盤となる領域を作るために、力を貸してくれるはずです。また、今の自分が形成されていったルーツとして、両親、とくに父親からどんな影響を受けたかを知るきっかけにもなるでしょう。ではさっそく、このハウスを読み解いて、しっかりとした自分の基盤を作るヒントを得てください。

月 *the Moon*

子供の自分を示す月がここにあると、精神的な安定感を、家庭やプライベートに求める気持ちが強くなります。ぽつんと孤立した一人暮らしでは寂しさが募り、気持ちが不安定になりがち。仕事が忙しすぎて、プライベートを犠牲にする状態にもストレスを感じやすいでしょう。さらにこの位置の月は、両親からの強い影響を受けることを示します。とくにIC（第4ハウスの起点）から前後5度以内に月があれば、両親との関係が人生を強く色づけることに。親とベッタリの関係、あるいは反目しあう関係にある場合は、適度な距離を取ることを目指して。それによって自分の足で立つ強さを得られます。

水星 *Mercury*

フットワークの軽い神様、ヘルメースが支配する水星がここにある場合、自分のテリトリーを快活に動き回ることで、プライベートを充実させようとする傾向が表れます。子供時代は親戚を訪ねて回るのが好きだったり、近所の家に頻繁に遊びに行って、すっかり馴染んでしまったりしたかも。大人になってからも、大勢の客が出入りするにぎやかな家庭を築きたがるでしょう。放任主義の両親に育てられた影響で、自由に自分のテリトリーを広げることを覚えたのかもしれません。行き詰まるような狭い空間や人間関係は苦手なので、のびのびできる環境づくりに努めたほうがよいでしょう。

金星 *Venus*

この配置は、あなたが家族的なぬくもりをイメージさせる魅力にあふれていることを意味します。そこにいるだけで、周囲を寛いだ気分にさせてしまう力、それを金星が与えてくれているのです。子供のころは、年長者に可愛がってもらったり、自分より小さな子供から憧れの目で慕われたり、さまざまなかたちで周囲から愛される経験をしたはず。人生を楽しむことを教えてくれる両親、とくに父親から大きな影響を受けているかもしれません。ただ、家族や身内に甘えがちなところがあるので、自立心を持てない自分に悩むことも。しかし、子供を持てば親としての自覚が生まれ、強さが身についてくるでしょう。

太陽 *The Sun*

自由で独立した存在であることを願いつつも、自分が安心して属することのできる場所を必要とします。家庭というバックグラウンドを受け入れながら、自分独自のアイデンティティを築こうとするでしょう。若いころは、父親や家族に縛られているという反感を抱きがちですが、精神的、経済的自立を果たせば、父親や家族と良好な関係を持てるようになるはずです。そうなると、自分もよき家庭を持つことを希望し始め、結婚して充実した家庭を作ることに努めるようになるでしょう。独身を貫く場合でも、親しい人たちや親戚とアットホームな集まりを持ち、そこで温かい時間を持つことができます。

火星 *Mars*

あなたの中にある火星のアグレッションは、家族や親しい仲間に向かっていきます。この力がプラスに働けば、自立心を勝ち取るために、父親や父親的存在に立ち向かう勇気となるでしょう。早くから精神的にも経済的にも自立して、自分の基盤を確立していくはず。ただ、この力がマイナスに働くと、自分の中に溜まったフラストレーションを解消するために、身近な人に激しい感情をぶつけてしまうことが増えます。怒りっぽい父親を持っていた場合はとくにそうです。自分のパワーを良い方向に向ける努力をしてください。一人暮らしをしてみることで、一人でやっていく力を育てるとよいでしょう。

木星 *Jupiter*

あなたは自分のテリトリーを積極的に広げていくことのできる人です。大家族の中で育ったり、父親が家族との時間を重んじるタイプだったりしたかもしれません。その影響で、身内を大事にする意識が育ったはずです。自分の家族や故郷を愛する気持ちが、精神的な安定につながっています。そういう精神的な健やかさのおかげで、ストレスに強いでしょう。仕事や人間関係がうまくいかないときでも、ポジティブに改善を試みようとします。ただ、身内には無条件に甘いという面も。気づかないうちに、他人から「身びいきが過ぎる」と思われていることがあるので、その点には注意を。

土星 *Saturn*

安定した基盤を作りたい、堅固な家庭を築きたいという願望を持ちますが、一方で、身近な人から拒絶されたくない気持ちが強いあなた。なかなか警戒心を解くことができません。家族や恋人が自分以外の人と親しくしているだけで、相手が自分から遠ざかってしまう恐怖を抱くことも。これは厳格な父親や、しつけのために拒絶の姿勢を見せた両親の影響なのかもしれません。けれども、あなたの中には非常に強い克己心があります。自分の恐怖と闘い、自分で自分を守る強さを身につけていけば、肚が据わり、安定感が身につくでしょう。自分の子供や家庭をしっかり守っていける人間になるはず。

天王星 *Uranus*

家族や社会の共同体に属することに抵抗を感じがちです。自由を奪われていると感じる場合も。変わり者の父親を持ったために、平凡な家庭を知らないかもしれません。しかし、あなたは新しい形の家庭や共同体を作る能力に長けています。いずれ自分にふさわしいライフスタイルを見つけていくでしょう。

海王星 *Neptune*

他人のプライバシーに平気で入っていく傾向があります。これは境界線をあいまいにする海王星の影響です。自分のテリトリーと他人のテリトリーを混同しやすく、その傾向は父親から受け継いだものである可能性も。人に踏み込まれたくない領域をハッキリ意識することが、自分の基盤を作るポイントになります。

冥王星 *Pluto*

家庭環境に大きな変化があったときが、人生の転機となるでしょう。一時的に辛い経験をするかもしれません。でも結果的には、それが自立心を強めることにつながり、より安定した基盤を手に入れるためのキッカケとなるでしょう。父親との確執を通じて、人間的な成長を果たしていく場合もあるかもしれません。

第5ハウスの読み方

◆個性や愛情、創造性を表現するハウス

第5ハウスは「表現のハウス」。人にはそれぞれ個性があります。誰もがその個性を表現し、他人に認めてもらいたいという気持ちを心の奥底に持っているのです。では、その個性をどうやって表に出したらいいのでしょうか。その自己表現の方法を示してくれるのがこの第5ハウスなのです。

自己表現の例として一番わかりやすいのは、何かを創りだす創作活動でしょう。絵画や音楽などの芸術作品、文章、創作料理なんていうのもそうですね。自分の作品を創るということは、個性を発揮する最高の自己表現の場なのです。そうした自分の中に宿っている創造性、平たく言うなら何かを創り出す才能や能力が、第5ハウスを見るとわかってきます。

さらに、自己表現という解釈をもっと拡大してみるなら、たとえば恋愛もそのひとつ。自分を愛してほしいとか、こんなにもあなたを愛しているという愛情表現は、やはりその人の個性的な自己表現であるわけです。

また、レジャーや趣味、投機も、自分の創造性を発揮する場としてとらえられ、このハウスが司っています。

自分のクリエイティブな能力や愛情を、上手に表に出してゆけるかどうか、第5ハウスの惑星はそのヒントを与えてくれているのです。あなたの自己表現力は眠っていませんか？　確かめてください。

月 *the Moon*

月が第5ハウスに入っていると、創造することに喜びや充実感を感じます。創作活動が感情やストレスのはけ口になり、スポーツや音楽、その他の趣味などを通して活き活きと自分の感情を表現します。が、月の力が抑圧されていると、創造力が表に出てきません。

また、自分が周囲に認められることを強く望んでいるので、親しみのこもった表情や言葉で、自然と自分を打ち出していきます。そのため人気運も高いのが特徴。恋愛願望も強く、愛する人にはよく尽くします。が、月の力がマイナスに働くと気移りしやすい面が出がち。活き活きとした母親に育てられたケースも多く、自分の家庭も大事にします。

水星 *Mercury*

あなたの創造性が発揮されるのは、知性と思考を必要とする分野です。普段から知識を増やすことや、何かを学ぶことに楽しみを見出し、知的な会話を楽しんだり文章を書いたりすることが何よりの喜びとなります。映画や舞台、文学、知的遊戯、頭を使うゲームや遊びなどから新鮮な刺激を受けやすく、そうした分野の才能や能力を生まれながらに授けられているのです。恋愛においても知的な恋を望み、洗練された言葉や表情で恋の駆け引きを楽しむところがあります。

しかし水星の力を十分に磨く機会がもてないと、奇をてらう表現ばかりで中身が乏しかったり、知略に走ったりする傾向が出てきます。

金星 *Venus*

金星を第5ハウスに持つ人は、恋愛こそが最高の自己表現の場となります。あなたにとって恋愛とは、恋人と創り出す芸術作品であるといっても過言ではありません。恋をしているときこそ、この世に存在する喜びを実感するのがこのタイプです。実際に異性から愛される機会も多く、幸福な恋愛を経験できるでしょう。

恋愛以外のジャンルでも美や娯楽にまつわることで才能を発揮します。すぐれた美的センスを持つ場合もあり、アートの分野でクリエイションを行うと素晴らしい作品ができるでしょう。反面、金星のパワーが暴走すると怠惰、虚飾、浪費といったマイナス面が出やすくなります。

太陽 *The Sun*

太陽が第5ハウスに入っていると、周囲から注目されることに喜びを感じます。あなたにとって人生はひとつのステージ。巧みな自己演出法を自然と身につけて、自分を堂々とアピールしていきます。文字通り、俳優やモデル、歌手などスポットライトを浴びる職業も向いていますし、そこまでいかずともクリエイティブな仕事や趣味を持つと能力をいかんなく発揮できます。人気運もありますから、多くの人があなたの周囲に集まり、恋愛面も華やかでしょう。

ただ、太陽のパワーをうまくコントロールできないと、自信過剰になる心配が。謙虚さを忘れないことが、長く人から愛される秘訣です。

火星 *Mars*

冒険や挑戦を表す火星が第5ハウスにある人は、遊びや恋愛でも新しいことに挑むことで自己表現します。まだ誰もやったことがないことや、周りが「無理だからやめておいたほうがいい」と止めるような状況だと燃えに燃えます。どうすれば勝利を手にできるかを考え、実行することが、あなたにとって刺激的な表現方法なのです。

恋愛でも、好きになったら情熱的に愛情表現し、相手を振り向かせることに熱中します。また、スリルや刺激がストレートに味わえるギャンブル、投機、スポーツなどの世界にも惹かれる傾向が。ただ、火星の力がマイナスに働くと勝ち負けにこだわりがちになるのが欠点です。

木星 *Jupiter*

幸運を司る木星がこのハウスにある人は、自分の創造力を存分に発揮できるタイプ。自己表現力が豊かで、周囲の人に自分を印象づけることも上手です。自分で創りだしたものが社会的に認められやすく、創作活動に力を入れると才能が花開く可能性が高いでしょう。

恋愛においても愛情をうまく表現できるので、幸せな恋愛ができます。恋愛相手が社会的に地位の高い人の場合もあるでしょう。

ただ、拡大の星・木星はすべてに「求めすぎる」傾向をもたらすこともあります。創作活動にしても、恋愛にしても手を広げすぎて収拾のつかなくなる状態にならないように注意してください。

土星
Saturn

抑制を表す土星がこのハウスに入ると、無意識のうちに自己表現を控えてしまう傾向がでてきます。人前で表現することに「恥をかいてしまったら？」という恐怖を抱いてしまうからです。けれど、その恥の意識は、完成されたものしか人前に出したくないという美意識の裏返しでもあります。ですから、時間をかけて技術を磨き、完成度を高めてゆけば、自分の作品を堂々と発表できる日が必ずくるはずです。

恋愛にしても極度に失敗を恐れやすく、素直にのびのびと愛情表現できない面があります。失恋したっていいではありませんか。思いきって自分を表現することがあなたには必要なのです。

天王星
Uranus

第5ハウスの天王星は、独創性豊かなクリエイティブな能力を授けます。誰も考えつかないような画期的なことを考え、それを世の中に発表することで自己表現していくタイプです。恋愛でも、常識にとらわれない自由なかたちを追求します。ただ、発想が奇抜すぎて、一般の人には理解されにくい場合もあります。

海王星
Neptune

海王星はあなたに、夢やファンタジーといった幻想的なイマジネーションを授けます。この惑星のパワーがうまく働けば、芸術や文学、音楽などの創作活動であなたの創造力は日の目を見るでしょう。恋愛面では自己陶酔的に相手に尽くす傾向が。恋人に理想を求めるため、相手の欠点が目につくと幻滅しがちです。

冥王星
Pluto

変容を意味する冥王星がこのハウスに入ると、遊びや恋愛、創作活動によって人生がガラリと変わる傾向があります。すべてを擲って衝動的な恋愛に走ったり、突然会社をやめて創作活動に没頭したり。冥王星のパワーは強大なので極端に走りやすいのが問題です。自己コントロールを忘れずに。

第6ハウスの読み方

◆自分を省みて社会に貢献するハウス

第6ハウスは「反省のハウス」。この「反省」というのは、自分を省みるという意味です。ひとつ前の第5ハウスでは、自己表現がテーマでした。しかし、社会に向けて自分のことを表現するばかりでは、人間は成長しません。ここでもう一度自分を省みて、自分のことだけでなく、社会の中で「私」ができることや負うべき義務、役割についても考えてみる、それを教えてくれるのが、この第6ハウスなのです。

具体的に言うと、第6ハウスが司るのは、自分に課せられた労働や義務、社会に対する奉仕、それらを責任持ってまっとうする使命感などが当てはまります。また、健康もこのハウスのテリトリー。健康管理というのも、自分で自分をメンテナンスしなければいけない義務のひとつととらえると、わかりやすいでしょう。

このように第6ハウスにある惑星の力をうまく使いこなせれば、あなたは自分の能力を社会に活かし、貢献してゆけるはずです。けれどパワーが発揮されないと、仕事にやりがいを感じられなかったり、義務や責任を放棄してしまう恐れも。そうならないよう、自分が社会的役割をちゃんと果たしているかどうかチェックし、できていなければ反省して直す——第6ハウスはそういうことを私たちに気づかせてくれるハウスなのです。

月 *the Moon*

感情を表す月が第6ハウスにある人は、環境が変化したり不安定な状況だと、精神的に落ち着かず、自分の能力を社会に活かすことができません。安定した環境で、気の合う仲間と働くことで初めて自分の役割や義務を存分に果たすことができるタイプです。ですから独立するより、安定した企業に属したほうが能力を発揮できるでしょう。奉仕することで深い心の満足を得ることができるため、看護師、カウンセラー、ソーシャルワーカーなどは社会に貢献できる仕事です。細部にまで届く観察眼もあるため、研究職なども向いています。健康面では感情に左右されやすいので心因性の病気にかかりやすい体質です。

水星 *Mercury*

知的作業によって社会に貢献する義務を負っているのが、このタイプ。細かい事務処理や目標から逆算して最短で仕事をこなすようなことに抜群の才覚があり、仕事をさばくのも人一倍速いのが特徴です。技術系や専門性の高い仕事、話したり文章を書く仕事にも適性があります。どちらかといえば、自分が前面に出る仕事よりも、有能な補佐役やナンバー2として采配をふるったほうが、能力を十分発揮でき、自分自身もやりやすいはずです。

健康面では、ストレスが溜まると心身に影響が。自律神経系の病気などには注意が必要です。バイタリティに欠けるので、仕事のしすぎも体調を崩すもとに。

金星 *Venus*

金星が第6ハウスにある人は、サービス精神が旺盛。人が喜ぶことをしてあげることが、自分の喜びにつながるタイプです。自分のためより人のために何かを行うことが、あなたの使命といえます。

とくに、集団の中で魅力を発揮するのが特徴です。職場やグループの中では場を盛り上げるなどムードメーカー的な役割を担ったり、世話役やサポート役を買って出たりすると、みんなから慕われる存在に。仕事としては、美的センスに長けているので、美に関する仕事は適職です。

健康にも恵まれるほうですが、美食へのこだわりから肥満を招く心配があります。適度な運動やダイエットは必要かもしれません。

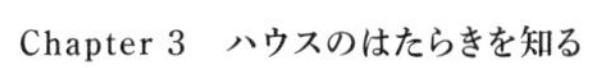

太陽 *The Sun*

太陽が第6ハウスにある人は、人のために役立つことが人生のメインテーマ。奉仕精神が強いので、会社や地域社会などに貢献することに使命感を抱きます。

仕事のしかたも勤勉で、誠実に努力するので周囲から信用を得られるタイプ。この太陽のパワーがプラスに発揮されていれば、自分がやりがいを感じられる仕事につくことができ、あなたは十分社会に貢献できる人材になります。けれど、そのパワーがマイナスに作用してしまうと、ワーカホリックになったり、やりがいを求めて職を転々とすることにもなりがちです。

健康には留意するほうなので、体調管理は完璧に行うタイプでしょう。

火星 *Mars*

行動力を表す火星が第6ハウスにある人は、とても勤勉で精力的に働きます。与えられた義務や役割を忠実にこなしますが、このタイプに大切なのは、その役割が実力相応であることです。あなたの技量では難しいものや、逆にあなたには優しすぎるものだと、どちらもやる気を失ってしまいます。さらに、自分にしかできないような役割や仕事だと、「私がやらなければ」という使命感が湧き起こり、がぜんやる気に。体も丈夫なので、体力勝負の仕事は向いています。

ただ、火星の力が暴走すると、与えられた仕事をまっとうしようと、体を酷使して無理を重ねる傾向が。過労やケガには十分注意が必要です。

木星 *Jupiter*

木星が第6ハウスにある人は、労働や奉仕活動に生きがいを見出し、誠実にこなしていきます。そのため仕事ややるべきことが広がってゆき、多忙になるかもしれませんが、それはあなたの力が社会に必要とされている証拠です。

この木星のパワーがプラスに働けば、仕事は順風満帆。就職や職場の環境にも恵まれやすいでしょう。ただ、保守的な面が強いので、独立するより企業の中で働いたほうが安心して実力を発揮できます。また、目標を高く掲げすぎると義務が果たせません。「今の自分に何ができるか」を考え、実際に動くことが大切です。健康面でも木星の加護を受けやすく、体調は良好でしょう。

土星 *Saturn*

責任を表す土星がこのハウスにある人は、社会の一員として立派に義務を果たそうとします。軽い仕事には興味を示さず、責任ある仕事や立場につこうとするので、それだけプレッシャーもあり、苦労も背負いがちです。その一方で、重要な仕事を任されて「役に立たない」と思われることを、恐れる気持ちも心の奥にあります。でも、そうした重圧に耐えうるだけの力を土星はあなたに与えています。忍耐強く仕事をしていけば、いずれは職務をまっとうし、大成できるでしょう。

健康面では体調管理が万全なので病気になりにくいほうです。ただ、あまり体に気を使いすぎると健康を保つこと自体がストレスに。

天王星 *Uranus*

あなたは社会の一員という自覚をあまり持ちません。義務で縛られることを嫌い、自由な環境に身をおくことでのびのびと働くことができるので、会社に属すより技能を身につけ、独立して仕事をするほうが向いています。健康面では神経性の病気にかかりやすい体質なので、リラックスする時間や空間が必要。

海王星 *Neptune*

型にはまった仕事は大の苦手で、海王星の力がマイナスに作用すると、仕事がルーズになりがちです。でも、海王星が自己犠牲と奉仕精神を授けるので、福祉や医療、芸能、ヒーリング関係の職種には適性が。また、想像力や感性を活かす仕事も向いています。健康面は感染症や中毒症、薬の副作用などに注意。

冥王星 *Pluto*

仕事に対して妥協せず、徹底的に突き詰めるタイプ。徹夜作業やハードワークもこなし体力の限界まで働きますが、その結果、体を壊したり職業病を患う恐れも。のめり込める仕事につけば、その分野の第一人者になることもあります。冥王星が洞察力を授けるのでカウンセラーや心理戦を有する仕事に適性が。

第7ハウスの読み方

◆他者とパートナーシップを結ぶハウス

かつては「結婚のハウス」と呼ばれ、結婚運の良し悪しを判断するのに使われることの多かったハウス。それがこの第7ハウスです。

心理占星術では、この位置を「他者のハウス」とし、人と向き合い、お互いのコミットメントに基づく関係を築こうとする場だと考えます。結婚はいわば、それを代表する一形態。仕事で誰かとパートナーシップを組むことや、友達や恋人と、互いを認め合い、補い合う関係を作っていくことも、このハウスが司る範疇に入れることができるのです。

あなたのホロスコープの第7ハウスに複数の惑星が入っている場合は、個人的な世界より、人と関わる世界に身をおく機会に恵まれるはずです。また、他者との交流が人生における大きなテーマとなることも。惑星がひとつの場合は、その星のパワーを利用して、対人関係を築くことを得意とするようになるでしょう。

第7ハウスにある惑星は、あなたが結婚や事業の相手、友人に、どんな人を選ぼうとするか、という傾向も示しています。似たタイプを好きになってしまうこと。一定の趣味嗜好を持つ相手とは気が合いやすく、親しくなるのが容易なこと。……こういう不思議な現象も、このハウスを読み解くことでわかってくるかもしれません。

月 *the Moon*

感情を司る月がこのハウスにあると、「相手に気に入られるためにはどうすべきか」を気にする傾向が強まります。相手の心情を察する力にも長けているため、人から容易に好感を持たれるようになるでしょう。ただ、自分の気持ちや考えを曲げてまで相手に合わせようとするのはやめて。対等なパートナーシップが作りづらくなってしまいます。結婚には心の安定を求めますが、結婚相手に対する注文が多すぎると、小さなケンカが絶えない状態に。あなたの要求に十分応えてくれる、精神的にも経済的にもゆとりのある相手を選ぶほうが、月のもたらす心理的な不安定さから解放されます。

水星 *Mercury*

第7ハウスの水星は、人との関係のなかで大いに発揮されることになります。あなたは常に自分をとりまく人間関係に関心を払い、どうすれば、その場のコミュニケーションがスムーズに運ぶかを意識する人です。場の空気を読むのがうまく、交渉ごとにも大きな才能を発揮するでしょう。結婚相手には、知的で聡明な人を求める傾向がありますが、結婚だけに幸せを求めようとはしないので、仕事と家庭の両立を目指すかもしれません。それを理解してくれる相手を選ぶと、良き人生のパートナーとなってもらえるでしょう。家庭にあなたを縛りつけようとする相手だと、衝突しがちになるはずです。

金星 *Venus*

自分のことを好ましいと感じてくれる人を敏感に察知できるあなた。そして、できる限り、その好意に応えようとするでしょう。人の心を惹きつけるこの能力は、あなたを特別視していない相手を前にしても発揮されます。特別にその相手に気を遣っているそぶりを見せたり、愛想よく話を聞いたりすることで、たちまち相手からの好意を獲得できてしまうはず。対人関係において人気者になる要素を、完璧にあなたは備えている人。結婚相手には、自分を十分に愛してくれる人を選ぼうとしますが、なにせ異性からモテるあなた。それが逆にネックとなって、絞り込むのに苦労するかもしれません。

太陽 *The Sun*

相手と自分は常に対等でありたいと思うあなた。意思をぶつけ合うケンカを恐れる必要はありません。さまざまな人と関わることによって、他者と自分の違いを自覚していくことが、自分自身の輪郭をはっきりさせるのに役立つはずです。自分を取り巻く人々を知ることは、あなたにとって自分自身を知ることにつながっていくのです。結婚や共同事業を起こす相手には、本音をきちんとぶつけられる人を選んでください。自分と似ている相手より、自分にはないものを持っている人を選ぶことも大切です。そうすれば、その人とのパートナーシップにより、充実した人生を歩んでいけるでしょう。

火星 *Mars*

第7ハウスに火星のパワーが宿るあなたは、他人に自分の意思を主張するのを恐れない人。意見をやり取りしたり、人と協力関係を築いたりするときに、自分自身を強く押し出すことができるでしょう。ただ、自分の考えを理解しない相手は、なんとかして説き伏せようとすることが多いかも。主張を曲げないのは立派なこと。けれども円滑な人間関係を保つためには、譲歩することも大切です。強引に自分の意思だけを貫こうとしないように気をつけて。結婚相手には情熱的な人を選ぼうとします。それは自分のパワーに負けない強さを持つ相手を求めてのこと。電撃的な結婚をする可能性もあり。

木星 *Jupiter*

この位置の木星は、あなたを楽観的な姿勢で人付き合いに向かわせてくれるでしょう。他人に対して嫉妬や羨望の念を抱くことが少なく、対人関係を心から楽しもうとします。趣味から価値観に至るまで、さまざまなことを交換しあいながら世界を広げていくことができるあなた。ただし相手に、広い世界へ自分を連れていってくれることを期待しすぎてはいけません。自分の世界を広げていくのはあなた自身。他人はその助けをしてくれるだけ、ということを忘れないで。なお、結婚相手には向上心の強い人を選ぶのが正解です。共に人生を楽しむことでパートナーシップが深まっていくはず。

土星
Saturn

この位置の土星は、他人との協力関係に抵抗感を与えます。相手に迷惑をかけることに不安を抱く傾向が出るでしょう。そのため、人と一緒に何かに取り組むより、自分ひとりで片づけるほうが気楽だと考えるところがあるかも。恋愛や結婚関係を結ぶときは、裏切られる可能性を勝手に想定し、不安を覚えがちになるかもしれません。また、結婚相手には年長者や社会的地位の高い人を選ぶことで、安定を手に入れようとする傾向もあります。けれども、お互いにメリットのある対等な関係を人と結んでいこうとする意欲を持てば、不安を克服でき、よいパートナーに恵まれるようになるはずです。

天王星
Uranus

この星は、対人関係においてあなたに自由と平等を追求させようとします。あなたは狭い人間関係を嫌い、相手から束縛されたり、いつも一方が他方に従ったりするような不平等が存在する関係には、強い嫌悪感を抱くでしょう。お互いを刺激しあいつつ、干渉しない人間関係を築くことを目指してください。

海王星
Neptune

第7ハウスの海王星は、他者と自分を同一化させる傾向をもたらします。パートナーの夢を実現させるため、陶酔的な自己犠牲に走ったり、逆に自分の悲しみは、相手が共有してくれて当然だと思い込んだりする傾向が。人と自分の境界線を十分に意識するように努めれば、健全な人間関係が築けるようになります。

冥王星
Pluto

この位置の冥王星は、人間関係において破壊と再生を繰り返させます。今までの自分を捨てたいと願うとき、無意識のうちに、それまで親しかった相手と仲違いしてしまうようなことがあるかもしれません。また、付き合う人が変わったことで、自分の人格に大きな変化がもたらされることもあるでしょう。

第8ハウスの読み方

◆共有するものを通じて絆を深めるハウス

「他者のハウス」の次にくるのは、第8ハウス。ここは「共有のハウス」です。伝統的な占星術では「遺産のハウス」とされて、人から引き継ぐお金や資産、特徴などを表すとされました。

これを心理占星術では、なぜ「共有のハウス」と呼ぶのか。たとえば「引き継がれた特徴」ということについて考えてみましょう。それはあなたが祖先からもらった「遺産」です。けれども見方を変えれば、それはあなたと祖先が「共有」しているポイントとも言えるはず。

「他者」と「自分」のあいだには、肉体や意識の境界線が存在しているのは確かです。けれども、ちょうど遺伝を通じて祖先とあなたが結びついているように、心理的なところで肉体を超えた深い結びつきを得て、思いや絆を共有することはできるでしょう。そういうステージを表すのが第8ハウスというわけなのです。

このハウスにある惑星は、あなたが他者といかにして深い絆を結んでいくかを読み解くキーになります。人と溶け合う体験があなたに何をもたらすか、何を共有することで他者との深い結びつきが得られるか、なども第8ハウスを読み解いていけばわかってきます。また、この位置の惑星は性的な結びつきに向けられるパワーを表すことも。

月 *the Moon*

感情を司る月が第8ハウスに入っているあなたは、気持ちの共有を通じて、人との絆を深めていこうとする人です。恋人や親友といくら時間を共有しても、気持ちがバラバラだと孤独を感じてしまいます。嘘をつかれることにも敏感。もっと本音を話してほしいと思うでしょう。セックスにおいては、感情を解放できることを望みます。体だけではなく、心も溶け合うセックスでないと、真の満足は得られません。男性の場合、自分を虜にするファム・ファタル（宿命の女）と出会ったときに初めて、気持ちの共有を求める衝動がわき上がります。身の危険を冒してでも一体感を得ようとするかもしれません。

水星 *Mercury*

人と深く関わるためのツールとして、水星の知性が発揮されるでしょう。心理学を学ぶことで、人の心を読み解く努力をするかもしれません。政治や精神世界など、個人の心の背後に働くダイナミクスに関心を寄せる場合も。人間への理解を深める取り組みを十分にすれば、心理学者、セラピスト、占い師などの職業について、実際的な利益を得るようになるでしょう。ただし、理屈では説明しきれない不可解で不合理な人間の行動や感情を受け入れるのは苦手なあなた。「あるがまま」の相手を受け止める気持ちを忘れてしまうと、人と深い絆を作るのを難しく感じるようになってしまうかもしれません。

金星 *Venus*

愛する人と一体になる喜びを得ることに、金星の持つパワーが最大限に発揮されるタイプです。官能的な魅力を身につけることに熱心で、エロティックな雰囲気を漂わせることが得意でしょう。そのため、よくモテます。人より早くセックスの経験をするかもしれません。ただ、異性から単なるセックス・シンボル的な扱いを受けることになって、精神的な深い結びつきに至る恋愛をするまでに時間がかかる場合も。それでも、やがて真の愛を経験すれば、誰よりも深く恋の喜びに浸ることができるでしょう。あなたの持つ美を「愛でる」だけでなく、「共有したい」と思ってくれる相手を探すことが肝心。

太陽 *The Sun*

人と深い絆を結ぶことは、あなたの生きがい、充足感の源となるはずです。親から受け継いだ才能や資産を大切に思う気持ちが強く、それを自分の人生に活かそうとすれば成功します。また、金融、保険、医療などの職種につくことで、他人の人生に深くコミットしていこうとする場合も。いずれにしろ、あなたにとって「他者との人生の共有」こそ、生きるテーマとなるのは間違いありません。ときには「ここまで深く他人の人生に足を突っ込んでもよいものか？」と悩むこともあるでしょう。しかし、そういう体験ができたのも幸せなことだったと、肯定的にとらえられる日がいつか来るはずです。

火星 *Mars*

あなたは、人と深い関係を築くのにせっかちになりがちです。恋人との深い絆、セックス、ビジネスにおける合意など、時間をかけて信頼を得て、互いの意思を確かめ合って進めていくべきものに、急ピッチな展開を求めてしまうのです。それらのものを自分の手中に収めるために、攻撃的になってしまう恐れも。そのため、人間関係を深める段階で、つまずいてしまうことがあるかもしれません。そんなときは、火星のエネルギッシュなパワーを、自分を相手に深く理解してもらうために使うようにしてみましょう。そうすれば、本物の深い絆を結ぶことができるようになり、孤立を免れるでしょう。

木星 *Jupiter*

木星という恵みの星がこの位置にあると、人との深い結びつきを恐れない精神が育まれやすくなります。自分の資産や時間、才能などを、他人と共有することになった場合、ケチケチせず、おおらかに分け与えようとするでしょう。そんなあなたの周りには、深い絆で結ばれた相手が自然に増えていき、豊かな人間関係に囲まれた暮らしができるはず。また、共同事業などにより物質的な成功を手に入れることも。金銭に恵まれた場合は、パトロン的に、若き才能を育てることに使用して、さらなる資産を得るでしょう。ただ、この木星のパワーは、ときとして性的に奔放になる傾向として表れることもあります。

土星 *Saturn*

あなたは、他者との深いつながりを恐れます。性的な結びつきに嫌悪感を抱くか、あるいは逆に、感情の伴わないセックスや金銭を介したセックスに走ることになるかもしれません。どちらの場合も、他者と深くかかわることへの恐れが原因です。けれども、あなたの本音は人との深い結びつきを渇望しているはず。あなたに必要なのは、たとえ一度や二度、裏切られる経験をしても、人を信じ続けたり、時間をかけてゆっくり他者との距離を縮めたりしていく根気です。感情抜きのセックスは、相手と何も共有できないばかりか、あなたの心をさもしくするだけだということを忘れないでください。

天王星 *Uranus*

人と金銭や時間を共有すること、精神的、肉体的な深いつながりを結ぶことに束縛を感じがちです。しかし、信念を共有する相手や仲間を持つと、天王星の革新性がよい意味で刺激されるでしょう。自分の信じるところの正しさに自信を持ち、社会構造や常識を打ち破って、何らかの先駆者となるかもしれません。

海王星 *Neptune*

自分の意識や価値観が他者と共有されているものと、漠然と信じやすいあなた。そのため、自分は共有しているつもりが、相手にとっては違っていた、という悲劇が生じることが。あなたの共有意識は幻想に基づくものではなかったかを、振り返ってみるべき。セックスに愛の幻想をゆだねやすい点にも注意を。

冥王星 *Pluto*

あなたは他者と何かを共有することに、喜びと同時に恐れを抱きます。自分の領域が侵されはしないかと警戒するのです。性的な結びつきがあなたの底に存在する恐れ、嫉妬を呼び覚ますことも。しかし、他者との関係は、単に「支配するかしないか」では測れないもの。恐れずに他者を受け入れてみてください。

第9ハウスの読み方

◆未知なる世界を探求し、精神的成長を授ける

第9ハウスは「探求のハウス」。ひとつ前の第8ハウスは、他人と深いレベルで人生を共有しあうステージでした。たとえば、船乗りが港に寄って、女性と恋に落ちたとします。二人は一緒に食事をし、愛を語り、ベッドでお互いの愛情を確かめ合います。そして共に朝を迎える……これが「共有のハウス」、第8ハウスの状態だと思ってください。十分な愛を得た船乗りは、やがてまた広くて深い海へと船を出してゆきます。何かを求め、何かを探して未知なる世界への航海が始まるのです。これが、まさに第9ハウスの状態なのです。イメージをつかんでいただけたでしょうか。

人間はひとつのところに留まっていては進歩しません。常に探求心を持ち、いろんなことに触れ、遠いところにも出かけていって、自分の世界を意識的に広げていかないと精神的な成長は遂げられないのです。第9ハウスは、そのことをあなたに教えてくれるハウスです。

古典的な解釈では、このハウスは「哲学と旅」のハウスと呼ばれています。哲学は思考の幅を広げてくれる学問。旅は行動半径を広げ、同時に経験の領域を広げてくれます。どちらもその人の知性や精神を拡大してくれるものですね。そんなふうにあなたの人間性を一回りも二回りも大きくし、人生を充実させるヒントが第9ハウスという家には詰まっているのです。

月 *the Moon*

情緒を表す月が第9ハウスに入っていると、心理的なことに強い興味を示します。あなたは人間の内面、深層心理、感情や気持ちの動きといったものを敏感に感じとり、なぜそういう複雑な心を持つのだろうと、より深く探ろうとするタイプ。そんなあなたは心理学や精神世界、哲学といった分野の本を読み漁ると、発見が多いはず。膝を打つような気づきもあり、内面が豊かになります。

また、あなたは月が司る心の内を、解放したいという強い欲求も持っています。そのせいか魂の洗濯をするために旅に出ることを好むでしょう。海外の文化に親しんだり、異国に住む場合もあります。

水星 *Mercury*

知性を表す水星が、探求心を表す第9ハウスに入ると、知的なものを吸収しようとする熱意が非常に高まります。あなたは向学心にあふれ、学校を卒業してからも常に学ぶ姿勢を忘れません。とくに、語学や文学的な才能に秀で、その分野で世に出ることもあるでしょう。大学院や社会人大学への進学も、あなたの人生を広げ、能力を活かす場となるに違いありません。

また、知識を広げるために世界各国を旅する人もいます。ただ、得た知識を自分の中だけに留めておかないこと。人々に伝えたり広めるということを意識的に行うと、第9ハウスの水星はあなたに語り合う仲間を授けてくれるでしょう。

金星 *Venus*

第9ハウスの金星は、真に価値のある「美しいもの」を求め、愛でる精神をあなたに授けます。たとえば名画を観に、海外の美術館を巡ったりするのは、あなたにとって至福のひととき。とくに海外で出合った美術品やデザイン、インテリアや装飾品などは、あなたの心を強く惹きつけ、何か触発されるものがきっとあるはずです。

金星といえばはずせないのが恋愛。この位置に金星があると、精神性の高い恋愛を求めます。お互いに尊敬しあい、得るものが多い相手を選ぼうとします。そうした恋愛が異国で芽生えやすいのが特徴。海外で恋に落ち、向こうで結婚生活を送る可能性もあります。

太陽 *The Sun*

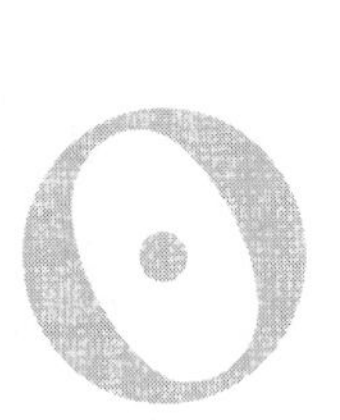

今よりも未来を見つめて、自分の世界観をもっと拡大していきたいと願うのがこのタイプです。知的好奇心が旺盛なのも、ひとつのところにじっとしていられないのも、すべてその表れ。狭い日本を飛び出し、ワールドワイドな活躍をする人も多く、実際、日本より海外にいるほうが、のびのびと個性を発揮できることもあります。

ただ、未来へのヴィジョンに目が向く反面、日常的なことは疎かになりやすいところが欠点です。毎日の生活がつまらなかったり、仕事がつらかったりすると、とたんに現実逃避したくなり、宗教やスピリチュアルな世界に傾倒し、ハマってしまうこともあります。

火星 *Mars*

自分の思想や人生哲学を語らせたら止まらないのがこのタイプ。力説されると、つい納得してしまうような力強い説得力があなたには備わっています。

しかし、火星は攻撃性も表す星ですから、ともすると自分の思想や意見を、有無も言わさぬ力で周りの人に押しつけてしまったり、相手の意見を力でねじふせることもしがちです。とくに組織やグループのリーダーになったときには、無意識のうちに自分の信念や思想を皆に強いていないか、考えてみる必要があるでしょう。

ただ、この火星の行動力をうまく活かせば、あなたは確固たる信念や主義を貫き、やがて大きなことを成し遂げることができるでしょう。

木星 *Jupiter*

木星が第9ハウスに入っている人は、精神性の高い生き方をすることで幸せへの道を切り開いていきます。あなたは子供のころから、例えば宇宙の成り立ちや星の世界、生命の不思議や人間の心理、異国の文化など、深遠なものに惹かれていたのでは？ ミーハーで世俗的なことには興味を示さなかったでしょう。あなたの場合、そういう精神性の高いものと関わることが人生を有意義にします。

ただ、木星の持つ楽天的な気質が強まるため、物事をイージーに考えやすい面が。ラクなほうに流されたり、放浪癖が出る傾向もあります。人生を有意義にしたいのなら、自分に厳しくなることが必要です。

土星 *Saturn*

土星が第9ハウスに入ると、自分の世界を広げてゆく力が抑制されてしまいます。外の世界を見てみたい、もっと大きなことをやってみたいという気持ちが抑えられ、安定志向になりがちです。海外旅行も「飛行機が落ちたらどうしよう」と考えたりして、気が進まないこともあるでしょう。ともすると、小さな世界にまとまりがちですが、義務感や責任感は強く、常識も重んじるので、職場などでは尊重されて認められます。

ただ、思想や哲学に関しては、自分と異なる考えや理念を受け入れない面が。柔軟になっていろんな考えを受け入れたほうが、自分自身のキャパシティが広がります。

天王星 *Uranus*

あなたは革新的で独創的な思想や哲学に強く惹かれるタイプ。自分自身も人が考えつかないような斬新なアイデアがひらめきます。反面、伝統的でメジャーな考え方を、どこか軽視するところも。パソコンによる新しいシステムなどにも興味を抱き、すぐに飛びつくほうです。旅行もマイナーな国や秘境に行きたがります。

海王星 *Neptune*

直感力を司る海王星がこのハウスに入ると、未来のことを見通す先見の明が授けられます。常に先を見越して行動すると、当たる可能性が高いでしょう。イマジネーションやファンタジーはあなたの頭の中でどんどん広がっていくので、それをクリエイティブな方面に昇華させると素晴らしい作品ができあがります。

冥王星 *Pluto*

新しい自分に生まれ変わりたいという欲求が心の奥にあるのが、このタイプ。自己啓発セミナーに通ったりプチ整形したり、ダイエットや占いにハマりやすいのも、自分を変えたい欲求があるからでしょう。真理を追究したがり、哲学的な話題や議論も好みます。海外で人生観が変わる出来事に遭遇しやすいのも特徴。

第10ハウスの読み方

◆社会の中で到達したい目標を示すハウス

第10ハウスは「目標のハウス」。ホロスコープを見ると、第10ハウスはちょうど天頂部分に位置しているのがわかります。第10ハウスが天体が最も空高く輝く到達点を意味します。

占星術では、ホロスコープの対向する位置にあるハウスは、お互いに補い合う関係になっています。第10ハウスの対向ハウスは、ホロスコープの天底に位置する第4ハウス。ここは「基盤のハウス」で、家庭などのパーソナルな領域を表すハウスでしたね。

それに対して、正反対の第10ハウスが表すのは社会というパブリックな世界。その社会の中で、自分が到達したいと思う目標や社会的立場を表すのが、この第10ハウスなのです。

伝統的な占星術では、このハウスは「社会的地位」を意味するといわれていますが、もう少し広く解釈すると、いろんなことが見えてきます。たとえば、どんな目標を持てば自分の才能を活かすことができるのか、その目標をどんな形で達成すればいいのか、自分が社会に貢献できる天職は何なのか、自分の中の名誉欲や野心はどのくらいあるのか……。心理占星学的には母親の影響力もこのハウスから読み取ります。こんなふうに自分と社会をつなぐ手がかりが、第10ハウスの中に隠されているのです。

月 *the Moon*

月が第10ハウスに入ると、周りから人気を得たいという欲求が強まります。社会的な評価も気にするので、仕事で成功したり、地位のある相手と結婚して社会的立場が高まったりすると、心の余裕と自信が生まれ、精神的な安定を得られるのが特徴です。

ただ仕事は転職しやすく、職種や職場が自分に合わないと思ったらすぐ辞めたくなってしまいます。下積みを嫌がらず、粘り強い根気が出てくると成功しやすくなります。

また、一般大衆を相手にした仕事で才能を発揮。商品企画などの仕事につけばヒット商品が生まれるかもしれません。人気商売や芸能関係にも適性があります。

水星 *Mercury*

仕事で才能を発揮し、人から有能と言われることが、あなたの目標。実際に要領よく仕事をこなす能力は高く、呑み込みも早いほうでしょう。この水星の力をうまく活かせれば、仕事で成功を収めることも十分可能です。このタイプは母親が教育熱心だった場合が多く、その影響を色濃く受けています。

ただ、単調な仕事や職場では活き活きと働くことができません。収入は多少少なくても、やりがいを感じられ、自分の能力を発揮できる仕事を選ぶことが成功の鍵となります。

水星が司るコミュニケーション能力を活かした仕事や、文筆業、出版、報道などのメディア、情報関係などの仕事に適性があります。

金星 *Venus*

自分ひとりの力ではなく、周囲の人から恩恵を受けて、社会的な立場を確立していくのが、このタイプ。華やかな仕事に就きたいという願望があり、社交力を活かすことが仕事の発展につながります。交際範囲を広げれば、自然と活躍の場が開けてくるでしょう。

ただ、地味な作業や雑務、肉体を駆使したり、残業の多いハードワークは嫌がる傾向が。楽しく生きることが目標なので、つらいことがあったり、職場の人間関係がうまくいかないと辞めたくなる点が欠点です。

職業としてはファッション、美容、芸術、宝飾など美を扱う仕事や、エンターテインメント、芸能、サービス関係の仕事に適性があります。

太陽 *The Sun*

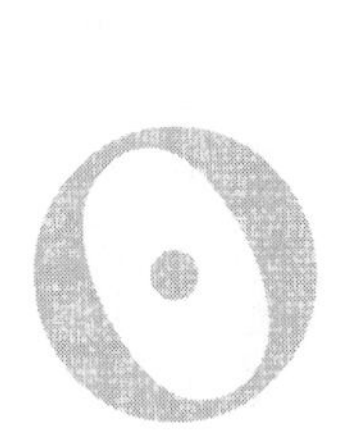

人生の目標そのものが、仕事で社会的成功を収めることにあるのがこのタイプ。仕事に生きがいを求め、キャリアアップすることに喜びを感じます。実際、仕事には恵まれることが多く、どんな職業でも成功しやすい運勢を持っています。女性でも男性と肩を並べてバリバリと働きますが、反面、私生活は疎かにしがち。

女性の場合は、結婚相手が社会的成功を果たすことで、自分の成功願望を満たすこともあります。その場合は夫の良き支援者となり、共に成功を勝ち取る努力を惜しみません。

また、このタイプは母親がなりたかった職業を、無意識に選びやすいという点も特徴です。

火星 *Mars*

燃えるような野望をその胸に秘めている野心家です。自分の能力に強い自信があり、困難なことほど実力を試したくなって挑戦する面が。競争心が強く、ライバルを蹴落としてでも成功を勝ち取ろうとするので、そうなると周りから反感を買ったり衝突しがちです。

また、仕事に対して強い信念を持ち、それを貫こうとする点も特徴。そうなると、ある程度、自分の裁量で行える仕事についたほうが、信念を曲げずにやっていけるでしょう。

職業としては競争の激しい職種や業界、フリーで腕一本でやっていくような仕事が向いています。スポーツ、政治、カメラマンなどの専門職にも適性があります。

木星 *Jupiter*

あなたにとって仕事は自分の世界を広げ、社会で認められるための重要な要素。仕事が充実していないと幸せを感じられないので、自分の好きな仕事、やりたいと思う職業につくことが大事です。

でも、このタイプは自分から仕事をとってくるような逞しさや野心には欠けます。そのためフリーになったり独立するより、一流企業に属し、その肩書を活用して仕事をしたほうが能力を発揮できます。組織をまとめる力もあるので、管理職や企業の幹部になる可能性も高く、その気になれば出世も果たせるでしょう。木星のパワーをうまく活用できれば、どんな職種でもうまくこなしていける点は強みです。

土星 *Saturn*

心の奥に野心や権力欲を秘めていて、社会的地位を得るためにコツコツと努力を積み重ねます。そのため時間はかかりますが、一歩一歩キャリアを積み、最終的にはそれ相当の地位につくことができる人です。ただ、一度地位を手に入れると、それに執着しがち。そうなると上司や得意先の言いなりになるなど保身に走りやすくなります。

社会の中での自分の役割を意識するので、仕事には強い使命感があります。が、誇りを持てるような仕事につかないと満足できません。そうでない仕事をしていると卑屈になったりもしがちです。

公務員や教育関係、大手企業の会社員など堅い仕事に向いています。

天王星 *Uranus*

社会の枠にはめられるのが大嫌いなタイプ。企業で働くより、独立してフリーで仕事をしたり、仲間数人で起業するほうが自分の才能を発揮できます。とくに、独創的なビジネスセンスを持っているので、まだ誰もやったことのない分野を開拓したり、最先端の画期的な仕事を行うと、成功しやすいでしょう。

海王星 *Neptune*

あなた自身は社会との関わりにはたいして重きをおきません。が、周囲や時代の流れに巻き込まれて、いつのまにか波乱万丈の人生になってしまうのがこのタイプ。イマジネーションが豊かなので、音楽や映像関係、美術、芸能などのクリエイティブな仕事に向いています。福祉関係など人をケアする仕事にも適性が。

冥王星 *Pluto*

闇の力を表す冥王星が第10ハウスにある人は、表舞台に出るより陰の実力者として裏から糸を引くタイプ。ナンバー2として実権を握らせたら、相当な影響力を持てるはずです。仕事面での洞察力も鋭く、トップからも厚い信頼を得ることに。政治、心理、研究、医療など冥王星を象徴する分野の仕事が適職。

第11ハウスの読み方

◆個人の力を超えるグループに参加するハウス

伝統的な占星術では、友情運を表す場所とされ、「友情のハウス」と言われてきたのが第11ハウス。でも、このハウスにはもう少し広い意味を加えて、「集合のハウス」と名づけるほうがふさわしいと思います。なぜなら、個人では成しえないことを、人との友情やグループ活動、ネットワーク作りなどを通じて実現していこうとする活動の場。それをこのハウスは指し示しているからです。

このハウスで分かること。それは、あなたがどのようにして、人と人とをつなぐネットワークに参加していくか、そして、その活動によって、切り開かれていく未来や夢の形についてなどです。

第11ハウスに入っている惑星は、あなたのネットワークを広げる手助けをしてくれます。その惑星の力をうまく使えれば、人と人との輪をつないで、自分にとって必要なネットワークを築き上げ、それを活用して、より充実した人生を歩んでいくことができます。けれども、せっかくの惑星の力を発揮できなければ、あなたのネットワークはどこか偏ったものになったり、人の輪を広げることに苦痛を感じたりするかもしれません。

さて、あなたは第11ハウスにある惑星のパワーを、十分活用しているかどうか、確かめてみましょう。

月 *the Moon*

この位置の月は、あなたに「人と気さくに親しくなれる力」を与えています。そのためあなたは新たなグループに加わることに物怖じしないはず。また、仲間内では母親のような役割を演じ、アットホームな雰囲気づくりに努めるでしょう。男性の場合は、女性のグループに加わっても見事に馴染み、そこで新たな自分の一面を発見することも。あなたにとって、友情に囲まれて暮らすことはとても大事。仲間といると、最上のリラックスを感じられるからです。けれど「親しき仲にも礼儀あり」という言葉を忘れてしまうと、あなたはグループの秩序を乱すワガママな駄々っ子になりがちです。

水星 *Mercury*

人とのネットワークを通じて知識や情報を吸収し、それを発信していく力。あなたはそういう能力に長けた人です。その力を十分に発揮すれば、ジャーナリズムの世界で活躍していくこともできるでしょう。ただ行き過ぎると、あなたにはグループにおける感情的な結びつきを軽視する傾向が出てきます。人と人とのつながりを単なる「情報ネットワーク」のように捉える傾向が出てくるかもしれません。そうなると、ゴシップ的な噂話をグループ内に振りまくトラブル・メーカーとなる心配が。人との結びつきを、自分にとって有益なものにするには、情緒的なつながりも重んじるようにして。

金星 *Venus*

この位置の金星は、あなたに協調性を与えてくれています。どんなグループにもすんなりと溶け込んで、そのグループの潤滑油的な働きを見せるようになる人です。共通性を持たないふたつのグループを、社交によって結び合わせ、広いネットワークを築いていくことも得意。あなた自身は、仲間との交流によって自分を洗練させ、より豊かな生活を享受できる可能性を広げていくようになるでしょう。ただ、協調性を強めすぎると、グループ内で自分の本音を口にすることができなくなり、うわべだけの付き合いが増えてしまうことも。深い交流を求めるなら、意見の相違を恐れないように。

太陽 *The Sun*

この位置に入った太陽は、あなたの輝きのありかが「広い世界との交流」にあることを示しています。自分と同じ夢や主張を持つ人との輪を広げ、その中心となることで、生きる充足感を得るでしょう。また、価値観の異なる人々と、たくさん交流をすることで、オリジナルな価値基準を作り上げていけるはずです。ただ、この太陽の力をうまく使えないと、融通の利かない大きな組織やグループに身を置くことを嫌って、個人主義に偏ることになります。自由な主張を受け入れてくれる柔軟性のあるコミュニティを探してください。そうすれば、グループに身を置くことの喜びが分かってきます。

火星 *Mars*

見知らぬグループに果敢に飛び込んでいく勇気を、火星から与えられたあなた。どんな集まりにも物怖じせずに参加していき、そこで活力を発揮することができるでしょう。また、自分だけでは到達できない目標があると、有志を募り、集団パワーで困難を突破しようとする力強さも持っています。ただ、ときに熱くなりすぎて、自分の属するグループの外側にいる人たちに無神経になってしまうことが。自分のグループの活動を、他人がどういう目で見ているか。それを冷静に見つめる視線を持ちましょう。そうすれば、他人の利益を脅かす形で、自分たちの目標を達成しようとする強引さは消えます。

木星 *Jupiter*

自分の属するグループの活動に力を入れることは、あなた自身の利益ばかりでなく、集団に利益をもたらすことになるはずです。そのため、あなたの働きは、集団や組織の中で高く評価されやすく、地域の顔として活躍するなどの可能性が開けてくるでしょう。ただ、そうなると、あなたは集団の「看板」として、自己を押し殺した活動を余儀なくされるかもしれません。いわば、スターダムにのし上がったために、プライベートが犠牲になるスターと同じようなものです。けれども、多くの人からの人望や、広い世界での活躍の機会を得ることは、あなたにとって決してマイナスではないはずです。

土星 *Saturn*

あなたは自分のネットワークを広げることに熱心ではないかもしれません。若いうちはとくに、心を開ける仲間が見つかりづらく、孤独を愛する傾向を強めがちです。けれども、何かキッカケさえあれば、あなたは自分も他人も信頼できる有益なコミュニティを作り上げて、そこでの活動に充足感を持てるようになるはずです。まずは自分がどんな仲間を欲しているのか、人とのつながりを通じて何ができるのか。それを考えてみるとよいでしょう。顔が広いことを自慢し合うためだけのネットワークに、無理して参加する必要はありません。目的意識を持った仲間と、じっくりつながることを目指して。

天王星 *Uranus*

同志を見つけ、共に活動することで、大きな変革を果たせるあなた。それはあなたが天王星から「古い価値や社会を打ち壊すパワー」を与えられているからです。現状への不満があるなら、同じ気持ちを持つ仲間を集めて。国籍や人種の違う相手と交流を持つことで、現状改革へのヒントを得られることも。

海王星 *Neptune*

あなたにとって仲間を持つことは、未来へのロマンを広げ、理想を追い求めるパワーにつながるはずです。不安や不満の募る毎日に、希望の光を与えてくれる。そういうネットワークを持つことが大切。また、匿名で参加したネット上のコミュニティで、隠れた才能を発揮することがあるかもしれません。

冥王星 *Pluto*

ネットワークの拡大を図ることが、運命の大きな変転をもたらすかも。たまたま出会った相手との縁を大事にしてください。その相手からつながっていった人間関係の中に、人生の大逆転をもたらすキー・パーソンが現れる場合が。グループでの活動も、あなたに心機一転のチャンスをもたらすでしょう。

第12ハウスの読み方

◆意識下に眠る無意識の作用するハウス

「自我のハウス」で始まった、ホロスコープを12分割しているハウスは「溶解のハウス」という名の第12ハウスで完成します。

このハウスは伝統的には「秘密のハウス」と呼ばれていました。1から11までのハウスで明らかにされてきた、その人の人生のどこにも位置づけられない秘密。あるいは障害。それを指し示す場所が、この第12ハウスだと考えられていたのです。

しかし、このハウスにも、もう少し深い意味を与えてみるほうがよいでしょう。心理学的に言えば、「集合的無意識」と呼ばれる、個人の意識の表面に上ってくるのが難しい潜在的な意識。それを指し示すのが、第12ハウスという場所なのです。

このハウスにある惑星は、他のハウスに位置する場合よりも意識しづらく、そのパワーが普段の生活で発揮されることは少ないかもしれません。しかし、この位置に入った惑星の力は、イマジネーションやインスピレーションなどを通じて、ふいに私たちの意識に上ってきます。そして、思わぬ気づきや悟り、魂の癒しをもたらしてくれるのです。

第12ハウスを読み解いていくことは、あなたの中に眠っている潜在意識を身近に感じる手助けとなるでしょう。

月 *the Moon*

あなたの潜在意識に眠っているのは、月が司る本能的欲求です。安全と保護を求める気持ち。母親の胎内に回帰したいと願う気持ち。そういうものが、あなたの無意識の領域に潜んでいるのです。この無意識の欲求は、ふとしたキッカケで意識に上ってくることがあります。情感豊かな異国の風景を目にしたときや、なんとも懐かしい気分をもたらす楽器の音色を耳にしたとき。心の奥から言葉にできない感情がグッと噴き出してきて、涙がとまらないといった状態に陥るかもしれません。その気持ちを文章や音楽で表現できれば、あなたは万人の心を打つ、素晴らしい芸術家となるでしょう。

水星 *Mercury*

神々のメッセンジャーであるヘルメースが支配する水星。この星のパワーが潜在意識に眠るあなたは、人々の共有している集合的無意識からのメッセージを、ハッとする「ひらめき」として得ることのできる人です。自分の抱える問題について、深く思索している時期に、そのひらめきはやってきます。それによって、どこを探しても答えが見つからなかった悩みを解消することができるでしょう。自分がどうやって、その答えを得たのか、あなたは人に説明できないかもしれません。なにせそれは無意識から立ち上ってきた答え。理論を積み上げることでは得られない不思議な「気づき」なのです。

金星 *Venus*

あなたは「愛情」や「美意識」といった金星の司る領域を、潜在意識に眠らせがちな人です。そのため、「愛とは何か」「美とはどのようなものか」といった哲学的な問いに囚われることがあり、普通の恋ができない自分、簡単なことでは感動できない自分に悩みがちかもしれません。確かにあなたは、お気軽な恋や娯楽だけでは満足できない人。けれども、その代わり、至上の愛や美を知る体験を一生のうちに必ず得るはずです。その体験を終えたあとのあなたは「地上のヴィーナス」となるでしょう。人々の魂を揺さぶる感動を、芸術、あるいは奉仕の世界で人に与えることになるからです。

太陽 *The Sun*

「多幸感」と呼んでもいいような不思議な幸福感。あなたはそれを体験しやすい人です。たとえば、踊ることや歌うことに夢中になっているとき。あるいは、誰かを心底、愛していると感じられたとき。自分を圧倒するような途方もない幸福感に突如、襲われて、「生きていてよかった！」という言葉が、無意識のうちに口をついて出るかもしれません。その感覚を忘れないようにして。そして、そのときの感覚を、自分の才能が活きる分野で再現しようと試みてください。世界中を感激させる作品、業績、演技などを生み出す源泉となるでしょう。実は成功者にも多い配置。

火星 *Mars*

あなたは潜在意識に、激しい火星のパワーを眠らせている人です。そのため、自分の怒りや攻撃力を意識的に使うことは苦手。熱くなるべきところで冷静に構えてしまうことがあるはずです。その代わり、唐突に意味もなくカッと燃える気持ちが湧いてくることがあり、その衝動に身を任せると、ケガや事故を引き起こすかもしれません。けれども、この火星はあなたに「ヒーロー的な資質」も与えてくれています。たとえば、川で溺れている子供を見かけた瞬間、無意識のうちに足が出て、驚異的な速さで救助してしまう、といったことが起こるかも。自分のピンチの回避にも役立つでしょう。

木星 *Jupiter*

拡大と発展を司る木星のパワーが、潜在意識の領域に眠るあなた。これはあなたが知らず知らずのうちに、人から救われたり、その逆に人を救うことになったりしやすい傾向を示します。これを意識するのは難しいかもしれません。あなたは無意識のうちに危機を回避する方向、人を救う方向に足を向けているからです。ただ、自分の力で幸せを得たという実感を持ちづらいあなた。そのため、自分の力にとても謙虚でしょう。でも、人生を振り返ってみれば、あのとき違う選択をしていたら不幸に陥っていたかも、と思うことは多いはず。自分は目に見えない守護神に守られているのだと考えて。

土星 *Saturn*

あなたは時々、わけもなくメランコリックな気分になる傾向を持つ人。それは潜在意識に沈んでいる土星からの影響です。土星は、人の持つ力の限界を教えようとするパワーを持つ星。たとえば、一日の終わりを感じさせる夕暮れどきや、別れの季節である春先。意識のうえに「限界」を感じさせるイマジネーションがあふれてくるのは、こういうとき。しかし、唐突に悲しい気持ちや無気力に襲われても、ジタバタしないで。意識の底のほうから湧き上がってくる重い気持ちに身を任せましょう。人生の持つ哀愁をかみしめる強さを持てば、あなたは深みを持つ素晴らしい哲学者となりえる人です。

天王星 *Uranus*

あなたの潜在意識に眠るのは、革命を求める気持ちです。その気持ちは、社会情勢が不安定になったときや、平凡な毎日に飽き飽きしてきたときに、発作的に立ち現れます。そして、あなたに社会や個人生活を変革するための行動を取らせるでしょう。大胆なイメージ・チェンジで、周囲を驚かせることも。

海王星 *Neptune*

陶酔感に浸ることが苦手なあなた。それは酔いをもたらす海王星が、潜在意識に埋もれていて、意識的に使いこなしづらいせい。けれどあなたは、予知夢や第六感を通して、未来を透かし見られる人。潜在意識に眠る海王星は、眠りの中で見る夢や直感を通して、あなたにメッセージを送ってくることが多いのです。

冥王星 *Pluto*

あなたには極めてサイキックな能力が隠されているかもしれません。潜在意識という無限の領域に落とし込まれた冥王星は、常識を覆すようなパワーとなって、あなたを突き動かそうとするからです。生命の危機におかれたときこそ、この力が爆発するとき。文字通り、あなたは「蘇り」の経験をするでしょう。

Chapter 4 アスペクトを知る

惑星は自分が入っている星座によってだけ、その働き方を変えるわけではありません。初心者のうちは、まずは徹底して惑星と星座の組み合わせだけでイメージを絞っていっていただきたいのですが、もちろん、これが占星術のすべてではないのです。

細かなルールはたくさんあるのですが、星座と惑星の関係の次に覚えておきたいのが「アスペクト」です。

十分に星座と惑星の関係のステップをマスターしたと思ったらアスペクトにも目を向けてください。

アスペクトとは何か

アスペクトとは日本語では「座相」などと呼ばれます。

これはホロスコープ上での惑星同士の、中心角の角度のこと。

ホロスコープの中心に分度器の中心を合わせて角度を測ってみましょう。全周はもちろん360度。ある惑星と惑星は互いになんらかの角度を形成しています。たとえば牡羊座0度の太陽と蟹座0度の土星は中心角90度となります。

この角度がある特定の意味あるものになったとき、ふたつの惑星は「アスペクトを形成する」とみなされます。アスペクトを形成した天体は、そのエネルギーをブレンドさせてパワーを発揮します。その意味ある角度は次ページの表にあげたもの。

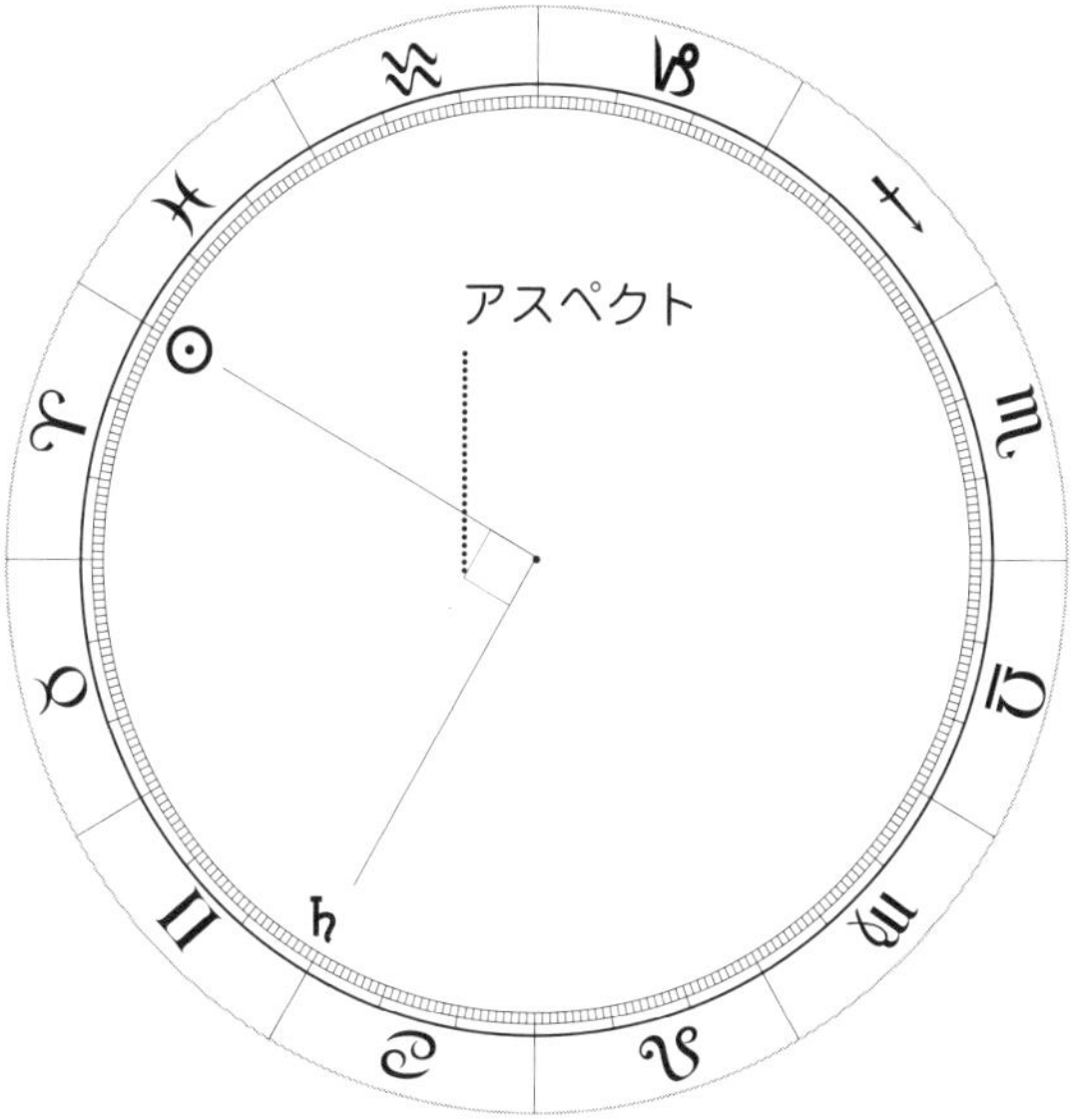

アスペクトは、ふたつの惑星が形成する意味のある角度をさします。
ここでいう「角度」とは、地球を中心とした内角のことです。

アスペクトの種類

1：メジャーアスペクト（第1種のアスペクト）

アスペクトの中でも代表的なものです。古代から用いられているアスペクトで、まずはこのメジャーアスペクトを拾い出しましょう。

マーク	角度	アスペクト名	特性
☌	0°	コンジャンクション	ふたつの惑星のエネルギーが互いに融合し、強めあう作用をもたらします。アスペクトのなかでも最も強力なもの。
⚹	60°	セクステル	120度（トライン）の半分の角度で、調和的なアスペクトに分類されます。ふたつの惑星の働きがスムーズに融合します。
□	90°	スクエア	180度（オポジション）の半分の角度で摩擦や葛藤を象徴します。しかし試練を乗り越えて大きな結果を出すことも。
△	120°	トライン	ふたつの惑星のエネルギーが調和的に働きあう角度です。それぞれの惑星のよさが引き出されあいます。
⚻	150°	インコンジャンクト	ふたつの惑星の働きがぎくしゃくとしながら複雑に葛藤しあいます。不調和アスペクトのひとつに分類されます。
☍	180°	オポジション	ふたつの惑星の働きがぶつかり合う角度。しかし、同時に出会いによって生まれる衝突という意味もあります。

古代からの占星術では、150度インコンジャンクトは含めていませんでしたが、現代占星術では重視されていますので、ここではインコンジャンクトもメジャーとして分類しておきます。オーブとしては0度、また太陽と月を含むアスペクトはそのほかのものでも大体7度くらいまで、90度、180度は6度くらいまで、120度、60度は5度くらいまで、150度は2度くらいまでとしておきましょう。

ソフトなアスペクト、ハードなアスペクト

アスペクトの種類によって、星の力をスムーズに働かせるものと、ぎしぎしときしませながら、しかし強力にブレンドするものがあります。前者をソフトな、後者をハードなアスペクトといいます。

ふたつの惑星がぴったりこの角度になることはめったにありませんから多少の誤差がみとめられています。この誤差をオーブといいます。

TIPS

オーブの許容範囲について

オーブは厳密なものではなく、占星術家によって意見が異なりますが、本書では以下のようなルールにしておきます。

（惑星の角度）　（オーブ）

● 60度、120度＝5度ぐらいまで
● 0度、90度、180度＝6度ぐらいまで
● 150度＝2度ぐらいまで
●マイナーアスペクト＝1度半～2度まで
●太陽と月を含む場合＝7度

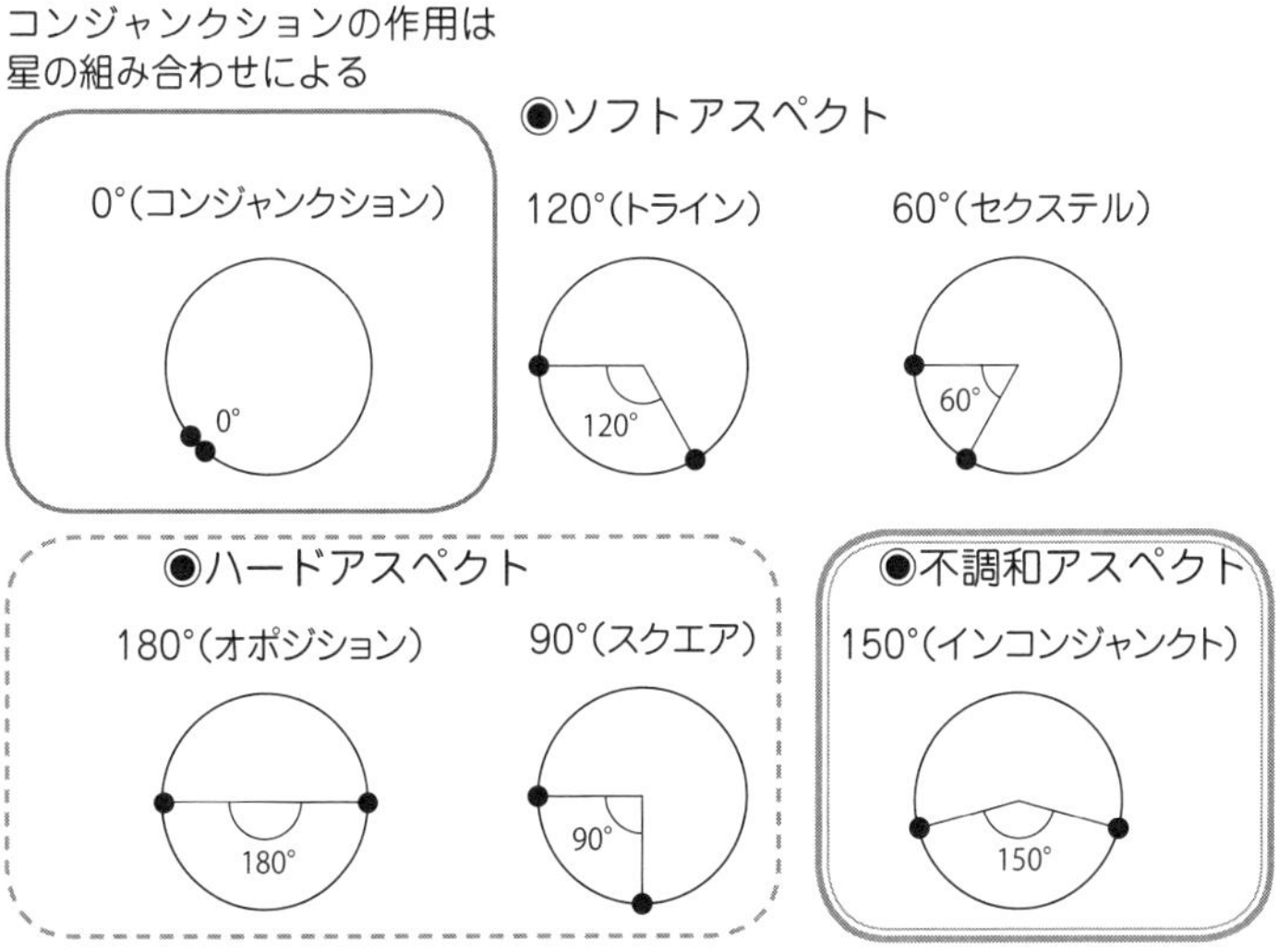

コンジャンクションの作用は星の組み合わせによる

0°（コンジャンクション）
0°

◉ソフトアスペクト

120°（トライン）
120°

60°（セクステル）
60°

◉ハードアスペクト

180°（オポジション）
180°

90°（スクエア）
90°

◉不調和アスペクト

150°（インコンジャンクト）
150°

アスペクトの種類

II：マイナーアスペクト（第2種のアスペクト）

近世の占星術においては、よりマイナーなアスペクトも採用されるようになりました。上記のメジャーアスペクトでも通常の解釈においては十分ですが、のちに紹介するプログレッションなど未来予測の場合にマイナーなアスペクトが重要になることがあります。しかし、まずは先述のメジャーアスペクトの扱いを十分に習熟することが大事です（この中では45度、135度の正確なアスペクトはときに明瞭な表れをすることがありますので、もしできればこれはチェックを）。これらのアスペクトのオーブはせいぜい1度半と考えていいでしょう。

マーク	角度	アスペクト名	特性
⊻	30°	セミ・セクステル	60度（セクステル）の半分で弱い調和アスペクトのひとつです。ふたつの惑星の働きが、互いにスムーズに融合します。
∠	45°	セミ・スクエア	90度（スクエア）の半分で弱い不調和アスペクトのひとつです。ふたつの惑星の働きが摩擦しつつ働き合います。
Q	72°	クインタイル	360度のホロスコープを五等分したときにできるアスペクトです。創造性とかかわるとされています。
⚼	135°	セスキクォードレート	90度（スクエア）に45度（セミスクエア）足してできるアスペクト。ホロスコープの8分の3ないし7に相当する角度と考えてもいいでしょう。弱い不調和アスペクトで、セミスクエアと意味は同じです。
±	144°	バイクインタイル	72度（クインタイル）を2倍した時にできるアスペクト。意味はクインタイルと同じです。

アスペクトの種類

Ⅲそのほかのよりマイナーなアスペクト

ヘレニズムの時代には、アスペクトは大まかに星座から星座へとカウントされていました。しかし、16世紀の天文学者、占星術師ケプラーは占星術を「改革」し、アスペクトをホロスコープの中心角を整数で割ったものとして整理して考えるようになりました。そこから古代にはなかったアスペクトがより多く用いられるようになったのです。

ホロスコープを7で割った時の51度25分43秒（セプタイル）や9で割った40度（ノヴァイル）、また18度（ヴィジンタイル）、クインデチレ（24度または165度）などなどがそれにあたります。

しかしこうした超マイナーなアスペクトを使うのは、よほど占星術に習熟してからでよいと思います。こうした細かなアスペクトは、20世紀に発達した占星術の特殊な技法である「ハーモニクス」で扱うものとして、のちのちの課題として楽しみにとっておきましょう。

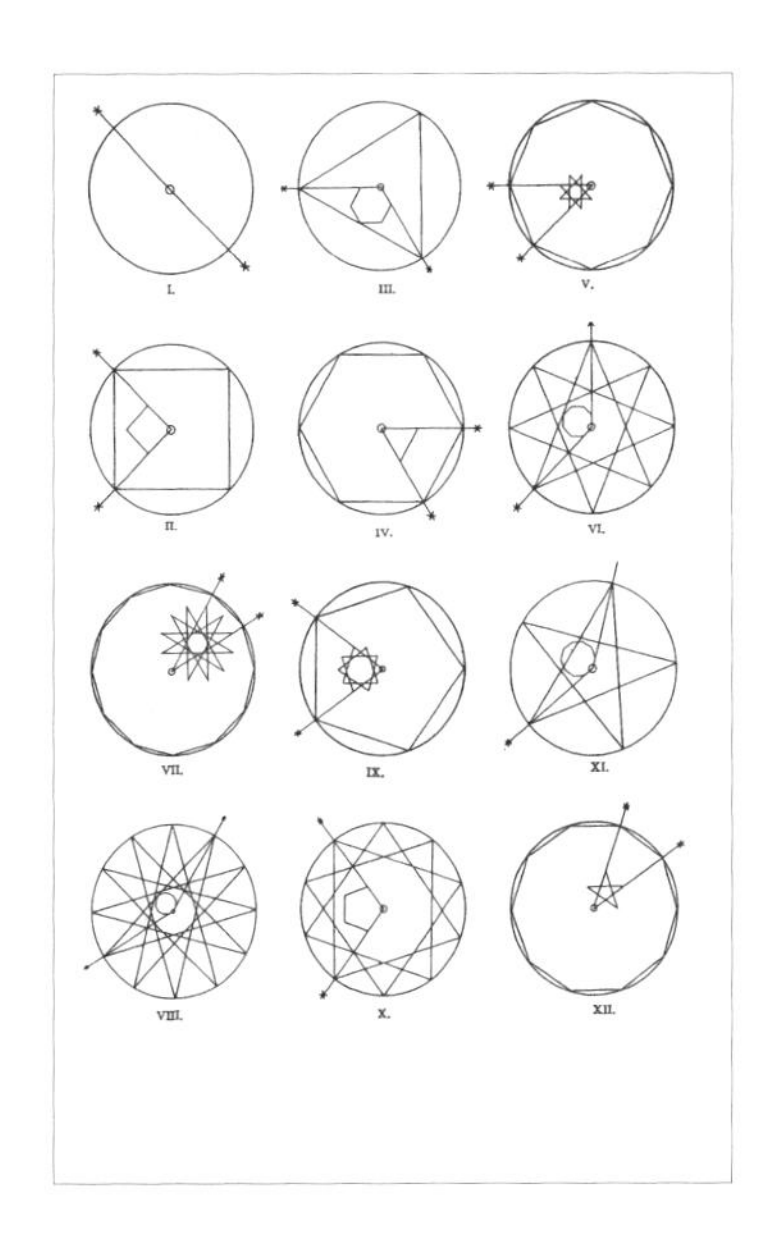

ケプラーの考案した
アスペクトの図

アスペクトの見方

アスペクトには、語源的にいうと「見る」という意味がありました。惑星たちはホロスコープという舞台の上で、互いに視線を投げかけ合って、さまざまなコミュニケーションをしているというイメージがあったのでしょう。

そのときの視線には、好意的な親しみを込めたものもあれば、緊張感をはらんで睨んだ目線もあるでしょう。あるいは「眼中にない」「無意識的に無視する」というような視線もあるかもしれません。好意的な視線は120度や60度といった「ソフト」なアスペクトであり、睨みの視線は90度や180度といった「ハード」なアスペクトだということになります。

占星術家はアスペクトをとっている惑星やポイントをホロスコープの上で線で結んでいきます。初心者の方におすすめしたいのは、ソフトアスペクトを暖かな赤、ハードなアスペクトを冷たい青のペンで色分けして、線で結んでゆくということ。

学習が進んでいけば、こうしてできあがったアスペクト模様にえもいわれぬときめきを感じるようになるでしょう。こうなれば、あなたも一人前の占星術家の仲間入り、ということになりますね。ただ、その段階になるためにはちょっとだけ、経験を積む必要があります。

これまでは、惑星+星座（サイン）、惑星+ハウスというような単純な組み合わせでしたが、アスペクトとなると、一気に複雑さが増します。またひとつの星が同時にいくつもの星とアスペクトをとることも少なくありません。また、その惑星が入っている星座やハウスの意味を考えていくことも必要で、急に判断するためのファクターが増えてしまうのです。だからこそ、その解釈は面白いのですが、これを一気にやろうとすると、混乱してしまうだけでしょう。
まず、ここでは僕がやってきたような、アスペクトの解釈の方法の手順をご紹介していきましょう。

アスペクトは星の力の通り道

まず第一に持っておいていただきたいイメージは、「アスペクトは星の力の通り道である」というものです。これは日本におけるある占星術の先駆者が使われたたとえですが、この表現はまさにぴったりだと僕も感じています。

ホロスコープの主役は星座ではなく、あくまでも惑星であることは既にお話ししました。惑星は文法で言えば動詞です。心理学的にいえば自分の心の中のさまざまなダイナミックな衝動の源の象徴です。

エネルギーの源は誰の中にもあるのですが、そのエネルギーがホロスコープの中でダイナミックに動き出し、あなた自身の意識や運命というかたちで具体的に働き出すためには、そのエネルギーが流れる「通路」がアスペクトなのです。

アスペクトを受ける天体はそのエネルギーがはっきりと意識されたり、実際の出来事として現れやすくなるということ。そしてその具体的な内容はアスペクトするもう一方の惑星のエネルギーとのマリアージュで変わってきます。

もう少し具体的に言いましょう。

たとえばある人のホロスコープの金星が第7ハウスにあったとしましょう。これはあなたが人間関係（第7ハウス）において素敵な経験や楽しい思い（金星）ができることを示します。しかし、金星がそこにあるだけでは、潜在的な可能性があるということだけで、実際に起こる具体的な心理や現象を推測することは難しいのです。

しかし、ここにアスペクトが加わるとどうでしょう。この金星のエネルギーが俄然、明瞭なかたちであなたの人生に流れ込み、意識化されるようになるのです。

たとえば、この金星に情熱の火星がソフトなかたちでアスペクトをとっていれば、金星は火星のもつ情熱で燃え上がり、この人は人間関係、とくに恋のシーンで活発に動きまわり、エキサイティングな恋の冒険を楽しむことができるようになる、あるいは少なくともそうしたことを望み、その方向で積極的に動けるであろうことが想像できます。

一方、堅実な土星がアスペクトしていると（とくにハードなアスペクト）、楽しい社交や楽しい人間関係を求める気持ちが大きくセーブされ、もしかしたら自分が人間関係の中で受け入れられないと感じたり、恋愛にたいして苦手意識やコンプレックスをもつことも出てくるかもしれません。

つまり、アスペクトはある意味でホロスコープ解釈の最重要なキーとなるのです。

個人のホロスコープの場合、個人的惑星を外惑星が色づける

占星術で用いる惑星は、それぞれが固有のスピードで公転しています。

動きの速いものもあれば、動きがゆっくりしていて長大なサイクルをもつものもあるのです。

具体的には、月、太陽、水星、金星、火星は比較的動きが速く、木星以遠の天体は動きが遅いのです。

動きの速い月、太陽、水星、金星、火星は占星術ではしばしば「個人的惑星」（パーソナルプラネ

ット）と呼ばれます。たとえ誕生日が近くても、1日でも違えばその位置は変わってきて、ホロスコープの上ではその人固有の特徴を示すものとなるからです。

一方、**木星以遠の天体は「外惑星」「大惑星」と呼ばれ、世代的な特徴を示すともされます。**1日、2日ぐらいの違いではその位置はあまり変わらないからです。後で見るように、長いスパンにおける社会的事項や時代の雰囲気を分析する占星術（専門用語ではマンデン占星術）では大惑星同士のアスペクトが重要ですが、個人のホロスコープを見る場合にはやはり個人的惑星を主体として考えるといいでしょう。

個人的惑星はその人の日常的なパーソナリティや心の動きに深くかかわっていますから、個人的な惑星にたいしての大惑星のアスペクトがあった場合には個人的惑星の衝動を、大惑星が色づけるというふうに解釈します。金星が土星とアスペクトするとその人の愛情はシリアスで現実的に、海王星とアスペクトするとロマンティックで夢想的になる、といった具合です。個人的惑星同士のアスペクトならば、相手を主体として考えてOKです。

アスペクト解釈の手順

アスペクト解釈ではまず、星の組み合わせの意味を考えましょう

アスペクトを解釈するときには、まず、アスペクトする星と星の意味を考えましょう。ソフト、ハードといったアスペクトの種類はちょっと脇においておきます。

0度、ソフト、ハード、どの惑星の組み合わせにおいても、「星と星のエネルギーに通路が開かれ、その意味がブレンドされる」という点では同じだからです。その基本的な意味は変わりません。た

だ、アスペクトの種類によってそのエネルギーのブレンドのされ方がスムーズに結びつくか、あるいは緊張を孕むか、ということの違いです。

ドレッシングを作るときのことをイメージしてみてください。オイルとビネガーを混ぜ合わせると、スムーズに乳化するときと、反発し合って分離してしまうときがありますよね。ソフトとハードのアスペクトの違いはそんな感じです。大体において、ゆっくり少しずつふたつの液体を混ぜてゆけばスムーズに乳化が起こります。が、一気にたくさんのオイルとビネガーを入れると、結構大変。これがソフトとハードアスペクトの差です。ただし、ハードアスペクトはそれだけ強力に働きます。ドレッシングなら一気に大量にできるでしょう? また、量が多いとビネガーとオイルをなじませるのは大変になるものの、そのときにできるドレッシングの基本的な味わいは、材料が一緒なら量にかかわらず基本的には同じになる、というわけです。最も大切なのは原材料、占星術ではアスペクトを作るふたつの惑星の性質です。

ここでも具体的に考えましょう。ともに女性的な意味をもった金星と月の組み合わせは、たとえ180度といったハードなアスペクトを組んでもどちらかといえば穏やかなものとなります。でも、火星と天王星といった、ともに爆発的なエネルギーをもった天体の組み合わせなら、いかにソフトなアスペクトといってもその作用は激烈で、その人にパワフルで衝動的な性格や行動パターンを与えることになるはずなのです。

アスペクトの優先順位

アスペクト解釈で初心者が一番困ることは、「一体、どのアスペクトが重要なの?」ということです。

長年占星術をやっていますが、アスペクトがまったくないとか、ひとつしか出来ていない、などというホロスコープは見たことがありません。

普通は少なく見積もっても十数個のアスペクトがひとつのホロスコープに現れるものです。しかも、一見、お互いに正反対の意味をもつアスペクトが同じホロスコープにある場合も多く、初心者の混乱のもと。多くの占星術学習者がつまずいてドロップアウトしてしまうのは、このアスペクト解釈の段階だというのもうなずけます。

占星術は科学ではなく、一種の詩的なアートでもありますから、俳句や生花と同じように「こうすれば絶対にうまくいく」というゴールデンルールは残念ながら存在しません。実際には楽しみながら経験を積んでいくほかないのですが、ここでは大まかに当てはまるポイントをご紹介しましょう。以下、重要性の高いものです。

①太陽、月、アセンダント（ASC）、MCにたいしてのアスペクト

本人のパーソナリティを大きく構成する上のポイントにたいしてのアスペクトはきわめて重要です。オーブが多少緩くても（5度から7度くらいの誤差があったとしても）その惑星は人生の中で大きな存在感を示すことになります。

②正確なアスペクト

誤差が1度以内の正確なアスペクトは見逃すことができません。それが太陽、月、ASC、MCならもちろん、水星、金星、火星などにたいしてなら、はっきりした特徴として現れるはずです。

土星、天王星、海王星、冥王星といった動きの遅い星同士のアスペクトの場合には、1度以内の正確なアスペクトがあれば、その世代を代表するようなはっきりとした特徴を示すことがあります。

とくに動きの遅い惑星同士の角度が太陽や月、ASCやMCと同時にアスペクトしていれば注目してください。

③コンジャンクションとハードアスペクト

同じオーブのアスペクトであっても、アスペクトの種類でその働きの強さが違います。

最もパワフルなのは0度、ついで180度、90度です。複数のアスペクトが重なっている場合、120度や60度はオーブ3度以内のような正確なアスペクト以外のときには、解釈は後回しにして良いと思います。

④たくさんのアスペクトを受けている惑星

通常、ひとつの惑星はアスペクトをひとつかふたつもっているのが普通です。しかし、ときには3つ、4つ、あるいはそれ以上とアスペクトをとっている惑星は強力な力を発揮します。

⑤アスペクトをとらない惑星

これはじつはとても重要。200ページ以下で解説します。

特殊なアスペクトのパターン

アスペクトパターン

アスペクトはふたつの星同士で形成されるものばかりとは限りません。

3つ、あるいは4つ以上のアスペクトが相互にできて、ホロスコープ上のアスペクトラインが特殊なかたちを見せることもあります。

このような特殊なアスペクトパターンがある人の場合には、それ自体に意味が出てきます。

主なアスペクトパターンには以下のようなものがあります。

①グランド・コンジャンクション

3つ以上の惑星が狭い範囲に接近し、互いに0度のアスペクト（コンジャンクション）を形成するケースです。両はじの天体同士がオーブから外れていても、コンジャンクションと考えていいでしょう。ステリウムともいいます。

いくつもの惑星の意味が重なり響きあうので解釈が難しくなりますが、まずはそのコンジャンクションがある星座、ハウスの意味がきわめて強調されると考えましょう。そしてそれぞれの星の意味を順次つなげていきます。

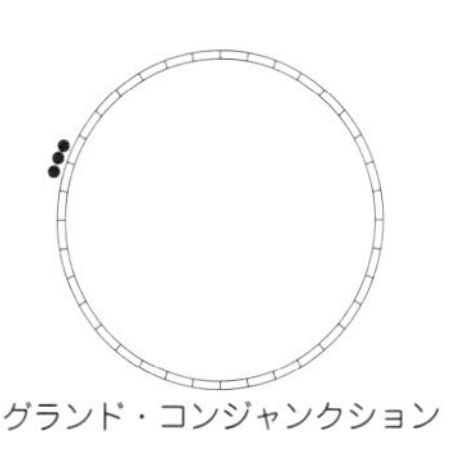

グランド・コンジャンクション

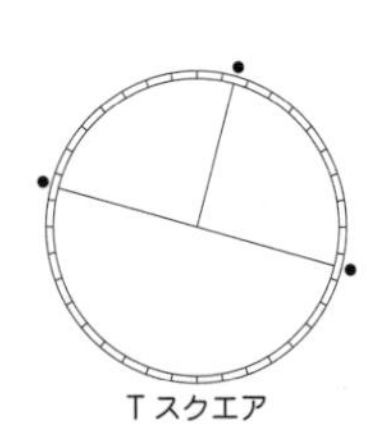

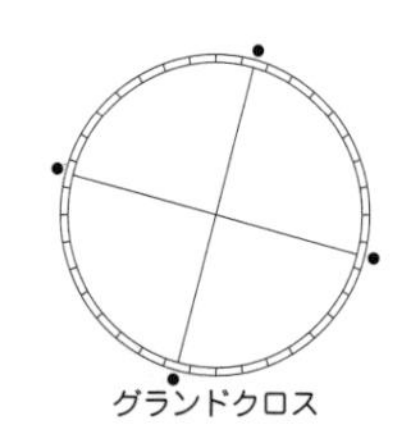

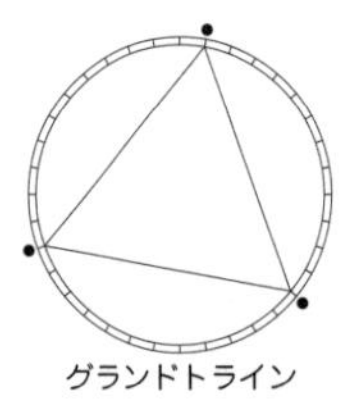

②Tスクエア

180度のアスペクトをもつふたつの惑星のちょうど真ん中あたりにもうひとつ惑星があって、両はしの惑星に90度のアスペクトを形成するケース。

180度のアスペクトひとつと90度のアスペクトふたつからなる、ハードなアスペクトパターンです。

困難や試練が多いともされますが、同時にそのハードルを乗り越えようとする力も強く、結果的に大きなことを成し遂げることも多いパターン。

キーになるのは真ん中にある天体です。

③グランドクロス

ふたつの180度、4つの90度が組み合わさって4つの惑星が十字架を形成するパターンです。

かつては「十字架を背負うような苦しい人生」などとも言われましたが、実は大変なエネルギーの持ち主で、自分の中の葛藤を創造性に変えていくこともできる人でしょう。

④グランドトライン

3つの惑星がそれぞれ120度のソフトアスペクトを組んで、ホロスコープの上で正三角を作るパターンです。

かつては幸運のしるしとされてきました。惑星の力がスムーズに働くために確かに平穏な人

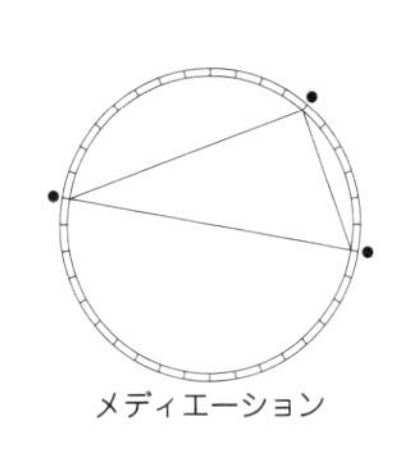

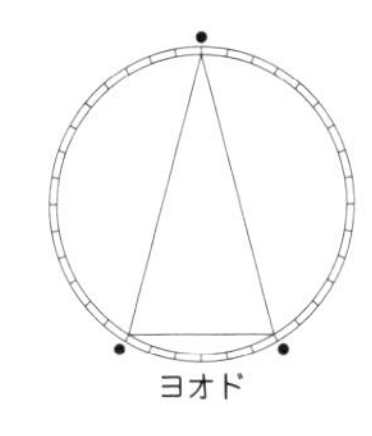

生になることも多いのですが、一方では打たれ弱く、生きる気迫に欠けるなどといったことも出てくることがあります。

⑤メディエーション（調停）

アスペクトの中でも緊張度の高いのが180度。その180度を60度と120度のソフトなかたちで中和するのがこのかたちです。

60度、120度を形成する惑星が緊張を和らげる方法のヒントとなるでしょう。

⑥ヨオド

これはとても重視されているパターンです。150度のアスペクトがふたつ重なり、Yのような形を形成する場合。60度のアスペクトがひとつ、150度のアスペクトがふたつでできます。

「神の指」という別名を持ち、何か宿命的なことを指すアスペクトとされています。

心理学的に言えば、とくにYの軸にあたる真ん中の惑星の意味を本人が意識しにくく、無意識的にその力が暴走したり強く発揮されることがあります。オランダの占星術家カレン・ハマカー＝ゾンダグは、このアスペクトはのちに述べる、アスペクトをもたない天体と同じような働きをするとも考えています。

ノーアスペクトの惑星

ときおり、アスペクトをとらない惑星がホロスコープの中に出てきます。

アスペクトが「星の力の通路」であるという定義を採用するとすると、このアスペクトをとらない星はホロスコープの中では無視していいのでしょうか？

いえ、じつはその反対です。アスペクトをとらない惑星を英語では unaspected planet といい、日本ではよく「ノーアスペクト」の惑星と呼びますが、これはホロスコープ解釈のひとつのキーとなることも多いのです。

アスペクトがあると、その惑星のエネルギーの回路が開かれます。いわば、その惑星の力を引き出す通路が曲がりなりにも出来て、どんな方向に動いていくかが見えやすいのですね。

しかし、アスペクトがないと、そのエネルギーが純粋なまま蓄積されてしまいます。そしてときおり、決壊して無軌道に放出されたりする、というかんじなのです。

具体的には自分では意識しないままに、その惑星の意味合いが行動化されてしまうということが出てくるのです。あたかも自分ではおとなしくしている子どもが実際には教室で動き回っている、というかんじでしょうか。

ただ、これがけっして悪いというわけではありません。その惑星がほかの惑星とブレンドされないまま、純粋なかたちで表現され、また尽きることなく力を発揮するので外から見てわかる才能や傑出した行動パターンという形で発揮されることも多いのです。

ただし、マイナーなアスペクトや星の数を増やすとこのノーアスペクトの惑星は出現しなくなりますから、僕の場合は原則、以下のような定義をしています。

◆ここでいうアスペクトとは0度、60度、120度、90度、180度の5種類（150度はアスペクトしていてもカウントしない。そのほかのマイナーなアスペクトはもちろんカウントしない）。

◆アセンダント、MCはアスペクトしていてもカウントしない。アセンダントやMCは重要だが、それ自体が惑星ではないため。

たとえば、太陽がノーアスペクトであれば、本人の自己実現への欲求を本人が意識しにくく、自分としては控えめに生きているつもりでも、無意識的に自分をアピールしたりしていることがある、などです。

ノーアスペクトの惑星はその力を発揮するための典型的なモデルを見つけることが難しいために本人としては、どこか不安を抱えることが多いのですが、逆を言えばどこまでいっても「上がり」がなく、つねに新しいチャレンジができる人だとも言えるでしょう。

自分でアスペクトを探してみよう

ホロスコープ作成のサイトやアプリを使えば、惑星間の意味のある角度（アスペクト）も自動で計算してくれます。アスペクトのオーブ（誤差の許容度）はサイトやアプリによって設定が異なりますが、専門的なソフトであれば自分でカスタマイズできるものもあります。そして、Astrodienstのようにマイナーアスペクトまで正確に表示してくれるものもあり、非常に便利になりました。

しかし、便利すぎるのも考えもので、占星術を本格的に学習していこうとすると、少なくとも主要なメジャーアスペクトだけは、目視ですぐに見つけられるようになると格段に進歩具合や面白さが変わってきます。

コンピュータやモバイルを使った場合でもあえてアスペクトラインを表示させずに、自分でアスペクトを探していく練習をしてみましょう。

といってもやり方は簡単です。

思い出してください。メジャーアスペクトは0度、60度、90度、120度、180度の5種類、プラス150度の計6種類です。そして、これらのアスペクトはすべて30度の倍数となっていることにお気づきでしょうか。

そして、一つの星座の大きさは30度です。

ということは、それぞれの惑星の位置をみて、互いの度数の数字が数度以内にあって近ければ30度の倍数のアスペクトをとっている可能性が極めて高い、ということになるわけです。

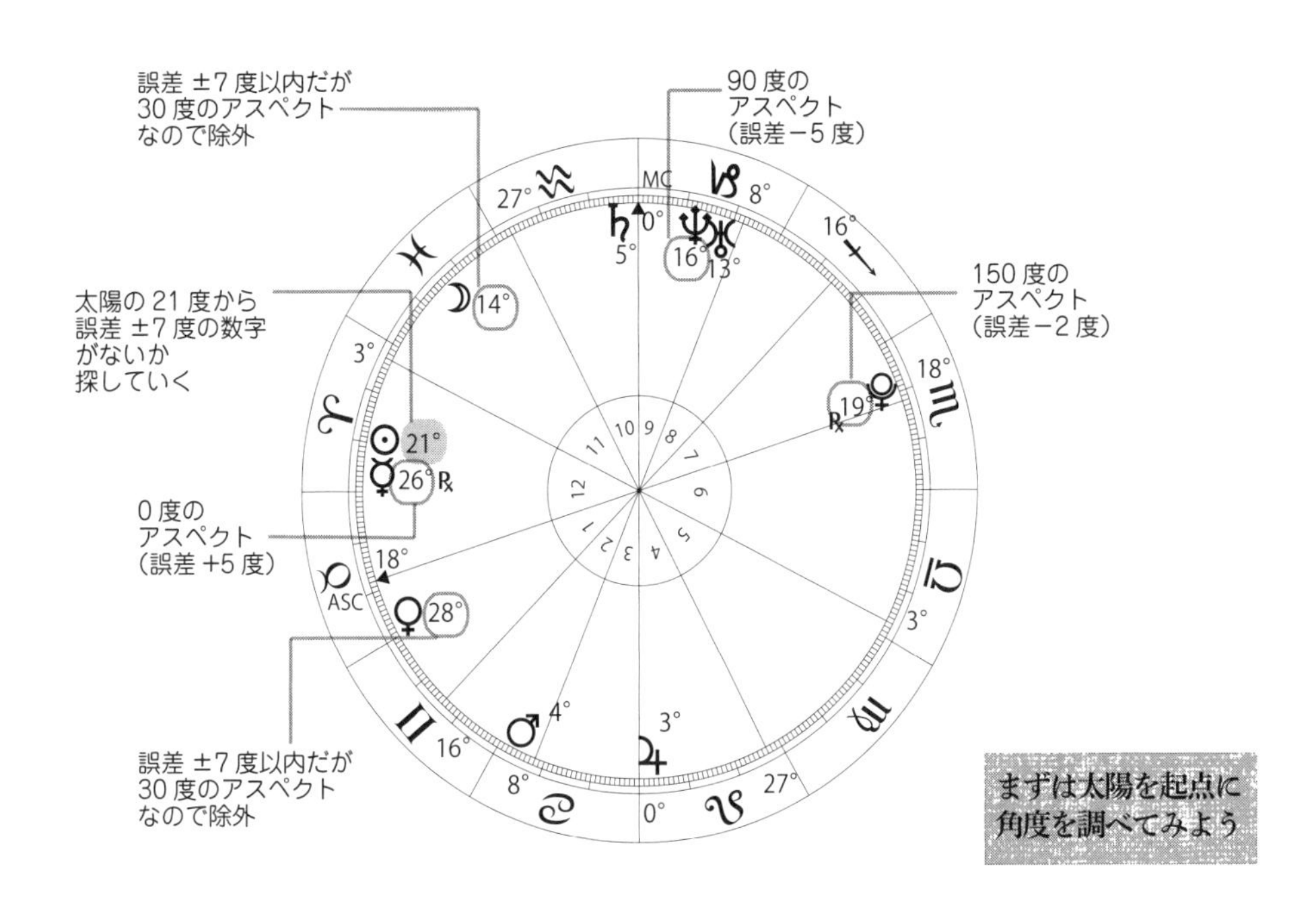

最初はプラスマイナス5度を目安に考えましょう。ただし、影響力の強い惑星である太陽、月の場合にはプラスマイナス7度くらいまでオーブ（許容誤差）を広げて考えます（186ページの定義とは少し異なりますが、ここでは練習のため簡易化しています。いずれにせよオーブは狭いほうが強力です）。150度のアスペクトは5度では広いので2度としましょう。

月美さんの例（23〜27ページ参照）で見てみましょう。太陽から順番に見ていきます。太陽ですから、オーブは5度よりも広げて、7度までOKとみなしましょう。

太陽は牡羊座21度。すぐそばの水星は牡羊座26度です。21度と26度は数字がかなり近いですね。同じ星座で、5度の開きしかありませんから、これは0度、コンジャンクションのアスペクトをとっているとみなすことができます。

さらに太陽から、ホロスコープを左回りに目線を動かして惑星の度数を見ていきましょう。

金星は28度です。オーブを7度と考えると、ギリギリ、太陽と近い度数ということになります。ですが、太陽と金星は隣の星座。アスペクトとしては30度となります。30度はマイナーアスペクトですから、ここでは考慮外。アスペクトとはみなしません。さらに目線を動かすと火星は4度、木星は3度、となりかなり太陽の度数からは離れています。これらの惑星たちは太陽との主要なアスペクトはとっていないのです。

そして次の冥王星です。冥王星は蠍座19度。太陽の21度からは数字では2度しか離れていません。ですから、太陽とはアスペクトをとっている可能性が大。牡羊座と蠍座は150度の関係にありますから、太陽と冥王星は150度、つまりインコンジャンクトのアスペクトをとる可能性があります。これが90度や120度のアスペクトなら、誤差が2度ですから十分にオーブ内にあり、アスペクトをとっているとみなせますが、ここは150度。150度の場合にはオーブをかなり狭く2度以内として考えるのが普通。したがって、アスペクトを形成しているとみなします。

さらに目でほかの惑星を追って、天王星は13度ですから範囲外。海王星は16度で太陽とは5度以内の範囲にあります。牡羊座と山羊座は90度の関係にある星座ですから、太陽と海王星は90度、スクエアのアスペクトをとっているわけです。

土星は5度で範囲外の数字ですからアスペクトは形成しません。最後の月は数字の上では7度の誤差ですが、隣の星座なのでアスペクトとしてはマイナーな30度、ここでは考慮外です。

太陽を調べ終わったら、同じ要領で、月から見た他の惑星との角度、水星から見た他の惑星との角度、と順繰りに調べて行けば良いのです。

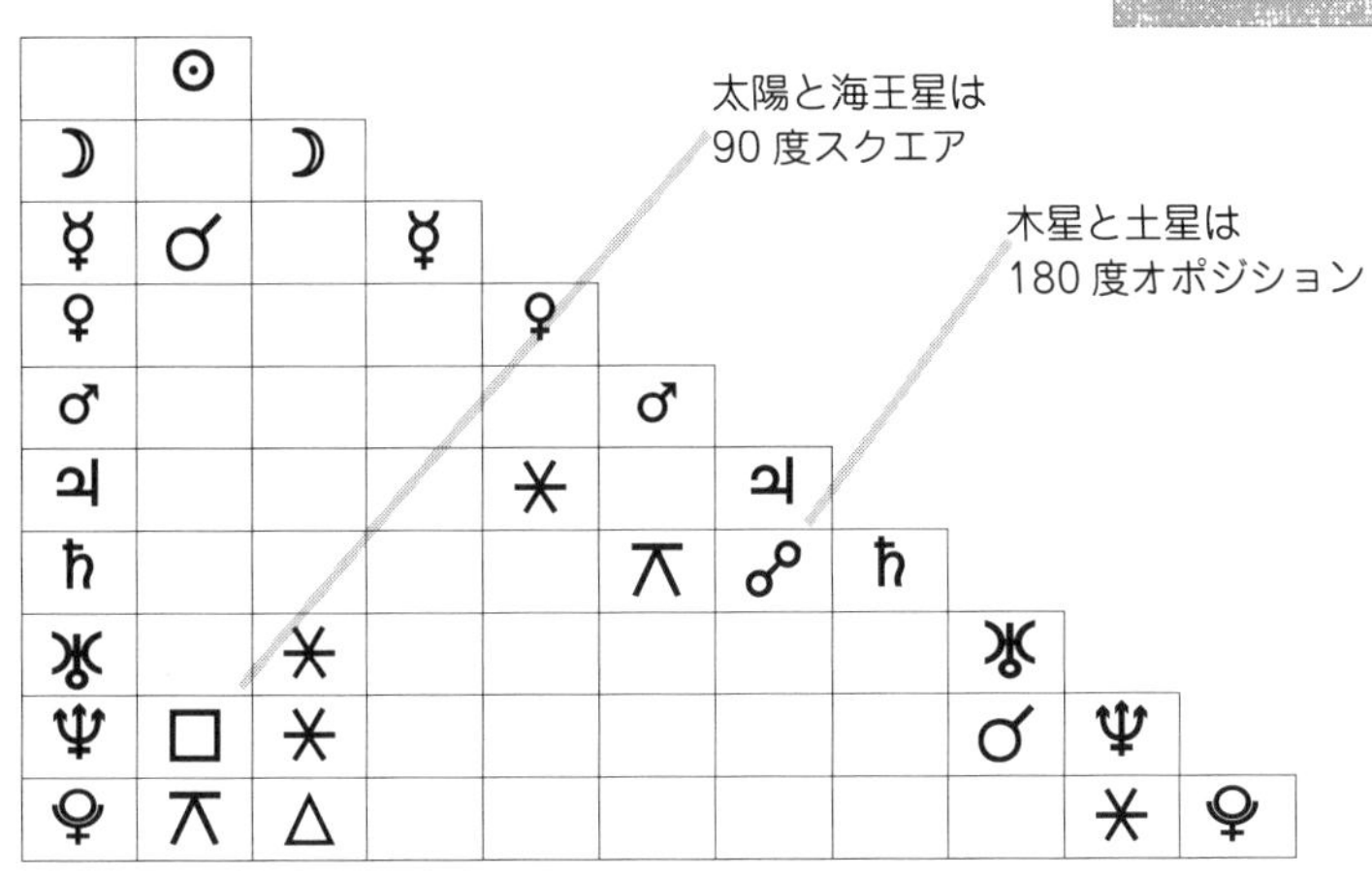

アスペクトグリッドに描き入れてみよう

ここで見落としがないように、すべての惑星の組み合わせを網羅した「アスペクトグリッド」を利用すると便利です。30～31ページのブランクチャート左側下段のマスに記入してください。

太陽と月、太陽と水星、太陽と金星……とマスを埋める要領で見直しをしていけば良いのです。そしてアスペクトが見つかったら、該当する欄にアスペクトの数字あるいは記号（186、188ページ参照）を入れていきましょう。

注意すべきは太陽と月の場合、少しオーブを広げて考えるべきだということ、そして隣りあった星座はアスペクトはとらないということ、さらに150度の関係にある星座の場合にはオーブをどの場合でも2度以内と狭めて考えるということです。

慣れてくるとホロスコープの上に目を泳がせるだけで、アスペクトをさっと拾えるようになります。実際には引かれていないアスペクトラインが心の目で浮かび上がって見えるようになってくればしめたものです。

特定の意味を持つ角度にある惑星を線で結び、線上にアスペクトの記号を描き入れる

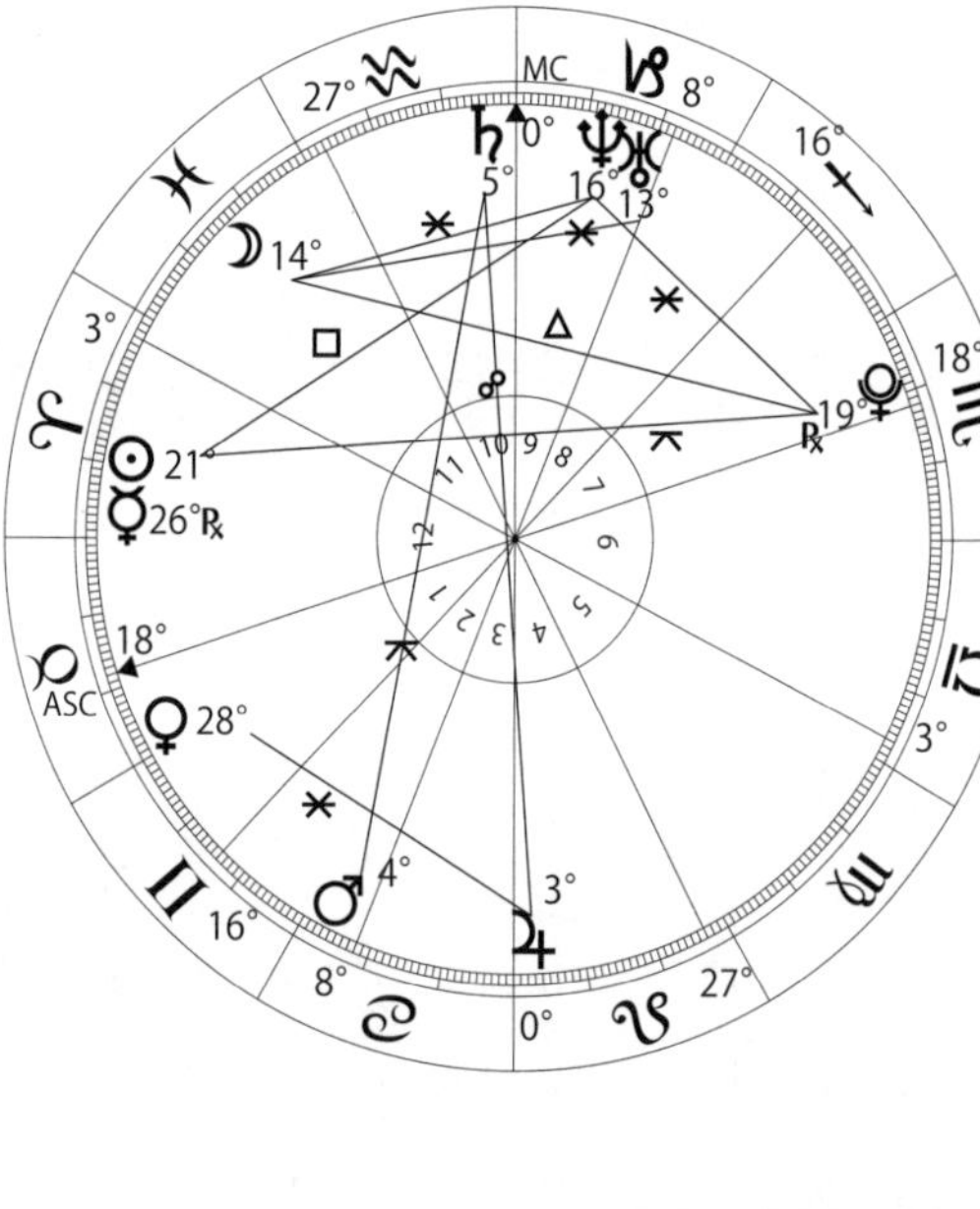

アスペクトラインを引いてみよう

次はグリッドを見ながら、ホロスコープチャート内にアスペクトラインを引いてみましょう。

たとえば、木星と土星とは180度オポジションの位置にあります。そして、太陽と海王星は90度でスクエアです。このように特定の意味を持つ角度にある惑星を線で結び、線上にアスペクトの記号を描き入れていきます。

天王星と海王星、太陽と水星は0度（コンジャンクション）です。これは線などは引かずそのままにしておきます。

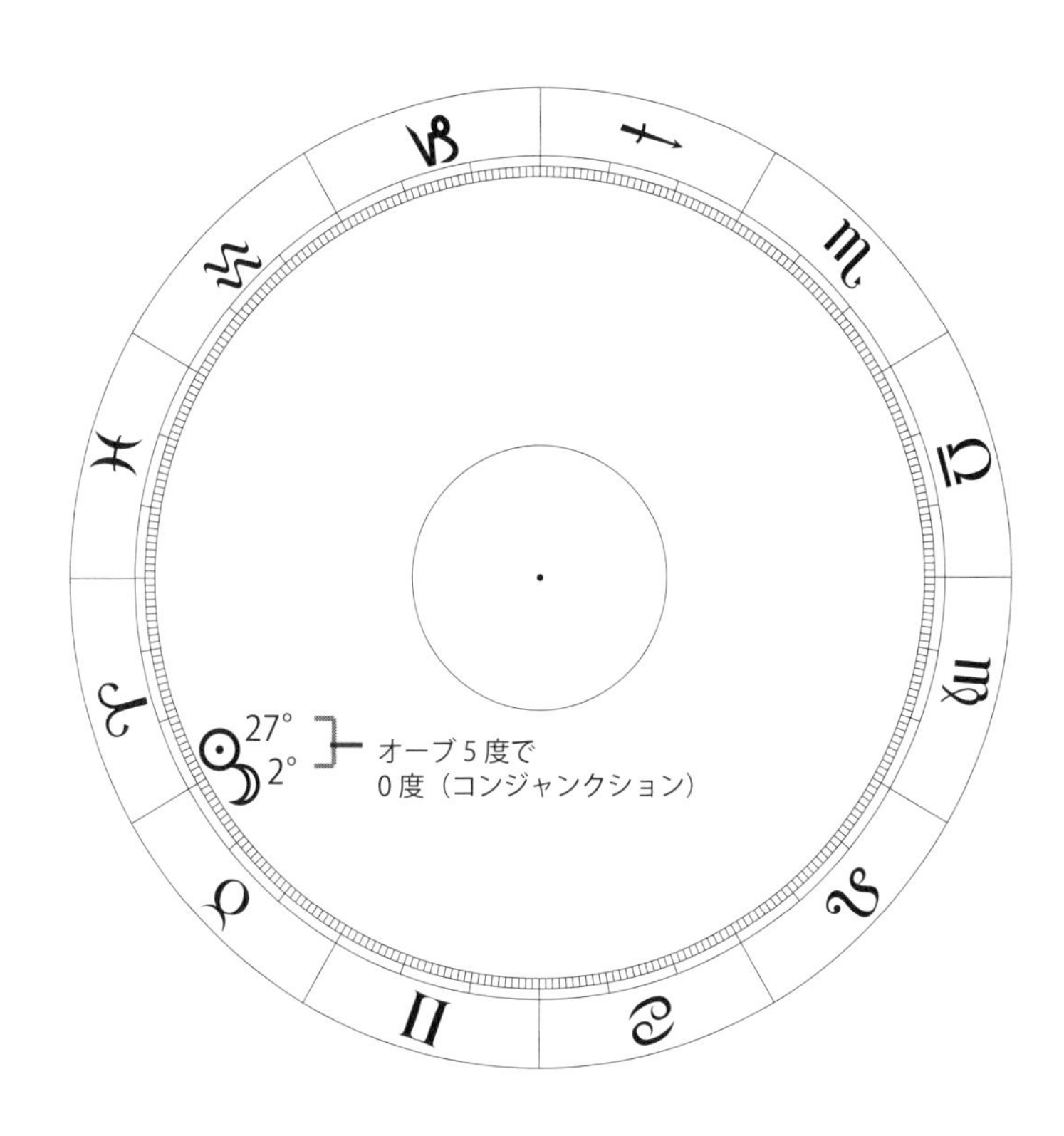

サイン外アスペクトに注意

ホロスコープ上の惑星の度数だけでアスペクトを探すとき、注意しなければならないのが「サイン外アスペクト」（アウト・オブ・サイン）アスペクトの有無です。

原則としてアスペクトは0度（コンジャンクション）なら同じ星座の中、180度（オポジション）なら正反対の星座同士、90度（スクエア）なら4つ離れた星座に惑星があるときに形成されます。だからこそ、30度の倍数のアスペクトの場合には、ホロスコープ上の惑星の度数の数値が近いとアスペクトが形成されている可能性が高いと目星をつけることができるわけですね。

しかし、ときおり、星座（サイン）をまたいでアスペクトが形成されることがあります。例えば牡羊座27度の太陽と牡牛座2度の月を考えてみましょう。角度の数値だけをみると27と2ですから大きく離れていてアスペクトを作っているようには見えません。

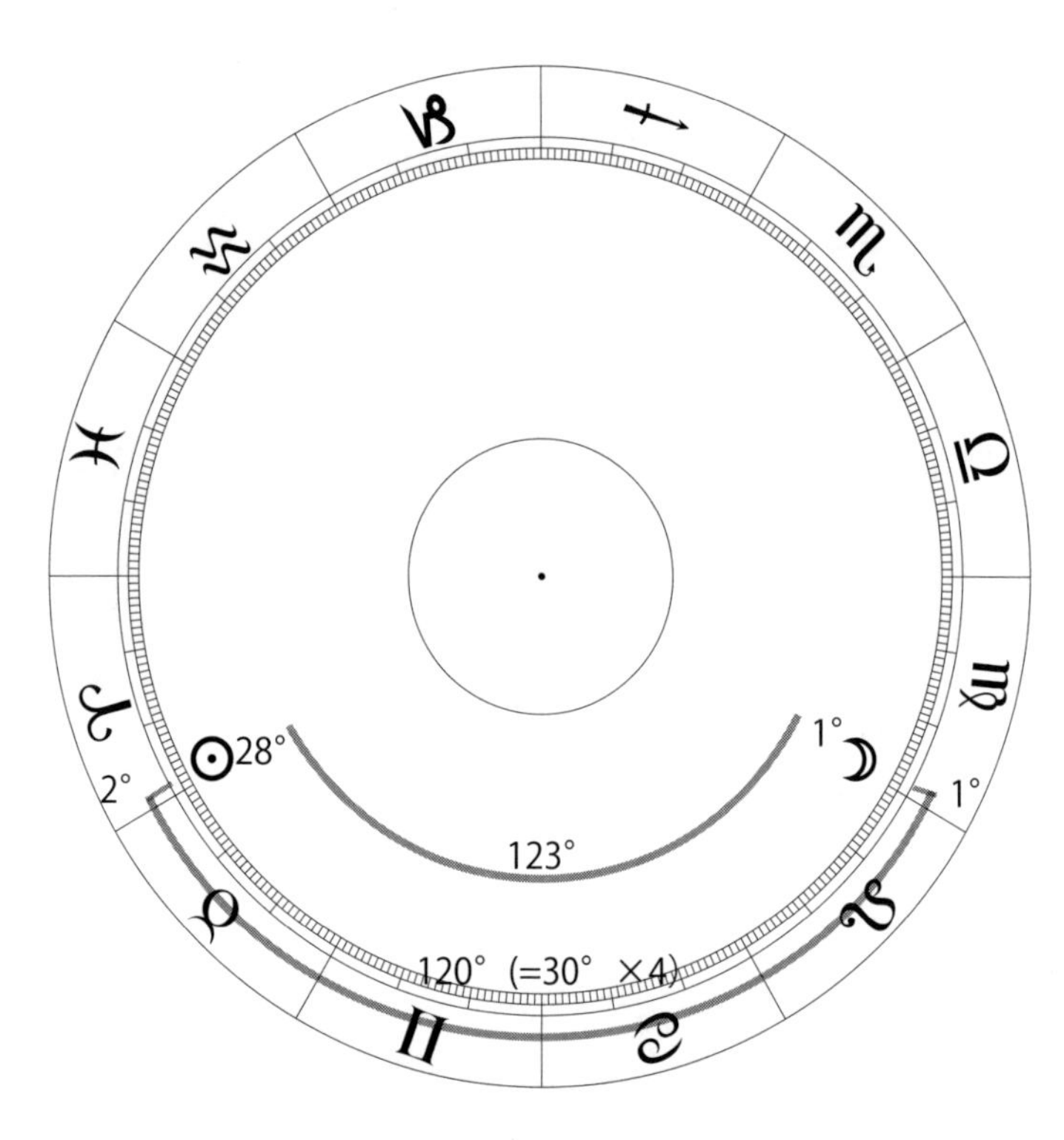

ですが、図を見てください。図を見てすぐわかるように実際、太陽と月の間には5度の距離しかありません。したがってオーブ圏内で0度（コンジャンクション）のアスペクトを形成しているのです。これが「サイン外アスペクト」です（「デソシエイトのアスペクト」と呼ぶ場合もあります）。

このようなアスペクトを目視で発見するにはどうしたらよいのでしょうか。まず、星座の始め0度から4度くらいまで、逆に終わりの25度から29度くらいまでの惑星があったら要注意です。こうした惑星はサイン外アスペクトを形成する可能性があります。

0度（コンジャンクション）の星座外アスペクトはわかりやすいですが、そのほかのアスペクトの場合はどうでしょうか。先にも述べたように、原則として120度（トライン）のアスペクトなら4つ離れた星座（同じエレメントの星座）、90度（スクエア）のアスペクトは3つ離れた星座（同じクオリティの星座）にある天体同士が形成します。しかし、ときにはこの原則から外れて、本来の星座から離れてアスペクトが形成されることがあるのです。星座で言えば150度離れたところなのに120度のアスペクトのオーブ内にある、というような場合です。このようなアスペクトもサイン外アスペクトとなります。例えば牡羊座28度の太陽を考えてみましょう。牡羊座28度の太陽は、オーブを5度とすると少なくとも星座を超えて3度まではアスペクトを形成する範囲となります（太陽、月の場合、7度まで認めるとすると5度まで）。

そこで、ほかの惑星で0度から3度（オーブを7度とすると5度）までの初期度数にあるものがないかどうかをチェックしていくのです。そこで例えば、月が乙女座1度にあった場合、それは太陽とアスペクトを作っています。距離を数えてみると、123度になりますから、これは120度（トライン）であるということになります。

ただし、星座外アスペクトは、オーブ内であってもその影響力は急速に弱まると考えるのが普通です。星座外アスペクトの場合、オーブは4度以内くらいまでで考えてよいでしょう。

惑星と惑星が形づくるアスペクトの意味

それでは次ページから、惑星と惑星が形づくる角度がもたらす意味をご紹介しましょう。

太陽のアスペクトの意味

太陽は意識の光を象徴します。自分自身の人生を切り開く根本的なエネルギーのシンボルで、太陽のアスペクトは極めて重要。

太陽にオーブ3度以内のアスペクト、とくに0度、90度、180度があれば、その天体のイメージはその人の人生観や生き方、人生の目標や課題にはっきりとした刻印を残すことになるでしょう。

太陽と月

意識と無意識の関係性

本人の意識性を示す太陽と本能的領域を象徴する月の関係はとても重要です。天文学的には太陽と月の角度関係がいわゆる月相、月の形となります。太陽と月のアスペクトは本人の中に意識と無意識の関係がどうなっているか、スムーズに統合されるか、あるいは葛藤を抱えるか、またそれを生育歴の関係で反映する両親の関係性なども象徴します。

そこでほかの惑星の組み合わせとは別に、少し詳しく説明することにしなければなりません。

●0度（コンジャンクション）

いわゆる新月の状態です。意識と無意識が結びついています。ピュアで無垢、いくつになってもどこか子供のような純粋な感性の持ち主。シンプルな考え方をして行動に迷いがないようです。たとえオーブから離れている場合でも太陽と月が同じ星座にある場合、この傾向が出てきます。ただ、ときに主観的過ぎたり、人間関係や社会の細かな機微にうとくなる可能性も。この新月の入っている星座の性格が極めて強調されます。たとえば牡羊座で太陽と月がコンジャンクションであればその人はとくに「牡羊座」的な人になるでしょう。

月が太陽の手前にある場合（新月直前）、神秘的なものへの関心が出てきたり、現世的なものへの関心が低くなることも。

一方で太陽の後に月がある場合（新月後）は、ポジティブで自分の未来を信頼する傾向。

●180度（オポジション）

いわゆる満月の状態です。意識と無意識、精神と肉体が緊張をはらみます。かといって悪いというわけではなく、むしろ存在感が大きく、目立つタイプの人が多いのも特徴。あたかも俳優、女優のように、ほかの人からどのように見られているかをいつもどこかで意識し、自分自身をモニタリングしているところがあるでしょう。他者の視線や立場にたいして繊細な感受性を持つタイプ。「もし自分が相手だったら」とも意識します。

月が太陽の手前にある場合（満月直前）、自分自身の実現にエネルギーを注ぎ、月が太陽の後にあれば（満月後）自分がこの社会のために何ができるか、に意識が向くでしょう。ときに両親の緊張状態を幼いころに経験している場合も。

●90度（スクエア）

いわゆる半月の状態です。月が太陽の後にある場合が上弦の月、月が太陽に向かっていっている場合が下弦の月となります。意味は180度の場合と似ていますが、90度のほうがどこか多動的、何かに挑んでいる印象が。

上弦の月（反時計回りに、月が太陽の90度先にある）の生まれの人は社会の中で自分を打ち立てようとすることに積極的で意識的に取り組みます。人生の中の障害がそのためのハードル。下弦の月（反時計回りに、月が太陽の270度先にある）の場合、自分が握ったバトンをいかにほかの人に渡すか、あるいは集団の中で自分と他者をいかに活かすかが課題に。

●60度、120度（セクスタイル、トライン）

意識と無意識が協調します。どちらかというと本人の中の葛藤が少なく、安定したパーソナリティ。多くの場合、両親や家族からも自分の人生の価値観と齟齬を感じることなく、応援されたと感じるよう（ただし太陽や月にほかの惑星のハードアスペクトがあればこの場合ではない）。あえてマイナス面をあげると心理的に壁にぶつかることが少ないために年齢を重ねても自己満足的だったり、表層的な判断の枠組みを打ち破るのに苦労したりすることも。多様な価値観があることを意識するようにして。

●150度（インコンジャンクト）

内面に大きな葛藤を抱えることが多い人。ただし、その葛藤や矛盾が本人が意識していない、あるいは意識が低いために、他者から見ると行動パターンが読みにくい人に見えることが。あるときは明るく積極的、またあるときは自分自身に閉じこもる、などと両極端に心の動きが大きくブレることも。しかし、成長して内面の葛藤を意識してゆくほどに人間の多層性や複雑な人生の味わいを感じさせる面白みのある人になる可能性も。

太陽と水星

自分を乗せる言葉の器

太陽は本人の意識の光、一方で水星

は知性やコミュニケーションを象徴します。水星はホロスコープの上では28度以上離れることがないので、アスペクトとしては事実上、0度（コンジャンクション）しか起こりません。

伝統的な占星術では、太陽とある惑星が18度以内（とりわけ5度以内）に接近していると「コンバスト」（燃焼）と呼ばれ、その惑星の力を太陽が燃やし尽くしてしまって力を無化するともされます。これは太陽のそばに惑星があると、その惑星が肉眼では見えなくなることから起こっているのでしょう。

一方、太陽と水星が極めて接近している場合（30分以内とくに18分以内）「カジミ」と呼ばれその惑星の効果が極端に強くなるともされました。

この理論に従うと、水星と太陽の合の人（コンバストになります）は一般的に知的に劣っていて、また極めて希な場合のカジミの人は超絶的な知性の持ち主ということになります。ただ、僕も含め現代の占星術家の多くはこのような解釈をとっていません。

太陽と水星のコンジャンクションは、自分自身の人生観や人生の目標を、比較的スムーズに言葉やアイデアにしていくことができることを示すように見えます。

太陽と水星はホロスコープ上では常に近いので0度のアスペクトは珍しいものではなく、それだけでは重要性は高くありません。この太陽と水星のコンジャンクションにたいしてほかの惑星がアスペクトを作ることが多く、その惑星の意味の色調が強調されると考えるのがベター。たとえば木星がアスペクトすると幅広い知識や健全な好奇心によって人生を切り開く、土星が加わると集中力やシリアスで現実的な思考によって自分自身を涵養する、といったことになるでしょう。

太陽と金星

自分の魅力の表現スタイル

太陽と金星はホロスコープの上では48度以上離れることはないので、水星と同じく、こちらも事実上、0度（コンジャンクション）しか起こりません。

自分自身のアイデンティティと金星の表す愛や魅力が合体しています。人生は何か――人であれものであれ自分自身であれ――を愛し、味わい、楽しむことであるというスタンスを心の深いところでもっています。多くの場合、魅力的でチャーミング。金星と太陽が入っている星座の性質が魅力的に表現され、人々から愛されることも多いはず。ただ、ややもすると自己愛的、享楽的になったり、自分自身をスポイルしてしまうことも出てくるかもしれません。自分自身にたいして厳しくあるよう、ときに自省してみて。

太陽と火星

燃え上がる自己

太陽の持つ基本的なエネルギーが、火星が象徴する戦いへのエネルギーとブレンドされて一体化します。

0度の場合、良くも悪くもエネルギッシュで果敢、大胆で情熱的。人生は一種の戦いである、というのがこの人がもつ深いところでの人生哲学でしょう。若いころや経験が浅いころは無鉄砲だったり、衝動的で失敗も多く、肉体的にも心の上でも「ケガ」をすることもあるかもしれません。

しかし、そうした自分自身のエネルギーの使い方を学んでいくうちに、その力をリーダーシップや正義感、何をも恐れない真の勇気というかたちで発揮することができるはず。スケールの大小はあるにしても、人生という冒険のヒーローになれる人。スポーツに才能を示す人もいます（とくに木星ともアスペクトする場合）。

ただ、このエネルギーに無意識的であると、自分よりも弱い立場の人にばかり暴君的になったり、アクシデントを招きやすいことも。

60度、120度のソフトアスペクトの場合、基本的にはコンジャンクションと同じですが、その働きはずっとおだやか。太陽と火星のエネルギーがスムーズに結びつきます。自分自身のエネルギーを上手に行動に結び付けて行くことができます。率直で正直、曲がったことが嫌いな人。

明確な目標をもったときにそれに向かってまっすぐに動いていけます。チャレンジ精神や意志力も十分に備えています。

負けず嫌いで積極的なパーソナリティを作り出します。

90度、180度のハードアスペクトの場合には大変強いエネルギーをもっていますが、そのエネルギーの制御が難しい場合が。衝動的で身体の上でも心の上でもアドレナリンが過多になっているようなことが多いかも。

闘争心が強いのはいいのですが、少しのことが許せないと、周囲への反発がストレートになり、敵を作りやすいことになります。勇敢を通り越して無謀なことにチャレンジするようなことも。しかし、一方で人並み外れた大きなエネルギー、行動力、意志力をもっているのは確かなので、結果的に何かの壁やハードルを打ち破っているということもあるでしょう。自分をコントロールする冷静さを身につければ建設的かつエキサイティングな人生を歩むことになります。150度の場合にはオーバーワークにも注意。自身で自分の行動量や肉体的エネルギーの残量が見えなくなってしまうことがありそうです。

太陽と木星

楽天的でオープンマインド

太陽の持つ人生観や人生を切り拓くエネルギーと、木星のもつ楽観性や広い視野が一体化します。

0度の場合多くのアスペクトの中でも最も「幸運」の配置のひとつといってもいいでしょう。

この組み合わせは人を「大きな世界への希望」に導きます。一言でいえば楽観的で希望に溢れているのです。よくコップ半分の水を見たとき「まだ半分ある」と考える人と「もう半分しか残っていない」と捉える人がいる、などといいます。チャンスをつかむのは前者の人だといいますよね。けれど、木星と太陽のアスペクトの人はおそらくその上を行きます。コップ半分の水を飲んでいたとしても、「ああ、またここに水を入れることができる」あるいは「次はもっと大きな器を用意しておかないと」というふうに考えることでしょう。気前がよく寛大で、細かいことにこだわらない人なので、周囲の人からの支援も受けやすく、結果としてチャンスにも恵まれることが多いのです。

探究心が旺盛で、この世界の良いもの、面白いものを見つけてゆきたいという気持ちが強く、実際に旅で見聞を広げたり、読書などによって自分の見識を広げることに積極的な人も。

ただ、マイナス面が現れると、過度に楽天的で、無用心であったり、野心的である以上に欲張りであったり。大風呂敷を広げてしまって、あちこちに手を出した結果、収拾がつかなくなる、ビッグマウスなだけで実際の行動がついてこなくなる、などということもありえます。とくに90度、150度のハードアスペクトの場合にはその傾向が強いので、ときにインフレートしがちな自分を戒める必要が。

180度もハードアスペクトで、ルーズさや放漫に陥りやすいのは確かですが、一方で、大きく広がってゆく人間関係、あるいは有力な人との縁といった現れ方をする場合も。

太陽と土星

自己否定から自己肯定へ

太陽が象徴する基本的な人生観、人生を開拓するエネルギーと土星のもつ現実主義、悲観主義などがブレンドされます。

この組み合わせの現れは実にさまざまなかたちをとります。一方で深くメランコリック、悲観的で自分自身を低く評価してしまう人がいます。自信がなく、自分を表現することを恐れてしまう人もいます。

しかし、その一方で、強気で自分の権威を押し出す、一見、とてもパワフルなパーソナリティの人もいますが、その場合でもよく見るといわゆる「虚勢をはっている」「虎の威を借る」に過ぎない場合も多いものです。

太陽と土星の組み合わせはけっしてイージーなものではありません。とくに0度、90度、180度の場合には幼いころから自分の価値をどこかで否定されるような経験をしたり、自分の価値を十分に自分で評価できず、のびのびとした動きを制限されているように感じられていることも多いでしょう。60度や120度の場合にはさほど厳しいことはないのですが、それでもなんの苦労もなく人生を渡るということはありません。

ですが、これはたとえて言うなら堅く厳しい土壌に植えられた、大木の苗木のようなもの。最初は根を張るのに苦労や試練を味わうことがあるかもしれませんが、しかし、その中で鍛えられた樹木はほかの植物よりも圧倒的に強靱な根を大地に広く張り、のちにどんな風雪にも耐え、立派な幹と枝と葉、花を付けることになるのです。流行に流されない人生の果実を得ることも可能です。強い責任感、克己心、現実的な感覚を発達させていくことができるでしょう。

あまり狭い考えにとらわれず、ときには肩の力を抜きながら、焦らず、自分自身の価値を高めていきましょう。

太陽と天王星

オリジナルな自己

基本的なエネルギーを示す太陽と、ブレークスルーの天王星の組み合わせです。

一言で言えば、オリジナルでユニークな自分自身でいたい、なりたいという人でしょう。既存の枠に収まることを嫌います。独立独歩、自由の風に吹かれて生きることを望む人です。

発想や人生観がユニークで、スケールの大小はともあれこの組み合わせの人は「革命家」。とくに0度、90度、180度の持ち主は、しばしば、旧態依然とした権威には表立って立ちむかい、大樹に寄ることなく、インディペンデントに生きることを選びます。もちろん、大きな組織の中で生きることはあるでしょうが、すくなくともこの人は心の中では「制服」を着ることはありません。あくまでも自分自身のスタイルを貫こうとします。

保守的で窮屈な環境にいる場合にはそこからはみ出すことがあり、理解者を得ることが難しいこともあるかもしれません。反逆児、鬼っ子、永遠の反抗期などのレッテルを貼られることもあるかもしれませんが、しかし、いつも時代の新しい風はこうした人が窓になって呼び込んでいくものです。

時代を先取りする感性を持っている

とも言えるのです。

ただ、この傾向が過度に出ると、奇をてらったり、その場限りの思いつきで一貫性のない行動に出て、単に人々を当惑させるだけに終わることもあります。

ときには歴史の風雪に耐えてきたものやメジャーなものの価値、また基礎的な思考、地に足のついたものなどを見返していくことも大切かもしれません。

太陽と海王星

理想を夢見る

太陽の象徴する基本的なエネルギーと海王星のもつ理想や夢想への衝動がブレンドされます。どんな種類のアスペクトであれ、この組み合わせは「理想主義的」で「夢想主義」「ロマンティック」な人生観を生み出します。

この人は、無味乾燥で小さな「現実」の中では生きることができません。大人になっても、まるで子供のように夢に生きる意味をもつことができるのです。

その夢の形は人それぞれ。文字通り、スピリチュアルな世界に関心をもったり、芸術やアートに才能を示すということもあれば、一見、真逆に経済やお金のことに関心を寄せる場合もあります。しかし、その場合でも、「どうしたらお金は人を幸福にするのだろう」「みなが成功するにはどうしたらいいのだろう」といったヴィジョンのひとつの形態としての金銭だったりするのです。

こうしたヴィジョンの持ち主なので、スケールの大きさはともかく、人々を巻き込む一種のカリスマとなることも。

一方で、この配置がマイナスに出ると、自己欺瞞的であったり、非現実的であったり、ときにアルコールやドラッグ、カルトといったものに耽溺する危険もあります。

また、しばしば、両親（とくに父親）との関係で失望を経験していることもありますが、その喪失感を埋めるべく大きな精神的権威を外に求めようとすることも。

高い理想を掲げるスピリットの持ち主。

太陽と冥王星

一見控えめなカリスマ

太陽のもつ基本的なエネルギーと冥王星のもつ深い変容の力がブレンドされています。

太陽と冥王星のアスペクト、とりわけ0度や90度、180度は強い意味を持っていて、人生の中で大きな変容や転機を迎える人が多いのですが、不思議なことに一見、外からはわからないことが通例です。

一見、穏やかでおとなしく、また「普

通」に見えますし、本人の自己認識としてもそうであることが多いのですが、内側に強烈な野心を秘めていることがあり、それが滲み出てくるとカリスマ的な魅力や人間関係上の操作力を発揮するようになります。往々にして第一印象よりも強い影響力の持ち主なのです。

しかし、その一方で控えめで自分を上手に隠してプライバシーを守る人もいます。こういうタイプの人は黙々と、自分自身の世界を構築していきます。

冥王星はこの世界の奥底を示しますから、人生のうちで何かの「どん底」や「極端なこと」を垣間見ることがあるかもしれません。結果、この世界は単純に白黒で割り切ることができないものであるし、清らかなものも〝邪悪〟なものもまた両方存在するもので、その両方を受け入れる度量を持つことができるようになる可能性を秘めています。

ただし、何かに執着しすぎたり、自己にしがみつきすぎると、苦しむことになります。

このタイプの人にとっては、力を手に入れることよりも、それを手放すことのほうが大きな試練になるかもしれません。

月のアスペクトの意味

月は基本的な心の安定を求める気持ちやそれを支える肉体的な生理的反応を象徴しています。月のアスペクトは、あなたの情緒やあなたの心の繊細な動きがどのように流れるか、気持ちが安定しているか、などといったことを知るヒントになります。

月と水星

心の素早い反応

無意識の反応を示す月と知性や言葉の水星の力がブレンドされます。0度や60度、120度のソフトアスペクトの場合、自分自身の、そして相手の繊細な心の動きや情緒を理解して、それを言葉や動作で表現できる巧みなコミュニケーション能力。おしゃべり上手、聞き上手な人も多く、SNSなどでもうまく情報を収集したり発信したりするでしょう。論理的に一貫した思考を深く積み上げるというよりも、その瞬間瞬間に浮かぶ一期一会の気持ちの流れをとらえるのが上手です。記憶力にも目を見張るものがある上に、器用で楽器などを操る才能がある場合も。

ただ、集中力に欠けたり、むら気なところもあり、とくに90度、180度のハードアスペクトの場合には、さまざまなことに過敏に反応する分だけ、目の前のことにフォーカスすることに大きなエネルギーが必要な場合も。電話やゲーム、情報機器への依存などにも注意。150度の場合は、神経を休める自分なりの方法を考える必要があります。夜よく眠れないなどの症状が出たときは要注意。情報を意図的に遮断することが有効かもしれません。

月と金星

穏やかな美への愛

月も金星も神話では女神の天体。月のもつ安定への欲求と金星のもつ愛と美へのエネルギーがブレンドされます。この組み合わせを持つ人はどのアスペクトであっても基本的に「平和主義者」。いらぬいざこざやトラブルは避けようとします。一般的にマナーがよく、品のよい印象の人が多いのですが、それはこの人が平和で穏やかな状況を愛するからでしょう。その場の空気を「丸くおさめる」のも上手。上手にその力を活かせば抜群の外交的手腕、社交性を発揮するでしょう。センスもよく、とくにインテリアやフラワーアレンジメント、料理などに才能を発揮する場合も。

一方でその裏面として打たれ弱く、ちょっとした批判に傷つき、慣れ親しんだ自分のテリトリーの中だけで安住してしまう可能性も。女性の場合、とくに90度、180度のハードアスペクトだと、幼いころに無意識的に母や姉妹などと愛されつつ一種のライバルでもあったという複雑な心理的葛藤を感じていた可能性もあります。自分が求めている愛情や安定は何かということを意識化してゆくこと、そして自身の独立が必要。

月と火星

爆発的な激情

感情のエネルギーと基本的な安定欲求を求める月の働きが、戦いの神でもある火星のパワーとブレンドされています。どのアスペクトの場合でも、強力な感情的エネルギー、外から見てもわかるほどの怒りや情熱、激情がときどきほとばしるはずです。太陽と火星の組み合わせと同じく、ファイティング・スピリットに溢れ、正義感が強く行動力がありますが、月の場合にはその衝動性がさらに増すでしょう。0度、90度、180度、150度の場合にはとくにその衝動性や闘争心が感情と結びついて表面化しやすい傾向が。とくに本人のプライベートな部分や自分のルーツに関するようなところに触れられると、瞬間的に怒りのマグマが爆発する危険があります。自身の「ホットスポット」がどこにあるかをこの生まれの人はよく意識化しておくことが必要です。60度、120度の場合には比較的容易に火星のもつエネルギーを利用することができるはずですが、いずれの場合にもその激情のパワーを建設的な方向に使う事を考えることが必要。健やかなスポーツもよい方法ですし、また、その力を本当に身近な人のために使うことを考えるのもエネルギーの優れたアウトプット法でしょう。

月と木星

伸びやかに表現されるエモーション

月の示す無意識的なエネルギーの流れと、木星の楽観性が結びつきます。楽天的で物事を良い方向に考えるでしょう。健やかでまっすぐな感じ方をする人。嬉しいことがあれば素直に喜び、褒められれば心から感謝し、また嫌なことがあればそれをきちんと嫌だと感じますが、それをひきずって恨みに思うことはあまりありません。また基本的なところで優しく、困っている人を見ると自然に手を差し伸べるところがあるでしょう。とくに0度、60度、120度の場合には、この星の組み合わせの良い面が出やすく、周囲からの援助も多かったり、恵まれた環境の中で育つチャンスも多くなるために本人の素直な優しさがさらに育まれてゆくよきスパイラル。海外のこと、旅、霊的なことなどあなたの魂の滋養になることを素直に求めていける人でもあります。

もちろん、どの星の組み合わせにもマイナス面はあります。90度、180度、150度などハードな角度の場合にはとくに要注意ですが、たとえソフトなアスペクトであっても、木星のもつ「過剰」という意味が出てくるとちょっとしたことにオーバーに反応してしまったり、何かを過度に「信じて」しまい独善的になる危険も。「迷信」を意味する「スーパースティション」は語源的には「過剰な信仰」を意味するのです。食欲、物欲などの身体的欲求のコントロールも課題。「足るを知る」がキーワード。

月と土星

シリアスな感情

月のもつ基本的安定感への欲求と土星のもつ制限がブレンドされる組み合わせです。

月のもつ豊かな感情のエネルギーが、土星によってブロックされる可能性があります。さまざまな要因から（とくに幼少期の家庭など）自分の気持ちを表現することに恐れを感じ、物怖じしたり、自信がもてないことも。60度や120度の場合には、堅実さや適度な責任感、職務に忠実な勤労意欲、控えめであるものの、一貫して抑制の効いた感情、といったかたちで現れることが多いのですが、それでも自分の内面を抑圧する傾向は出てきます。0度、90度、180度、150度となると、よりシリアスで、一見、安定しているように見えても、傷付くことを恐れて自分の心を冷たい鉄の檻に入れて防衛しているようなところもあるかもしれません。

傷つきやすさと、それを防衛するための意図的な鈍感さ。一方でその抑圧された情緒が過度な批判精神、辛辣さとして現れてくる場合もあります。不安感を埋めようと権威や物質的な成功を求め、かえって心の渇望感を募らせる危険もあります。

健全なかたちでこの星の組み合わせを意識化してゆくためには、本来、この世界は自分にたいして牙をむいているわけではないと知ること、親しい人との安定的な関係を作ってゆくことがポイントになるかもしれません。しかし、時間をかけてこの星のコンビネーションを意識して活かせば、本当に自分の深いところに根を下ろすことができ、揺るぎない心の安定感を得ることもできるはずです。

月と天王星

ユニークで鋭い感受性

月のもつ繊細な感受性と天王星のもつユニークで先端的な感覚が結びつきます。どのアスペクトの組み合わせであっても心の動きが独特で、さまざまなことにユニークな反応をするでしょう。「付和雷同」「メインストリームに乗る」ために心のエネルギーを使うことはほとんどありません。いわゆる「空気を読む」ことや「忖度」といったことは不得手でしょう。

その一方で興味深いこと、新しい未来の胎動を感じられること、刺激的なことにたいして敏感に反応し、それをキャッチしていこうとします。もちろん、外の世界に見出す情報や出来事だけではなく、内側から湧き出てくるインスピレーションが行動に駆り立てることもあるでしょう。その意味で因習的、保守的な共同体や組織では浮いてしまうこともありますが、一方で、未来を志向する精神の若さをもつ人々のあいだで支持される傾向があります。群れることは苦手で、べったりした人間関係には疲れるタイプでしょう。

占星術や前衛的な芸術などにも関心を抱く人が多いはず。過去からのしがらみを断ち切って未来に目を向ける人ではありますが、ときには自分のベースにできる安定的な場所を意識すること、「現実的」な世界にそのアイデアを具現化させることを考える必要も。

月と海王星

幻想と夢想のはざかい

月のもつ無意識の領域と海王星のもつ無境界的な夢想の世界が結びつきます。どのアスペクトの組み合わせの場合でも繊細で豊かな感受性を呼び覚まし、また、ロマンティックで芸術的、インスピレーションに満ちた人生へと人を誘うことでしょう。

目に見える客観世界だけがリアリティなのではなく、人々の感情の波や夢の世界、ファンタジーの世界もまたひとつの現実であることをよく理解しています。相手の情緒や気持ちと自分の気持ちの間に厳密なボーダーがないので、すぐに相手の気持ちに感化されてしまうことが。ここからとても深い共感の力や言葉本来の意味での慈悲が生まれることもありますが、下手をすると相手に利用されたり、また相手の混乱に同じように巻き込まれる危険もあります。過度な「同情」は誰の助けにならないこともあるのです。

霊的な事、魔術的なこと、幻想的な芸術、音楽、ダンスなどに適性を発揮する場合も。

ただ、そのあまりに鋭敏なロマンティックな感受性は、このせちがらい現実の中で耐えることができず、空虚な夢想や自己欺瞞の世界に逃避することにもつながりかねません。全面的にあなたを受け入れてくれる理想的な存在——それは母でも恋でも宗教でも——はこの現実世界には存在しないのかもしれません。しかし、その冷厳な事実を受け入れてなお、美しい理想を手放さずに地に足をつけることができれば、この星の配置は美しい夢の世界のごく一部を現実の中にもたらすことができるはず。

それはごくささやかなものでも貴重なものであるでしょう。

月と冥王星

底知れぬ感情の力

月のもつ情緒が冥王星のもつ深く激しいエネルギーと結びつきます。

本人もなかなか意識していないような、心の深い部分にある情動のマグマが無意識の深層に溜まっているようなイメージがあります。

ふだんは大人しい人でも、いったん感情が動き出すとなかなか抑制がききません。喜怒哀楽いずれであれ、その力は大きく、深く大きな流れとなっていきます。

もしかすると、その感情の流れは本人だけのものではなく、家系的なものに繋がっている可能性もあります。母親、そしてその母親である祖母……といった家系的なイシューとも絡まり合っていることもあるわけで、一筋縄ではいきません。

しかし、その内的な感情の鎖を解きほぐしてゆけば、なかなか通常の人が達せないような人間理解につながることもあります。人生の深い領域——死や家族の因縁——をテーマにした作品を書く芸術家などにもこの配置がよくみられます。人生の中では大きな転換が訪れることもあり、そのことでがらりと人生のコースを変えることも。何かへの深い執着や固着といったものをどのように手放してゆくかがテーマになりそうです。

あなたの周囲の人（パートナー、両親、子どもなど）への大きすぎる期待は互いにとって重い鎖になることもあります。互いに個人であるということを意識していくこともこの星の課題のひとつかもしれません。

水星のアスペクトの意味

水星は知性とコミュニケーションを司る天体です。水星が作るアスペクトは、あなたの知性がどのようなことに鋭く反応し、どのようなかたちでどのようなことを伝え、そしてどんなふうにあなたのアイデアを育んでゆくかを知るためのヒントになります。いわゆる才能や能力といったものもこの水星から探ることができます。

水星と金星

コミュニケーションの愉しみ

水星と金星はホロスコープの上では76度以上離れることはありません。そこで主要アスペクトとしては0度と60度しか形成することはありません（いわゆるマイナーアスペクトで45度を形成することはありますがここでは割愛しましょう）。重要なのは0度で、ついで60度となります。

水星の知的な能力と金星の人生を楽しむ力がブレンドされます。話し方や振る舞いがチャーミングで、洗練されていることが多く、一緒にいる人はそれだけで楽しい時間を過ごせるはず。フレンドリーで社交的。盛り上げ上手だったりします。おしゃべりが得意でパーティなどで上手に会場を泳ぎまわれることでしょう。必ずしも熟考の上に言葉を紡ぐわけではありませんし、まとまったアイデアや思考をもつわけではないかもいれませんが、その巧みな弁舌やコメントによって、絶妙な調停力を発揮することもあるはず。

洒脱な言葉を使い、周囲を魅了します。さまざまなかたちのカルチャーに関心を向け、ソフトな人当たりから人気を獲得します。声がよい人も多く、歌手や声優にも向くかも。

いつまでもフレッシュな感覚の持ち主で若い世代との交流も終生続きそう。

水星と火星

知性と言葉の鋭利な剣

水星のもつ知性が火星のもつダイナミックなエネルギーとブレンドされます。

水星のもつ知性は、あたかも軍神マルスのもつ剣のように研ぎ澄まされ、シャープな切れ味を発揮するようになるでしょう。その思考、その言葉、その反応、いずれも鋭く「キレ」がよいものになるでしょう。単刀直入な話し方、言い切り型の言葉を使う人も多く、とくに0度、90度、180度の人の場合にはその舌鋒の鋭さからときに敵を作ったり、トラブルを招くこともあるかもしれません。しかし、その直接的で勇気あるメッセージは、硬直した会話や議論を前に進めていくこともできるでしょう。「王様は裸です！」と叫んだおとぎ話の子どものホロスコープにはきっとこの水星と火星のアスペクトがあったのではないかと想像してしまいます。

討論、議論好きで、丁々発止の言葉のやりとりを好むことも多いはず。数学や工学といったものに才能を発揮することも多く、60度、120度といったソフトアスペクトを持っていたり、MCや太陽とアスペクトをあわせて作っていれば、いわゆる理系、あるいは医学、科学、エンジニアリング、ジャーナリズムなどのジャンルで成功する可能性もあるでしょう。

いずれにしても精確でまるでレーザーメスのような知性と言葉の持ち主であるだけに、その正しい使い方を意識しておくことが重要でしょう。

水星と木星

伸びやかなる知性

水星は知性の天体、木星は拡大と発展の惑星です。このふたつの惑星はともに知への探究心を象徴しますが、その内容は対照的。水星は具体的で実際に役に立つような、身近なかたちでの知のスキルを象徴します。一方、木星は遠大でハイブロウな、大きな視座での知を表します。いずれの場合にも、知への指向性が強く、幅広い関心を持ちます。知っていることの守備範囲も必然的に広くなり、また高い教養を身に付けることができるでしょう。実際に高等教育を受けていることも多いですが、その環境になくとも独力でさまざまな知識を身に付け見識を広げることができる人です。

このふたつの惑星が0度、60度、120度といったソフトなかたちで結びつく場合にはとくに、高い教養を持ちながらこの実社会に降りてきてその知識を具体的なかたちで用いてゆくことができる人となるでしょう。もっとも、ただただこの知の力を鍛えないままにしておくと、いわゆる高等遊民で終わってしまったり、あるいは、「床屋談義」のレベルでその知性を消費してしまうということもあるかもしれません。

90度、180度などのハードアスペクトの場合にはあまりに広い範囲にその関心を広げすぎてまとめるのが難しくなる場合もあります。意識のフォーカスが弱く、散漫になったり、意見が混乱したりすることも。これという主軸を決めて学んでいくことが必要かもしれません。器用貧乏でおわるともったいないですから。
法曹、出版、高等教育、旅行全般などに才能を発揮する可能性。

水星と土星

メランコリックな知性

水星が象徴する知性と、土星の象徴する制限、具体性などがブレンドされます。

アスペクトも、本人の状況によってその現れ方が大きく違ってきます。まず、土星の力を上手に使いきれていないと、陰鬱で不器用、自分自身のコミュニケーションの能力に大きなコンプレックスをもってしまうことに。悲観的になりやすく、ものごとの不利なことばかりを数え上げることになりがちです。型にはまった考えに縛られがちで頑固、心配性であり、ひがみっぽいタイプで、それがまた人間関係を阻害し、また自信をなくすという負のスパイラルとなっていきます。そこまでひどくなくとも、悲観的で愚痴、ネガティブワードを口にしがち、ふさぎこみがちになる可能性も。とくに90度、180度、150度といったハードアスペクトの場合には自分がそうしたメランコリーに陥っていないかをチェックする必要があるかもしれません。

しかし、水星と土星の組み合わせは本来、マイナスばかりではありません。

もし、自身のなかのこの衝動をうまく意識化して用いることができれば、水星のもつ落ち着きのなさを土星がよくセーブし、現実的かつ論理的な思考へと磨き上げていきます。注意深く、集中力があり、ひとつのことをコツコツと積み上げてゆくことができます。実際的な思考をし、その言葉には経験に裏打ちされた実質がともないます。口数は少なくともそこには真実が宿るがゆえに人々の信頼を得ることになるでしょう。さまざまな学問、とくに実学や建築などに才能を発揮することも。古典的な書物に親しむ人も多いはず。

ただ、60度や120度といったソフトアスペクトの場合ですら、物事を完璧に理解しなければならない、という強迫観念に突き動かされ神経症的になっていったり、通常の人間関係を円滑にしている「意味のないおしゃべり」が苦手、などということがあるかもしれません。どの土星の組み合わせもそうであるようにときにはシリアスになりすぎないよう、心に遊びを取り入れることが必要です。

水星と天王星

飛躍する知性

水星の象徴する知性に、天王星のもつ大きな革新性がブレンドされます。

また19世紀末から20世紀の占星術においては天王星は「水星の一オクターブ高い」意味をもつ惑星と解釈されており、水星と組み合わさった時には、とくに強く知性を刺激するとされています。なんといっても因習や常識にとらわれない自由でユニークな考え方が特徴で、アイデアが突然「降ってくる」こともしばしば。経験を積み上げて帰納的に考えたり、論理をつなげていって演繹的に思考を展開するというのでもなく、突然、考え方の枠組み自体をひっくり返すようなアイデアが出てきます。いつも知的な刺激を必要としていて、同じようなことの繰り返しだけでは満足することはできません。ある意味、天才的なところがあり、時代を先取りした先進的な思想、思考、ライフスタイルに惹かれます。この社会を改革し、解放しようという考え方に惹かれることもあるでしょう。多くの人が気がつかない社会の矛盾を敏感に指摘できるのもこのタイプです。

　もちろん、その現れ方が極端になりすぎると、エキセントリックになりすぎて、周囲からの理解を得ることができず、かえって孤立してしまうこともないとはいえません。そうなると、意固地になり、奇妙な考えに固執したり、先鋭的な思想にはまってしまう可能性もあります。このアスペクトを持つ人は、占星術を含め、オカルトサイエンスや科学的な用語と結びついた神秘思想に惹かれることもありますが、それが疑似科学的になっていないか、自分自身でも、あるいは第三者の冷静な視点からもチェックする必要があるかもしれません。

水星と海王星

現実を超える詩的感受性

水星の象徴する知性と海王星のもつ神秘的な直感力がブレンドされます。

　まず、この組み合わせを持つ人の特徴は論理と非論理、知性とロマンチシズムが一人の人間の中に同居していることでしょう。

　インスピレーション、イマジネーションにすぐれ、豊かな創造性をもっています。詩的なこと、美しい事項に繊細な感受性をもっており、普通の人がなかなか拾い上げることができないようなこの世界の美しい面をキャッチして言葉にしていくことができます。

　良くも悪くもこの人の脳内に映る視界は、シャープで現実の輪郭がはっきりしたものではなく、どこか霧がかかっていたり、ソフトフォーカスなものなのかもしれません。「睡蓮」シリーズで有名な画家モネは視力が悪くなったとき、手術を拒んだというエピソードが伝えられています。「やっと世界を美しく見ることができるようになったというのにどうしてそれを『治そう』というのか」といったというのです。これが実話かどうかはともかく、これが水星－海王星の組み合わせのイメージをよく伝える物語です。冷厳な事実よりも神話的で夢想の世界の美しさに惹かれ、表層的事実よりも、魂の世界の真実を求めようとします。

　もちろん、それは非現実的な自己欺瞞や幻想と紙一重であり、妄想にとりつかれたり、注意散漫でとりとめがなく、意味をなさない言動、虚言癖によって周囲を振り回すことにもなりかねません。とくに150度、90度などのハードアスペクトの場合には注意が必要。

　神秘的、霊的、秘教的なことへの関心も人一倍ですが、そうした世界とかかわるときには客観性も失わないように注意を。

　豊かな想像力、創造力をいかした作家、詩人、クリエーター、ダンサー、画家、映画関係などで才能を発揮することも。

水星と冥王星

深層の真実への洞察

水星のもつ知性の力が冥王星によって極端に深められ、鋭くなってゆく可能性を示します。この組み合わせもまたさまざまな表れ方をしますが、典型的なかたちは優れた分析力、洞察力、そして深い思考力や推理力といったかたちでしょう。

　とくに人々の心理や政治的な力学を鋭い洞察で捉えることができ、人々を動かしている根本的な要因を察知することができる人。表面的なことだけでは満足せず、ものごとの「背後」の真実を見出したいという衝動があります。

　人間心理の力学を本能的に知っているので、自然に相手を動かすこともでき、無意識的に相手を操作しているようなこともあるかもしれません。一見温和なように見えても実は侮れない人と見られているのはそうした面があるからでしょう。説得力のある話し方や話の展開をする人でもありネゴシエーターとしての才能を発揮することも多いはず。

　その言葉には大きな影響力が備わっていて、本人としては何気なく言ったことでも相手には不思議な強い影響力をもって、ある種の「指示」や「命令」に感じられることさえあるかもしれません。

　しかし、その洞察力がマイナス面に動き始めると、疑心暗鬼、被害妄想、あるいは詮索好きといったかたちで現れます。また性や死の世界といったふだんは隠されていることに関心を寄せることも。

　探偵業、警察、調査会社関係、保険、金融、あるいは心理学関係、精神分析、死に関する仕事などに才能や関心を発揮することも。

金星のアスペクトの意味

♀

愛の星である金星のアスペクトは、その人がどのようなかたちの愛の体験を求めているか、あるいはどのような経験をするか、またどんなことを愛し、価値を置くかを知るヒントになります。

　また金星にアスペクトする天体の意味がその人の魅力のありかを示すこともあります。

金星と火星

情熱と恋

愛の惑星である金星と情熱、性的エネルギーの惑星である火星の力がブレンドされます。神話の上では金星はアフロディーテ、火星はアレス。この二人の神は、愛人同士でもありました。金星と火星の組み合わせは情熱的でロマンティックなエロスをまず第一に想起させます。どのアスペクトの持ち主であれ、この配置の持ち主は魅力的で異性を惹きつける雰囲気を醸し出すことが多いもの。おしゃれで自分の魅力を上手に表現することを楽しむことも。

　本人も情熱的で恋や愛の冒険に乗り出すことに積極的な場合も多く、かつての占星術の教科書では「一目惚れ」の星などとも言われていました。出会ってすぐに恋に落ちたり、いわゆる電撃婚というかたちもあるかもしれません。恋や性にたいしてストレートに表現することが多いのは確か。

　もっとも、その情熱が「恋」以外の方向に向くことも少なくありません。クリエイティブな趣味を持つことも多く、実際に何かを作ることに才能を発揮する場合もあれば、あるいはアートそのものを楽しむ鑑賞眼や趣味の良さをもっていることも多いもの。足繁くコンサートやライブ、レストランなどに通ってエネルギッシュに楽しむなどということも。

　0度、90度、180度といったハードアスペクトの場合には、その情熱と魅力が裏目に出て恋の関係でトラブルを招く可能性もあるので自制心が必要（とくに海王星や天王星がここに加わると要注意です）。

金星と木星

恵みはあるが自制も必要

愛の惑星である金星と、幸運と拡大・発展の惑星である木星の組み合わせ。伝統的に金星も木星も「吉星」（ベネフィック）と呼ばれています。そんなふたつの星の組み合わせですから取りも直さず、恵まれたアスペクトといっていいでしょう。

スムーズに愛情や気持ちを表現できる人で、多くの場合、社交的。人好きのする人で人生を物質面でも精神面でも謳歌しようとします。値段にかかわらず、本当に良いものを求め、味わおうとする人で、いわゆるグルメや目利きも多いでしょう。食でもファッションでも、あるいはカルチャーにしても、「本物」を求めようとすることになるでしょう。根っこのところでは、銘柄や表層的な評価だけで判断しない人ではありますが、ついつい贅を尽くしたモノにも目がいってしまうのが難点といえば難点かもしれません。

それはパートナーに求める資質も同じです。自然に身に付いた素養や社交性、自分にとって本当に心地よく素敵なものを望む志向のために素敵なパートナーに出会える可能性もあるのですが、贅沢になれすぎると、高望みをしたり、外見や資産などで判断をしてしまう危険もあります。とくに90度や180度、150度といったハードアスペクトの持ち主の場合には、自制が必要だと言えそうです。

基本的には幸運に恵まれ、たくさんの幸福を与えられるアスペクトではありますが、その幸運に甘えすぎたり、膨らんでゆく「欲しがり」の心に憑依されると、せっかくの星からの祝福を逃してしまうことになります。

金星と土星

愛と自意識に影響

愛と豊かさの星である金星が制限とメランコリーの星である土星とドッキングします。

土星とのアスペクトはどの惑星でもそうですが、金星とはとくにさまざまな現れ方をします。

もしこの星の組み合わせがネガティブなかたちで現れると自分自身の魅力や価値に自信がもてず、愛を表現するのに自分自身で壁を作ってしまうことも出てきます。幼いころに自分を否定された経験があったり、あるいは若いころに恋愛などで傷ついたことから、不信感を生み出すこともあります。もう傷つきたくないという気持ちから人に心を開かなくなる、自分は愛されないかわりに誰も愛さないといわんばかりに心を自分から閉ざしてしまうことも。

逆に深い関係を避けるべく、無意識

的に次々に相手を変えたり、自分の生きがいになるようなものを変えて行くというケースもあります。あるいは幸福を謳歌している人にたいして嫉妬心を抱いたり必要以上に攻撃的になるような場合も。とくに0度、90度、180度といった場合には、愛や自分の魅力にたいしての否定的なブロックを自分にかけているのではないかと自分でチェックしてみる必要があるかも。

一方この星の組み合わせがポジティブに現れる場合、自分の愛や美意識がストイックに鍛錬されていきます。自分自身を美しく磨き上げたり、時間をかけて一人の人やものとの絆を大切に育てていきます。典型的にはバレエやクラシック、伝統芸能などの世界で活躍したり、また困難を乗り越えての愛を成就させるということも。師弟愛というかたちでこのパターンが現れることもあるでしょう。

時間の風雪に耐える本物こそ、あなたの心を満足させる豊かさになります。

金星と天王星

自由と革新性

金星のもつ愛の力と天王星のもつ自由で革新的なエネルギーがブレンドされます。

世間の因習やモラル、常識などにとらわれない愛の形の持ち主だといえるでしょう。その恋や愛は突然始まり、突然方向を変えたり、消える、ということもしばしば。

ひとつのかたちに縛られるのではなく、そのときの状況や刺激を打ち破ってくれるような刺激を求めます。また相手とべったりするかたちの愛ではなく、互いの自由や独立を守るスタイルを好む傾向も。かつては「不倫」や「浮気」のアスペクトと呼ばれることもあったのはそのためでしょう。

もちろん、このアスペクトの持ち主がすべて浮気性であるわけではありません（意外なことに金星と土星のハードなアングルが次々に相手を変える愛のスタイルを生み出すこともあります。それは深い絆を作ることへの恐れからだと考えられます）。ただ、マンネリに落ち込んだり、二人の関係が互いの刺激にならなくなると面白くなくなってしまうのは確か。そのためにお互いがときに距離をとったり、あるいはときおり、面白いテーマを見つける、といったことを自然にしているカップルも見かけます。

この配置の人がパートナーに選びやすいのは、ユニークな感性を持っている人。職種を問わず、オリジナルな精神で生きている人。

また流行にたいしての感受性も鋭く、ファッションやアートの世界などでも活躍することがありそうです。

またこのアスペクトを持つ人はユニ

ークな人々が集まる友人のネットワークに属していることが多く、国籍、年齢、職種などによらない広く自由な仲間をもっていることもありそうです。

金星と海王星

愛と美に殉ずる

金星のもつ愛のエネルギーと海王星のもつ海のようなイマジネーションの広がりがブレンドされます。0度であれ、ソフト、ハードなアスペクトであれ、ロマンチストで美しいものが好き、憧れるという傾向が強く現れてきます。

この世界では愛と美しいものが正義、というのがこの星の配置の持ち主が心の深いところでもっている理念。口ではどんな現実的なことをいっていたとしても、心のどこかでこの世界を超えたような美しいものや理想を求めています。多くの場合、恋や愛にたいしてもロマンチストであり、パートナーには大きな理想を投影しそうです。容姿の面で美しい人を求めることもありますが、アーティストタイプの人や生活感のないような人に憧れることも。

ただ、海王星が示すような理想的な人——白馬の王子やプリンセス——はこの世界では実在しないもの。大きなあこがれと同時に失望を感じてしまうこともあるでしょう。

またそうした「理想」を探しているうちにあなたに依存してくるような相手に耽溺してしまう可能性もありますから、その点は注意を。口先のうまい相手には注意を。「恋は盲目」といったシェイクスピアの言葉を思い出しましょう。

一方でこの配置の人は強烈な唯美主義者であり、卓越した美へのセンスをもっていることがあります。自分自身、芸術的なことにチャレンジしてもいいでしょうし、またそうしたものを鑑賞してもいいでしょう。多くの芸術家がこの配置をもっています。

ただし、いずれの場合にも愛や美に殉じてしまう危険もあるので、地に足のついた現実的感覚を見失わないよう意識して。

金星と冥王星

愛と呪縛

金星のもつ愛の力と冥王星のもつ深い本能的なエネルギーがブレンドされ、刺激されます。

外見的にはそう見えなかったとしても、心の深いところで強烈で深い愛情を求めている人。恋や愛のシーンでは徹底的に相手を愛し抜き、そのことによって自分も相手も人生そのものを変容させてしまうこともあるでしょう。

性的なエネルギーも強く、不思議な

セックスアピールのある人もいます。

　ただし、このアスペクトだけで性的に奔放といえるわけではありません。深いところで相手とつながろうとする欲求が強いために、ときに性的なものもそこにかかわってくることがあるということ。それがセックスの場合もあれば、経済という場合であることもあります。本当に深いところで相手とつながろうとするために、本人に基本的安定感がない場合、セックスや金銭、権力といったモノサシでそれを測ろうとしたり、あるいは相手を束縛してしまう（あるいはされてしまう）ということがある、ということなのです。

　この人が誰かと関わると、それこそ深く相手の領域に入り込み、また絶対に裏切りは許さないでしょう。このタイプの人と一度関係が敗れたら、仕事であれ恋の関係であれ「復縁」「復活愛」はまず見込めないはずです。しかし、逆にいえばその絆は極めて強いものだといるでしょう。

　ダークな魅力をもっていたり、あるいはどこか影のある美しさ、魅力を持っている人が男女ともに多いものです。またビジネスでも成功するパターンがあり、それはこの人のどこか魔術めいた魅力が大きく作用していることも。

火星のアスペクトの意味

火星は強いエネルギー、闘争本能、そして性の力を象徴する星。火星のアスペクトはあなたがどんなところに、どんなかたちで闘志を燃やすか、あるいはどんなかたちでそのうちなる情熱や行動力を発揮するか（あるいは発揮するのを躊躇するか）のヒントになります。

つまり、あなたの「攻め」の姿勢がどんなスタイルなのかを暗示するのです。

火星と木星

ストレートな闘志

火星のファイティング・スピリットが木星によって大きく拡大されます。ソフト、ハード、どの組み合わせにおいても火星と木星のコンビネーションをもつ人は積極的で勇敢、自分が正しいと思った信念のために戦うことを厭わない人でしょう。けっしてむやみに喧嘩を売る人ではないはずですが、しかし、自分が正しいと感じた時には、内側で「負ける気がしない」という声が響いているかのように勇敢にストレートな弾を打ち続けることでしょう。

また火星は戦いの惑星、木星は幸運の星でもあることから、この組み合わせはとくにスポーツ選手にもよくみることができます。

自分のなかの闘志をストレートに発揮してゆくことができる上に、いざというときの「勝負運」を持っているということでしょう。とくに0度、120度、180度のパターンの場合には、スポーツではなくとも、ビジネス、学業（受験）などの分野においてもイザというときに勝負運に恵まれることが多いでしょう。

ただ、この組み合わせのもつ問題は、自分の理想や信念を過剰に拡大、喧伝しようとすることかもしれません。たとえていえば「聖なる十字軍騎士」のようなものでしょうか。巡礼者を守るという目的は崇高であり、素晴らしいものであったとしても、その理念だけにしがみつくと、やがてそれが他者の理念や理想と合致しないことに意識が及ばなくなってしまいます。互いが善意であるがゆえの対立もここから生まれる恐れがあるのです。

火星と木星のアスペクトを持つ人は、高い理想と実行力、勝負運をもつことを意識しつつ、他者の理念をリスペクトする心の余裕をもつことが鍵に。

火星と土星

アクセルとブレーキ

熱いエネルギーの惑星である火星と、冷たい制限の惑星である土星の組み合わせという、相反するものの緊張をはらんだアスペクトです。ソフトであってもハードであっても、程度の差はあれ、内的な葛藤や矛盾をもつことになりそうです。

実際のこのアスペクトの表れは実にさまざまで、その働きを見分けることは困難です。一方では人生上のすべての戦いから降りてしまっているように見える人もいれば、もう一方に極めて野心的で、かつ並々ならぬタフな環境で力を発揮する人もいます。

極めてアグレッシブに見える人もいるかと思えば、とても冷静でクールに見える人もいるのです。

しかし、この火星と土星のアスペクトに共通しているのは、多かれ少なかれ、自分の力やエネルギーを発揮することに何らかの抵抗や抑圧を感じているであろうということ、そして、人生のどこかで自分の能力を試される大きな試練につきあたっていると感じているであろうということです。

この生まれの人はいつもどこかでエンジンとブレーキを同時に踏んでいるような、内的な葛藤を感じているようですが、その使い方が上手にできれば、実に大きな忍耐力と集中力、現実的な能力を発揮できます。時間はかかっても大きなものごとを達成できるでしょう。一方で自分の能力を十分に発揮できないと感じたり、目上の人や権威者、環境に抑圧されていると感じると、とたんに卑屈になってしまうこともあります。また抑え込みすぎた怒りや不満はいつか爆発してしまうことでしょう。

本来、この生まれの人には自分の力を統御し、エネルギーを現実的な的に絞って発揮していくことができるはずなのです。そのための目標設定、そして、具体的なエネルギーの使い方をイメージしておきましょう。

スポーツは最初から向いている方向とは言えませんが、コツコツと技術を磨いたり、時間をかけて身体をトレーニングしていくこととなると大きな適性がありそうです。

火星と天王星

大胆なリスクテイカー

火星のもつエネルギー、行動力と天王星のもつダイナミックな変革への力がブレンドされます。この組み合わせはしばしば「アクシデント」のパターンとも呼ばれてきましたが、それは火星と天王星の力が合流すると、きわめて性急で衝動的、そしてリスクや強い刺激を求める心のパターンを生み出すからでしょう。火星と天王星はともに作用し合うと、その人を「安全圏」にはとどめておきません。

スピードはもう1、2段階速く。そこに山があれば装備は十分でなくともまず登りたくなる。そこに興味深い場所があると聞けば、頼りになる地図を手にしないままに足を踏み入れてみたくなる、という性分なのです。これは仕事でも恋でも、同じこと。

しかし、これは悪いことばかりではありません。その大胆な決断力は、ほかの人がおじけづいてしまうようなときでも、力を発揮してことをすすめてゆく原動力になるでしょう。もしかしたら考える前に飛ぶ、というだけのことかもしれませんが、しかし、そのリスクテイキングのおかげで風穴が開くということもあるのです。

その大胆さは男女ともにある種の人々を惹きつけることになるでしょう。

機械関係、工学、航空、宇宙関係、外科など刃物を扱う仕事などに才能を発揮する人もいます。またスリルのともなうスポーツなどに才能を発揮する人もいますが、以上のような場合には安全意識を怠らないようにすること。とくにハードアスペクトの場合にはより注意を。

衝動的な性的関係も危険を伴いやすいので注意を。

火星と海王星

理想への情熱

火星のもつ熱いエネルギーが、海王星のもつ理想に向かう指向性と結びつきます。ただ、この組み合わせはソフトなアスペクトであれ、ハードなアスペクトであれ、火の象徴である火星と水の象徴である海王星という、対立する性質の組み合わせであるため、なかなか解釈が難しいアスペクトです。どのアスペクトも実際の現れ方は多様ですが、火星と海王星のコンビネーションの場合にはとくにその振れ幅が大きいように思えます。

まずひとつは火星のもつエネルギーが海王星によって拡散されたり、消沈してしまうようなとき。とくに0度、150度などの場合に要注意なのですが、逃避的、厭世的、退廃的な雰囲気が出てくる可能性があるのです。海王星のヴィジョンが描く美しい世界に比べると、この現世はどうせ虚しいもの。その中で生き抜いても仕方がないとバーチャルな世界にリアリティを持ち、ファンタジーの中に生きることを選ぶパターン。ディレッタント、ボヘミアン的な生き方をする人も。

さらには無意識のうちに、あるいは進んで（とくに周囲から見ると）誰かの犠牲になってしまう、あるいは献身的に身を捧げてしまうパターンも見られます。

また逆にその理想の世界に燃えたち、

この現世を改革しようとばかりに殉教者的に自分のエネルギーを用いるようなパターンも。

その傾向は仕事でも恋でも社会運動でも、さまざまなチャンネルで発揮されます。

このふたつのタイプは一見両極端のように見えますが、実は「理想」的ヴィジョンにたいしての情熱、エネルギーの用い方ということでは共通しているのです。

また男女ともに（とくに男性の場合）には、多くの人々の理想の担い手となるケースも。大きな人気を集めるタレントやスポーツ選手などにもこのアスペクトが特徴的。理想（海王星）のリーダー（火星）としての人々のイメージの担い手ともなるわけです。

このアスペクトの持ち主は自分のなかの高い理想と強いエネルギーの、うまい統合の仕方を考えることが課題になるでしょう。

火星と冥王星

爆発的なエネルギーを秘める

火星のもつ強いエネルギーを冥王星のもつ深いパワーが増幅させています。冥王星は火星の「1オクターブ高い」エネルギーをもっているとする占星術家もいて、強く反応しあうコンビ。とりもなおさず、大きなエネルギーが生み出されるパターンで、ときには暴力的、爆発的な事項を引き起こすようにすら見えます。

ただ、通常の場合にはこの強いエネルギーは潜在していて、めったなことでは外からはうかがい知れません。極限まで溜め込まれた時に本人も驚くようなかたちで爆発する、ということがあるのです。

一方で並々ならぬ忍耐力や集中力、精神力、ときには体力といったかたちで現れることがあります。レーサー、格闘家などといったエクストリーム系のスポーツ選手にこのアスペクトが見られることも多く、ある占星術家は「スーパーマン的体力」などと形容しているほど。

また火星も冥王星もともに性的な事項と深くかかわる天体ですから（火星は伝統的な、冥王星は現代において蠍座の支配星です）、性的なことがこの人の人生では重要なテーマになることも少なくありません。不思議なセックスアピールを持っていることがあったり、まれに痛ましい性的体験をするということも。

しかし、この強いリビドーをうまく活かすと、常人には成し得ないようなスリリングかつ深い経験をすることもできる可能性が。

外科医、レスキュー隊、消防士、ＳＰなど極限の状態での仕事や、あるいはそうしたイメージの作品を作ったり、触れたりするということもありそうです。

大惑星同士のアスペクトの意味

木星、土星、天王星、海王星、冥王星

木星、土星、天王星、海王星、冥王星は占星術ではしばしば「大惑星」と総称されます。これらの天体は、太陽から火星までの惑星に比べて公転周期が長く、ホロスコープ上での動きがスロー。ということは、これらの惑星の配置はその前後に生まれた人に共通しているのです。

大惑星の中で最も動きの速い木星でも一周がおよそ12年。土星は29・5年、天王星は84年、海王星は165年、冥王星はおよそ250年くらいとなります。

「個人的惑星」などとも言われ、その人固有のキャラクターや心理と大きく関わる動きの速い月、太陽、水星、金星、火星に対し、木星より遠い「大惑星」はその世代の特徴を表すと考えられるわけです。そこでここでは個人的な惑星のアスペクトよりも比較的簡単に説明することにしましょう。

ただし、こうした大惑星同士のアスペクトが太陽や月、アセンダントやMCといった重要なポイントとアスペクトしている場合にはその影響がはっきりしてきますので注意が必要。その世代らしさを顕著に表現する人となるでしょうし、ドラマティックな運命を生きる場合も出てきます。

大惑星のアスペクトは個人の動きだけではなく、社会そのものの変化の時期を示すこともしばしば。占星術には「マンデン占星術」といって、国家や社会の変化を見る方法もあるのですが、この大惑星のアスペクト（とくにハードアスペクト）は時代変化の重要な指標だと考えられています。

木星と大惑星のアスペクトの意味

木星と土星

時代の精神を決定づける組み合わせ

木星と土星は、望遠鏡が発明され天王星より遠い星が発見される以前は、ホロスコープの中で最も遠い天体とされていました。このふたつの惑星が時代の精神を決定づけると考えられたのです。

木星と土星はおよそ20年に一度、0度で会合します。これが一時代の区切りになるとされたのです。

木星は拡大の、土星は制限の惑星なので、この星が0度、120度、60度などの角度を作ると実際的な責任感を持ち、健全な社会意識をもつことになりそうです。90度、180度、150度などの場合には本人のなかの楽天性と悲観主義がバランスを崩し、その両極を振り子のように揺れ動いたり、独善的な考えにこだわることもありそうです。

いずれの場合も、世界の良い面と悪い面の両方をみてゆくバランス感覚を養う必要がありそう。

木星と天王星

飛躍を象徴する

木星と天王星はおよそ14年に一度接近します。木星は拡大と発展、天王星は革新の惑星でもあるので、この配置は社会革新、とりわけ技術革新と関係があるとされています。とくに航空、宇宙に関する技術についての飛躍するタイミングであるというのが定説。

個人の場合には、飛躍的な発想、自由への大きな衝動、明るい未来への指向性、また突然の幸運などの暗示も。

権威的なもの、因習的なもの、過去からの伝統に縛られることはなかなかないでしょう。ハードアスペクトの場合には、気まぐれで、とにかく新しいとその場で感じたものに飛びついてしまい、一貫性に欠けるおそれもでてくるでしょう。

しかし、基本的には幸運であり、周囲が予想しないようなかたちで人生が開かれてゆくことが多そうです。

木星と海王星

理想を追い求める

木星と海王星はともに魚座の支配星とされています。そこでこの組み合わせは親和性が高いと考えられます。時代の変化としては0度、180度のタイミングなどでは、スピリチュアルであったり宗教的な新しいアイデアやビジョンが出現しやすいときだとされています。

個人のレベルでは、高い理想や高邁な思想を持ち、人道的、奉仕的な考えに惹かれます。

宗教や哲学といったものにもひきつけられ、また神秘主義的な思考をもつことも。自分のことよりも大きな目的や大義のために尽くそうとする傾向。

ただし、ハードアスペクトの場合にはその理想に殉じてしまったり、混乱した非現実的な思想に染まってしまいがち。何かに陶酔、耽溺したり、不健康な習慣に染まらないようによく意識することが必要です。

木星と冥王星

根本的な変革力

木星が冥王星のもつ深く根本的な変

革力を拡大します。12年ごとにこの惑星は接近しますが、このときに起こることは権力関係の変化やそれまで抑圧されていた何かの噴出といったことがあると考えられています。

個人のレベルでは、しばしば、このアスペクトは「成功」を示すものとされます。木星のもつ楽天性や幸運と冥王星のもつ野心が組み合わさるためでしょう。

社会的な成功や経済的な成果といったことが予想されますが、その野心から政治的な力学のもつれに巻き込まれることも。

「目的のためには手段を選ばない」というこのアスペクトのダークサイドに落ちないように注意することが必要でしょう。

土星と大惑星のアスペクトの意味

土星と天王星

保守と改革の葛藤

保守的で現実主義的な土星と革新的で未来志向的な天王星のエネルギーが合流します。このふたつの惑星は45年ごとに接近しますが、このときには、古い秩序（土星）と新しい未来への改革（天王星）が拮抗、衝突する時です。社会的には古い枠組みを象徴する組織やリーダーがその役割を終え、新しい何かが出てくることも。ただ、このふたつの惑星の組み合わせはかなり激烈。自由や民主的なことを目指す動きがあっても、その運動自体が専制的になるという矛盾を孕むこともあります。

このアスペクトを太陽や月、アセンダントなどのポイントと組み合わせて持つ人は伝統と革新の葛藤を深く感じる可能性が。きわめて強力な意志力。科学などへの才能。新しいアイデアを現実化させる能力。あるいは教育への関心なども。

土星と海王星

深い悲観あるいは現実主義

土星のもつ現実的で、ものごとの形をはっきりさせようとする力と、海王星のもつ物事を曖昧にして境界線を溶解させる力が合流します。このふたつの星は36年ごとに接近しますが、0度の時以外にも180度、90度などのハードなアスペクトをとるときには世界を悲観的なムードが覆い（海王星の理想を土星の現実が打ち負かす）、とくに健康上の問題や大気や水の汚染の問題などが起こりやすいとされています。歴史的には共産主義や社会主義の運動とも深くかかわっていることが観察されて

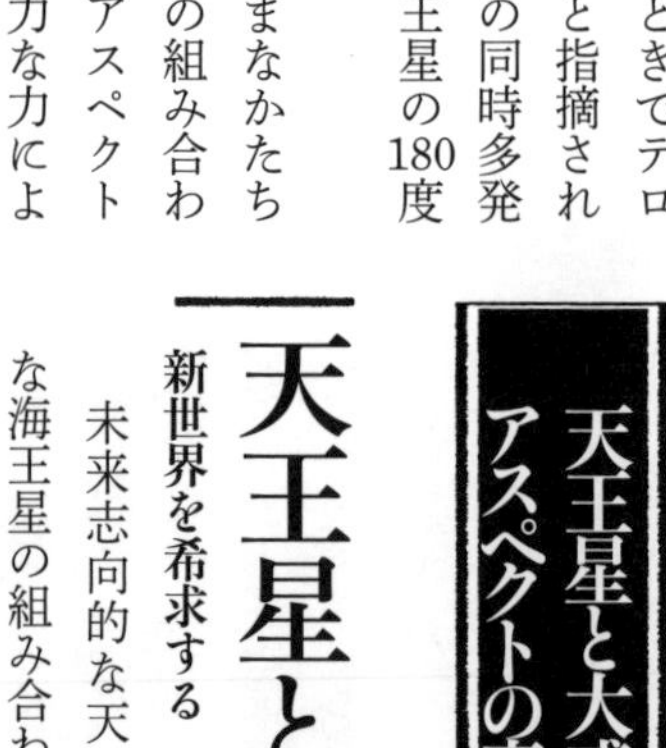

天王星と大惑星のアスペクトの意味

天王星と海王星

新世界を希求する

未来志向的な天王星と理想主義的な海王星の組み合わせで、新しい世界を作ろうとする強い衝動が生まれます。この星の会合（0度）はおよそ172年ごという遠大なものですが、0度の場合のみならず、90度、180度のときにも社会の上では重要な時期になります。とくに芸術や科学といった人々の認識を大きく変えるようなサイクルです。ルネサンス、啓蒙主義などはこの大惑星のサイクルとかかわっているとも。

個人の場合にはエキセントリックでユニークなことに関心を持ちますが、独自の才能を示すことも。現実を超えたファンタジーの世界を新しい技術、

います（理想に向けての社会改革）。

個人の場合には高い理想をもつ分だけ、幻滅を味わいやすく、悲観主義に陥ることも。しかし、うまくこのアスペクトを活かせば、スピリチュアルな理想を現実化したり、薬学や癒しのジャンルで活躍もできる可能性が。とくに太陽や月、水星、MCとからむアスペクトの場合には注目を。

土星と冥王星

抑圧されたものの回帰

現実的で冷厳な土星と、ものごとの根本的な変化を意味する冥王星の組み合わせです。このふたつの惑星はおよそ33年ごとに接近しますが、この強烈な惑星が0度、90度、180度を形成するタイミングは社会的には組織や構造の根本的なところが解体されたり、クラッシュ・アンド・ビルドされるときになるとされます。またこれまで抑圧されてきた声が表に出てくるときでテロリズムなどとも関連があると指摘されています。たとえば9・11の同時多発テロはまさにこの土星と冥王星の180度の下で起こりました。

個人的なところはさまざまなかたちで現れてきますが、この星の組み合わせが強くほかのポイントとアスペクトしている場合には、何か強力な力によって自分が抑圧されていると感じたり、その反動で自身を強く鍛え、強力な力を発揮することも。

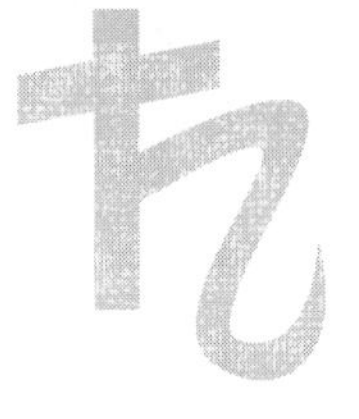

かたちで現出させる才能。

天王星と冥王星

変革への激しい意志

天王星の象徴する改革への衝動を冥王星が極限まで高め、根本的な変容や大きな変化へとつなげていきます。

このふたつの惑星はおよそ127年ごとに接近しますが、その途中、90度や180度のときにも社会の大きな変化とシンクロします。１９６０年代半ばに天王星と冥王星が接近したときの学生運動、ヒッピー運動、フェミニズムなどのカウンターカルチャーは、現代の社会に大きなインパクトを与えました。

個人の場合には、今の社会を変えたいという衝動を内側に持っています。またマニアックなこと、細部への強いこだわりを持っている世代です（とくに0度の場合。乙女座でのコンジャンクション）。

海王星と大惑星のアスペクトの意味

海王星と冥王星

神秘的なエネルギー

海王星のもつ神秘への衝動と、冥王星のもつ死と再生、根本的な変容の力が合わさります。この長大な周期をもつふたつの星は492年というサイクルで会合します。前回の会合は１８９１年から１８９２年、その前後数年がこの会合の影響下にありました。欧米でも日本でもオカルティズムや秘教的な宗教が多く勃興しています。

また１９６９年代から多くの人々が海王星と冥王星の60度のアスペクトを共有していますが、これは本格的にグローバル化する社会（海王星の無境界性を冥王星が徹底させる）を人々が経験しているように見えます。

このアスペクトが正確で、かつ、太陽や月、アセンダント、ＭＣなどの個人を象徴する点とアスペクトしていると、マジカルな力との接触や超越的な体験をすることも考えられます。

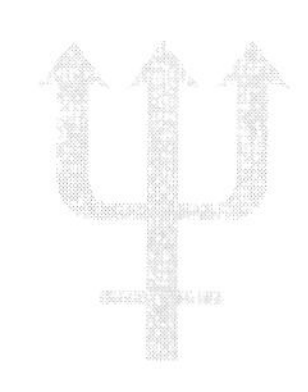

アスペクトのない天体

太陽

太陽に主要なアスペクトがない場合、太陽のエネルギーが混じりけなしの状態で流れ出します。自分自身を作り上げようとする太陽にアスペクトがない場合、自分自身の生き方のモデルを見出すのが難しいことを示します。自分の生き方のスタイルを強く求め、自分とは何かという気持ちに駆り立てられることも多いかもしれません。ときに自信たっぷり、野心的になったかと思えば、急に尻込みをする、という両極に揺れ動くことも。一方、既存の生き方の型にははまらず、最終的なかたちを決めずとも人生という旅、プロセスを楽しみ続けることができる人でもあります。途上を楽しむことが鍵。ときに父親との関係の希薄さを暗示することも。

月

感情や情緒、自分の基本的な安定感を象徴する月にアスペクトがない場合、自身の心の繊細な動きを自身で意識することが難しいかもしれません。周囲から見ると貧乏ゆすりをしたり、表情に現れたり、落ち着きがなかったり、明らかに気持ちの揺れが見て取れるのに本人には自覚がないということも。ときにとても優しく、情緒的になったかと思えば、別なときに感情を感じさせない冷淡な態度になることも。一方で、自分の感情や心に目を向けることができれば、きわめて優しく、慈愛に満ちた人に。ときに母親との関係の希薄さを暗示することも。

水星

知性やコミュニケーションの能力を示す水星にアスペクトがないと、自身のその力を自覚的に使うのが難しくなることがあります。常にネットをチェックしていないと不安だったり、自分でも気がつかないうちにおしゃべりを続けていたり、活字を読み続けている、といったモードであるかと思えば、その一方で急に寡黙になって自分の中に閉じこもるということも。

ほかには例がないようなアイデアや思考法、紋切り型ではすまない表現に惹かれる可能性が高く、そのために周囲の理解が得られなかったり、自分でも当惑するケースも。ただしそれが規格外の才能として現れることもあります。オリジナルな発想やアイデアを重視して。またきょうだいとの関係が希薄だったり特異な経験をする可能性も。

金星

愛や美への意識を象徴する金星にアスペクトがないと、自身の愛の感覚にたいして意識が及ばないということもでてきがちです。おうおうにしてとても魅力的で周囲の人を引きつけている、あるいは人を引きつけようとしているような行動をしているにもかかわらず、本人にそのつもりがなくトラブルになる、というような。またときに社交的、愛想が良いかと思えば、別人のように周囲の人に興味を示さない、という両極に揺れることも。デザインやファッションなどで特異な才能を示すこともあります。自分の中の愛、美への感覚を意識することができるようになれば深い、ほかに比較できないような愛の体験を得ることが。

火星

戦いへの意思や情熱を示す火星にアスペクトがないと、自身のなかの情熱の存在や情熱の矛先を意識することが難しいかもしれません。相当アグレッシブであるにもかかわらず、自分では大人しいと思っていたり、ときに激しく攻撃的になったかと思えば、別の時にはとても弱気で、尻込みをする、という両極に揺れ動くタイプもいます。また性的な対象を次々に変えたり、逆に性的な体験を無意識的に避けようとする場合も。

この生まれの人は自分のなかの大きなエネルギーを安定して使えるように、自分のなかの怒りや力に注意を向けて行く必要がありそうです。

木星

拡大と発展への衝動を象徴する木星にアスペクトがないと、自身のなかの人生を良い方向に拡大しようとする衝動を自覚しにくいかもしれません。人生を良い方向に拡大するヴィジョンといえば、多くの場合、宗教やスピリチュアル、哲学などですが、木星にアスペクトがないと純粋にそうした教えに同一化することがありそうです。が、突然、そうした価値観を捨てたり、別の世界観に乗り換えることも。自分にとってフィットする世界観をなかなか見いだせないかもしれないのです。しかし、それだけに時間をかけて独自の人生観を構築していける可能性もありそうです。哲学、宗教などに大きな成功をする可能性も。

土星

自分自身をコントロールしたり、現実の中でしっかり生きる力を象徴する土星にアスペクトがないと、自分のなかの現実の基盤をどのように築けばよいのか、無意識的な不安を感じている場合があります。ときに自分にも他人にもストイックになったり、すべてにおいて慎重で、計画的に進めようとしつつ、別なときには、あるいはその一方で、肝心なことを見落としてしまうということもあったり。無意識的な不安から強迫的に何かに執着するかと思えば、ものごとに無頓着になることも。しかし、そのことに意識を向ければ、時間をかけて自分だけのかけがえのない現実感覚や価値観を見出してゆくこともできるはず。不動産や政治、学問など実際的ないし、ものごとを深める世界で成功する可能性も。

天王星

アスペクトのない天体が土星外天体というのは比較的珍しいパターンかもしれません。

天王星は現状を打破する力を象徴しています。天王星の力を自覚しにくい場合には、得体のしれないいらだちや落ち着きのなさを感じる場合も。新奇なことや常識的な社会の枠組みに収まらないことに惹かれやすい傾向を示します。ただし、それがエキセントリックやユニークであるということの自覚がない場合も。あるいは無邪気に古い価値観を破壊してしまう可能性もありそうです。

ただし、この人はユニークな才能や発明をすることも。

自身のなかの変革への意識を自覚させておくことが重要かもしれません。

自分の心の深い部分にある衝動に意識を向けてみることがいつしか必要になるでしょう。

海王星

限りない理想の世界に人を誘う海王星にアスペクトがない場合には、その理想への憧憬が自覚されないままに極端に発揮されることになりがちです。

極端に大きな夢に自然に惹かれていくことがあるかと思えば、一方で、現実の世界とのギャップに幻滅しシニカルになる両極を揺れ動くこともあるかもしれません。

また海王星は霊的な経験も象徴しているので、中にはスピリチュアルな世界に意図せずして入っていくこともありそうです。

いずれにしても現実と見えない世界との境界をしっかりと自身でひくことを意識する必要がありそうです。

冥王星

ものごとを深いところから変容させる冥王星にアスペクトがないと、本人の中の深い欲望や願い、あるいは人生を変転させてゆく力の方向を自分で見定めるのが難しくなる可能性があります。本人の中の強い影響力を無自覚に発揮するケースも。自身では意識しないままに何かに執着したり、誰かを束縛しようとすることもあるかもしれません。

人生の深いリアリティを強く求めようとし、死の領域やセックスの領域といった「タブー」の世界に惹かれることも。人生の中で死と再生とも言える劇的な経験をすることも考えられます。

ハウス・コネクション

ルーラーはホロスコープの要素を結びつけるもうひとつの糸

前章で見たように、ホロスコープの中の惑星を結びつける重要な糸はアスペクトでした。アスペクトを通じて惑星やホロスコープのさまざまな要素がつながっていきます。

もうひとつ、ホロスコープのさまざまな天体をネットワーキングするという働きをもつファクターがあります。それは惑星と星座の「ルーラーシップ」です。

ルーラー（支配星）とは何か

12の星座には、それぞれ、伝統的に「ルーラー」（支配星）が定められています。

12星座のルーラーは次の表のとおり。

惑星	支配星座
太陽	獅子座
月	蟹座
水星	双子座 乙女座
金星	牡牛座 天秤座
火星	牡羊座
木星	射手座
土星	山羊座
天王星	水瓶座
海王星	魚座
冥王星	蠍座

このような支配星の関係をルーラーシップといいます。ルーラーとは文字通りに訳せば「支配者」です。

それぞれの惑星は、その惑星にとってとくになじみの深い星座があるとされます。これはいわば自分の陣地、本来の場です。

惑星が自分の支配する星座に入れば、その力はマックスになります。たとえば、火星が支配星座の牡羊座にあるとき、あるいは太陽が支配星座の獅子座にある時、火星や太陽ははいわばホームグラウンドに戻ってきた選手、あるいは自国にいる王様のようなもので、のびのびとその力を発揮するのです。

逆に、惑星が自分の支配している星座の180度対向の星座に入ると、その状態はアウェイで、あまり力を発揮することはできません。

これはさらに発展させると、惑星の「品位」（ディグニティ）という、伝統的な占星術における重要な概念になっていくのですが、現代占星術ではあまり使われていません。これについてはさらに学習が進んだ時に、別の本や講座などでお話しすることにしましょう。ここでは惑星は自分の支配する星座に入ると、とくに強力になる、というふうに考えておけば大丈夫です。

そして、このルーラーを使ってホロスコープのさまざまな要素を連結して解釈する方法があるのです。そのハウスのルーラー（ハウスが始まるところの星座）は、そのハウスの意味の代行者であり、そのハウスのルーラーがどこに入っているか、逆をいえば、あるハウスにある天体がどのハウスのルーラーであるかを考えることで、ホロスコープのさまざまな要素をつなげて考えることができるようになるのです。

鏡リュウジ
1968年3月2日14：03
京都生まれ

たとえば僕自身の例を挙げましょう。

まず、アセンダント（第1ハウスの起点）は蟹座にありますね。蟹座のルーラーは月です。第1ハウス、アセンダントは「本人」を示します。この月をホロスコープから探してみましょう。月は天頂近く、第10ハウスにあります。第10ハウスはパブリックな場や人目につく人生の領域を示します。つまり、「本人」が「パブリックな場所」にいると考えるのです。そこで、人生の中では人々からの注目を浴びたり、仕事の面で大きなエネルギーを使っていくことを示しているわけですね。

では、第2ハウスはどうでしょう。第2ハウスの起点は獅子座にありますから、ルーラーは太陽。太陽は第9ハウスにあります。第9ハウスは精神的な働きや広くは出版、また海外に関することを示します。金運（第2ハウス）は出版や海外に関することと深くかかわっていることが推測できますね。実際、僕はこうして本を書いたり、翻訳をすることで収入を得ている面が大きいわけです。

チャートルーラー――アセンダントのルーラーはもっとも重要

中でもアセンダント（第1ハウスの起点）のルーラーは最も重要だとされています。これを「チャートルーラー」と呼び、ホロスコープ全体を代表する惑星だとみなされることがあります。チャートルーラーがどのハウスにあるかは人生の中で活躍するフィールドや主な舞台と解釈することができます。

チャートルーラーの解釈まとめ

第1ハウス
自分自身のアピール力や存在感、プレゼンスを武器にこの世界に打って出ていこうとする。そのイメージはアセンダントの星座による。

第2ハウス
自分の価値を守るもの、自分が獲得したリソース（金銭や時間）を守り、より具体的なものにしていくことにエネルギーを注ぐ。

第3ハウス
知的なスキル、好奇心、趣味などによって自分と世界との接点を作ってゆく。文筆やITなどにも才能を発揮することがある。

第4ハウス
プライベートな世界や家庭的なことにエネルギーを注ぎ、それが社会との接点となってゆく。ドメスティックな仕事。

第5ハウス
遊びや創造性、楽しいことを通してこの世界とかかわる。子どもたち（自分のであってもそうでなくても）との縁が強い可能性も。

第6ハウス
コツコツと真面目な仕事によってこの社会とのつながりを確認し、関わってゆく。有能で実務的なことに能力を発揮する。また健康に関わること。

第7ハウス
パートナーシップを通して社会と関わってゆく。結婚や共同事業などによって大きく人生を切り開いていく。

第8ハウス
誰かと何かを深く共有する。しばしば遺産（有形無形のもの）を引き継ぐことにもなる。オカルト的なものへの関心。

第9ハウス
旅や精神的なことを通して社会との接点を作っていこうとする。高い理想をもち、それを追求しようとする。

第10ハウス
社会の中における地位や人気、評価などへの高い関心。実際に人々から注目を集めることも多い。

第11ハウス
友人やネットワークを通してこの社会と交流を確かなものとする。友人たちからの援助、あるいは友人たちへの援助。

第12ハウス
目に見えない、隠れたところにおける社会とのかかわり。心理学などへの関心。一方でアセンダントに近いと非常にプレゼンスの大きな人となる。

MCのルーラーは職業と深くかかわるあなたの生活領域を示す

MCの星座のルーラー（支配星）も、アセンダントのルーラーに準じて重要になります。MCは、多くの場合、その人の生きがいになるような仕事、あるいはこの社会の中での生き方を示します。

MCの星座のルーラーの入るハウスや星座は、あなたの仕事がどんな影響をあなたの人生の中で与えることになるかを示しています。たとえば金銭や価値観を象徴する第2ハウスにMCのルーラーが入れば、生きがいに感じているような仕事や周囲に認められる仕事が直接的に収入に結びつくことが多く、目に見える結果とつながると考えられます。また、知識やコミュニケーションを示す第3ハウスに入れば、あなたのスキルや知識は仕事がきっかけで何か具体的なスキルを身に付けることになったり、あるいは職業と関係したことでコミュニケーションが活発になる、仕事に関係して出張なども多くなる、などが考えられます。海外や精神性を象徴する第9ハウスであれば、海外との縁も仕事を通じてできたり、新しい価値観を仕事や生きがいを通して手に入れることになるかもしれません。

星座とルーラー（支配星）はどうやって決まったか

伝統的には惑星は太陽、月、水星、金星、火星、木星、土星の7つだけが知られていました。

そこでかつてはこの7つの惑星が12の星座の「支配星」として配当されていました。

太陽と月は特別で、それぞれ、獅子座と蟹座を支配します。

残る5つの惑星は、この獅子座と蟹座を基準に、シンメトリック（対称的）な順でふたつの星座をかけもちで支配することになっていました。

近代に入って天王星、海王星、冥王星が発見されると、それぞれが水瓶座、魚座、蠍座の支配星とされて今にいたっています。

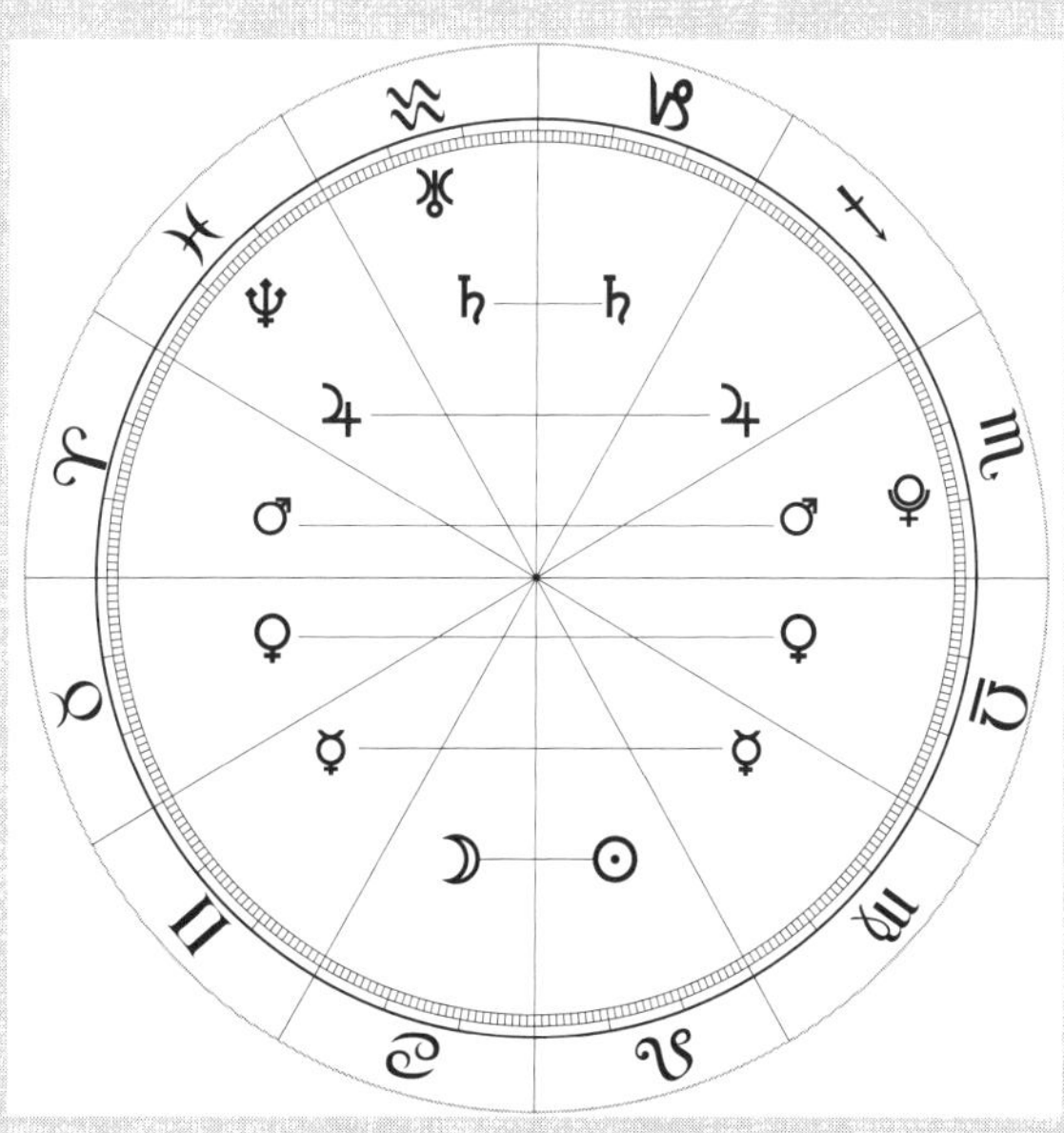

MCのルーラーが入るハウスの意味

ここでは、MCの星座のルーラーが入るハウス別に解釈のヒントを見ていきましょう。

第1ハウス

何よりも仕事での成功や社会に認知されることが本人のアイデンティティの感覚に強く寄与します。多くの場合、自信が強く、社会的な役割や立場に支えられて強い存在感を発揮します。社会の中で活躍することが自分らしく、自分の存在意義につながると素直に考えられる人でしょう。社会的な地位の高い人とのコネクションがあることもあり、本人もどこか権威的な雰囲気が出てきたり、権威主義的なところがあるかもしれません。自分の判断を大切にし、それを守っていこうとします。一方、頑固だったり、柔軟さが社会的な役割に縛られて失われてしまう危険もありそうです。

第2ハウス

文字通りに読めば、金運に恵まれる配置です。本人の職業（MC）がそのまま、金銭（第2ハウス）と結びつくのです。本人が望む仕事のスタイルや人生の目標がそのまま収入を得るための手段やチャンネルになることが示されています。社会的にステイタスの高い人や公の立場にある人たちとのビジネスといった意味も出てきます。

心理学的には社会的な立場のありようがあなた自身の心理的な安定の支えになることを示します。安定した、あるいは「まっとう」な仕事をしたり社会的な地位を得たいという望みの源はそこにあります。ただ、その思いが強すぎると自分の心の自由を社会のための役割のために抑圧することになるかもしれません。

第3ハウス

文字通りに読めば、本人のスキルやコミュニケーションが本人の社会的な地位や仕事と密接に結びついていることを示します。仕事のために新しい語学やプログラミングの技術を身に付けることになる、などというのがその典型例。あるいはさまざまな情報や知識も仕事や社会的な立場のおかげで入ってくるということも。出張が多かったり、人々との交渉や活発なコミュニケーションが仕事や社会的な関係と関係して出てくることも。

きちんと方向づけられ、具体的な方法論を構築する思考スタイルを身に付けることも多いでしょう。

一方で仕事上でのコミュニケーションの仕方がそのまま日常会話にも出てきてしまうことも。無意識のうちに権威主義的な話しぶりになっていないか、誰かを見下したような考え方をしていないか、セルフチェックを。

第4ハウス

天職や仕事を意味する天体が家庭や感情生活を意味するハウスに入るという、一見矛盾した興味深い配置です。プライベートな生活とパブリックな生活が極めて緊密に結びついているのです。

典型的な例では、社会的なアイデンティティを支えるような仕事が、文字通り家庭や自分の家、あるいはその周りで起こります。在宅の仕事もそうですし、親から引き継いだ仕事をすることになるかもしれません。農業や土地に密着した仕事。インテリアや家事、料理、保育などに関する仕事も。

仕事の感覚が深く自分自身のルーツの感覚と関わっていることも。ただ、職業やパブリックな生活が自分のプライベート生活を侵食する危険もあるかもしれません。

第5ハウス

「天職」と「遊び」「創造性」が緊密に結びつく興味深い配置です。

エンターテインメントやスポーツ、アートなど自分自身が創造的であるようなジャンルで活躍できる可能性も高いでしょう。子どもにかんする仕事の可能性も。また、趣味が仕事に結びつくかもしれません（趣味が仕事につながっていくことも、あるいは逆に仕事を通じて新しい楽しみを見つけることができたりすることも）。伝統的には投機的なこともこの配置と関わるとされています。

仕事をすることが楽しみと直結していて、金銭を得ること以上に自分が楽しめることを仕事の重要な意味と考えるでしょう。

ただ、社会的なイメージや役割と自分を同一視しすぎると、個人的な心の喜びや表出を抑圧してしまう危険もあります。

第6ハウス

MC（とMCが代表する第10ハウス）も第6ハウスも仕事を司るハウスです。ただし、そのふたつには微妙な、しかし決定的な違いがあります。第10ハウスは自分の社会的アイデンティティにつながるような、あるいは、やりがいにつながるような仕事を表し、第6ハウスは生活の糧を得るための義務的な仕事だとも言われます。MCは天職、第6ハウスは生業だとも言えるでしょう。

MCのルーラーが第6ハウスにあれば当然、「仕事」は人生において重要な課題となります。実際的で実務的な仕事がやりがいと結びつくのでハードワーカー、有能な人と成ることが多いでしょう。規律正しく組織的なところで安定を得ることが多く、警察や軍隊、あるいは病院や医学、美容、トレーニングに関係した仕事と縁がある可能性も。職人的な仕事に喜びを見出しやすい。ただ、過労や仕事が健康に影響を及ぼさないように注意を。

第7ハウス

パートナーシップや人間関係（第7ハウス）に関する事項が、仕事や天職と緊密に関係し合います。結婚相手や人生上の重要なパートナーが仕事と関係する人であることもあるでしょう。あるいはパートナーや重要な人間関係である人が職業生活に大きな影響を及ぼすことも考えられます。

心理的には自分が社会の中で何者かになって初めてパートナーが得られるという感覚、あるいは逆にパートナーがいて初めて社会の中で自立できるという感覚が強く、人間関係や結婚が人生の中でも重要なテーマとなるでしょう。パートナーは個人的、プライベートなものだけではなく、社会にたいしても誇示したり、責任を負うべきものという意識があるかもしれません。

まったくプライベートな、人間的なパートナーシップをいかに作っていけるかが逆説的にひとつのテーマになりそうです。

第8ハウス

社会的なステイタスを示すMCのルーラーが遺産や共有を示す第8ハウスに入ると、仕事を通して何かを「引き継ぐ」ことになる可能性があります。有形無形のものを受けつぐことで仕事上の成功をすることになるかもしれません。そして金融、保険、また死に関するような仕事が人生の中に浮上してくる可能性もあるでしょう。第8ハウスは死のハウスでもあり、また現代占星術ではセックスも象徴します。いわゆるタブーの領域で仕事をする人もいるでしょう。

また第8ハウスは深い変容、自分の奥深い内的世界を象徴しています。人生の中で大きな変転をすることがあるかもしれません。逆境を通して本当の自分自身と出会いたいという強烈な思いを抱くようなことも出てくる可能性もあります。

第9ハウス

天職や社会的な事項が、幅広く世界を探求することとつながります。仕事がきっかけで世界を旅することになったり、そこまでいかなくとも自分の世界を広げていくことになるかもしれません。メディアなどの領域で働くこともあるかもしれませんし、また自分のアイデアや世界観を出版したり、発信していくことにもなるかもしれません。自分が発表したアイデアが評価される可能性もあります。

この星の配置のもとでは自分自身の世界観は単なる利己的なものではなく、より大きな社会全体のためになること、あるいは人生にとっての大きな意味と結びつくものであるべきだというスタンスが生まれそうです。政治的、宗教的、哲学的なこととかかわる活動にも足を踏み入れていくこともあるかもしれません。心理的に不安定だとファナティックなまでにドグマに固執することもありそう。あくまでもより広い世界に目を向けていくことが重要でしょう。

第10ハウス

MCの意味が二重に強調されます。この生まれの人にとって、社会的に意味のある仕事をすることこそが最重要課題になります。

またこの惑星や星座は、本人にとっての明確な職業の象徴となるはずです。MCのルーラーが金星で牡牛座であれば、お金に関すること、あるいはアートや食に関することが仕事となるでしょうし、水星であれば知性を使うこと、つまり執筆やコミュニケーションが仕事の前面に出ることになるでしょう。成功者にも多いパターンです。

良き職業人として、責任を持ってこの社会の中で仕事をしていくことになります。

ただ、ときに社会的成功や認知を求める気持ちが強すぎて、人生の他の領域をないがしろにしてしまう可能性もないわけではありません。人生におけるワークライフバランスを考える必要がありそうです。

第11ハウス

人間関係のネットワーク（第11ハウス）が職業やステイタスからもたらされます。その道で名前が出ている人や社会的地位のある人たちのグループに属したり、そんなネットワークから仕事の上での益を得ることもあるでしょう。

心理的には、自分が社会に貢献することでより大きな人々とのつながりの中に帰属したい、という衝動や願いがありそうです。単に自分自身の金銭的な利益だけではなく、より大きな集団や共同体のために益になるような貢献をすること、相互に助け合いになるようなことを考えるでしょう。

ただ、保守的なタテ型の人間関係だけでは満足できないことがあり、リベラルな行動パターンによってメインストリームの社会との軋轢を感じることもあるかもしれません。

第12ハウス

人生の隠れた側面（第12ハウス）が天職や自分の社会的ステイタスと密接につながっています。具体的には自分が表に出ることなく、フィクサー的な仕事をすることもあるでしょう。あるいは占いや神秘的な事項など、見えない世界とつながる仕事につくことも考えられます。病院関係、水商売やアンダーグラウンドな仕事にかかわることもありそうです。

世俗の善悪を超えた価値観をもち、自己犠牲的な感覚で誰かに尽くすことに使命感を満足させるかもしれません。

一方で、もしこの天体にハードアスペクトが多いと職業上の敵を作ることもありますから、言動にはとくに注意する必要があります。

地図は現地ではなく、ホロスコープは人ではない

　ここではホロスコープをその人の心のマップであるというように解釈して、これを解読すればその人の心がわかる、というふうにしています。

　また正確なホロスコープを描けばその人のことがよりよくわかる、というふうに読めるように書いています。

　しかし、これはあくまでも便宜上のこと。実際にはそんなことはありません。冷静に考えればそれはすぐにわかります。占星術が発達してきた古代からルネサンスの時代には今のように正確な時計を皆が持っていたわけではありません。

　またたとえ同じ時刻に生まれた双子でさえ、同じ運命や心は持ちませんし、もっと言えば、同じ時刻、ほとんど同じ場所で生まれる猫だっているかもしれないではありませんか。

　ホロスコープだけからは具体的なことは実際にはわからないのです。しかし、ホロスコープというシンボルを、ある実際のシチュエーション（この場合にはある特定の人物）のものとして、オープンな態度で読もうとしていくと、不思議にピンポイント的に惑星や星座の意味が生き生きと立ち上がってくるのです。そしてそれまでわからなかった自分の心の動きが理解できたりします。

　この不思議な現象を表すのに英国の占星術の泰斗、ジェフリー・コーネリアス博士は英単語のrealizationを使って説明しています。

　リアライゼーションとは「理解する」という意味ですが、この言葉はReal-ization、つまり「現実にする」というふうにも読み替えることができるでしょう。

　ホロスコープという単なる記号を実際の文脈に合わせて「現実のものとして」読むときに、そこに「理解」が開け、そしてその理解をもとに、自分の現実にたいして働きかけていくことができるのです。

　占星術はけっしてすでに決まった運命を読み解くという受動的な作業ではありません。

Chapter 5 ホロスコープ解釈の手順を公開

ホロスコープ「全体」を読む！

ここまでで、ホロスコープを読むためのファクターの説明は大体、終了です。ざっとおさらいしておきましょうか。

現代の占星術では、その人のホロスコープはその人の心と、心が体験する世界の象徴的な見取り図だと考えます。

ホロスコープを構成する要素は惑星、星座（サイン）、ハウスの3つ。

惑星は神話の「神々」を象徴していて、僕たちを突き動かすエネルギー、衝動の源泉と考えることができます。星の言葉を解読するという喩えを使うなら、「動詞」あるいは「主語―動詞」にあたる、文の骨格です。

次に星座は、その惑星がどんな様式で自らを表すか、を示します。文法用語でいえばこれは副詞にあたりますね。「エネルギッシュに」とか「優しく」というかんじです。

そしてハウスは惑星の力が働く、人生のさまざまな場面にあたります。同じ惑星の力でも、人間関係を通して現れるか、あるいは金銭に象徴される自分の価値にかかわる場所で現れるかでその具体的な結果はまったく変わってきます。

ホロスコープの中でも最も重要な点はアセンダント。これは「自分自身」を象徴する第1ハウスの起点です。自分自身がどのようにこの世界に位置づけられているのか、そしてどんなふうに世界に向き合っているのかを示すのでしたね。

さらに第10ハウスの起点[i]がMCです。MCは天の最も高いところで、人生の目標、あるいは到達点を表すもの。ここもとても重要でしたね。アセンダント（とディセンダント）、MC（とIC）が作る十字はホロスコープの軸と呼ばれ、ホロスコープの屋台骨。あなたをこの世界にしっかり位置づける（オリエンテーション）ものとなります。

そして、これらの惑星たちはさまざまな方法により、ホロスコープの上で互いにネットワークを作り出します。

ひとつは、「アスペクト」。惑星や天体が同じ位置（コンジャンクション）にあったり、反対側（オポジション）にあったり、120度（トライン）、90度（スクエア）などといった特定の意味のある角度を形成している場合、その天体は「アスペクトをとっている」といい、その天体のエネルギーがブレンドされ、より強力に流れ出します。

もうひとつのネットワークは「ルーラーシップ」です。惑星はそれぞれ、特定の星座を「支配」

---

i　ハウスの区分法によっては違うこともあります。イコールハウス法やホールサイン法といったやり方の場合、MCと第10ハウスの起点は合致しません。

しています。つまり惑星は特定の星座の「支配星」（ルーラー）なのです。あるハウスに入った天体はどこか他のハウスに入っている星座の「支配星」でもあります。たとえば火星が第1ハウスにあって、第10ハウスの星座が牡羊座であれば、牡羊座のルーラーは火星ですから、第1ハウスと第10ハウスが関連づけられるということ。この人の仕事の内容（第10ハウス）は、この人の人格や自己イメージの形成に大きく影響している、と読むことができるわけです。

ホロスコープの目鼻立ちをつかむ

以上のことを頭にいれておいて、あとは惑星、星座、ハウスの意味をしっかりと自分のものにしていけばいいのです。基本的な要素は、ここに述べた、たった2ページほどの中身。高校や大学の受験で何冊もの教科書や参考書と首っ引きで、四苦八苦されたみなさんであれば、けっして難しいものではないように見えるでしょう？

でも、言うは易し、行うは難し。実際にはそんなに簡単ではありません。

確かに、ある惑星がある星座にある、ある惑星があるハウスにある、ある天体とある天体がアスペクトしている、といったそれぞれの要素を個別に解釈していくのは、本書にあげた解釈の例を参照していけばいいのですから、さほど難しくはありません。

ですが、問題はそれぞれの材料を全部、出してみた時です。中には互いに矛盾する意味をもつものもあるでしょう。太陽はこうで、月はこうで、火星はこうで……と並べていくと、結果的にバラバラのイメージが散らかっていくだけで、ひとつの人物像や意味のある解釈としてまとまらないのです。多くの占星術学習者がつまずくのはこの段階です。

実際、これまでの占星術教科書の多くは、ホロスコープの各要素をひとつひとつ見てゆき、最終的にそれらの要素を「総合」(シンセシス)することを目標としていました。しかし、実際にはそうしたことはほとんど不可能です。控えめに見てもファクターが多すぎるのです。

結果、古い時代の教科書をみると、「あなたの性格はこうで気質はこうで、金銭はこうで」という味気ない文章の羅列が実例として並んでいることが多いのはそのため。

これでは血肉の通ったホロスコープの解釈にはなりません。実際には、すべての要素を出して「総合」するのではなく、ホロスコープの特徴、「目鼻立ち」を拾い出していく作業をしてゆくことになるという方が実情に近いでしょう。

経験をつんだ占星術家であれば、ホロスコープを見たときに、それがモノクロで描かれていても、不思議にいくつかの惑星やホロスコープのポイントがマーカーされているように、浮かび上がって見えるような経験をします。これは何も超能力ではなく、ホロスコープの重要ポイントが目に飛び込んでくるということなのです。

ただ、このレベルに達するにはかなりの経験が必要になります。ひとつひとつの要素を見て、バラバラに解釈している初心者から見れば、ホロスコープのストーリーテリングは「名人芸」のように見えてしまいます。

これまでの占星術教授法では、随分、乱暴なことも言われていました。「千枚くらいホロスコープを作って読んでいけば自然にできるようになるよ」とか「先生のやり方を見て盗みなさい」などと。でも、これは「英語なんて聞いていれば自然に話せるようになるよ」とか「水に突き落とせばすぐに泳げるようになるもんだ」と言っているのと同じですよね。真理ではあるかもしれないけれど、

21世紀に生きる僕たちにはもう少し効率的なやり方があるはずです。

占星術家にはそれぞれ、その人なりのホロスコープの目鼻だちの拾い出し方の「型」のようなものがあるはずなのです。そしてほとんど無意識的に、自然にやっている脳内のホロスコープ解読のアルゴリズムを、多少無理矢理、荒削りにでも可視化していくこともできるはずで、それをやってくださっている先達も早い時代から何人かいます。

いわば、自分のホロスコープ解読の「定石」を明かしてくれている人たちです。たとえば筆者が影響を受けた80年代のG・ダビデ氏による解釈の秘訣（「G・ダビデのホロスコープ解読入門」『ミュー』サンケイ新聞社）。

これは雑誌に連載されていたものですが、だいたい、以下のようにまとめられていました。

①　まず太陽です。太陽は全惑星のなかで飛び抜けて重要な意味をもっています。太陽は、人間の生き方を決め、人間に最終的な満足感を与える星です。太陽の恵みを十分に活かすことなしには、人間の幸福はありえないのです。ですから太陽が何座にあり、第何ハウスにあり、どんなアスペクトをもっているか、これだけは、最低限頭にいれておかねばなりません。この認識が常に基本であり、持って生まれた太陽の恵みをどう活かすかが、最終的なアドバイスになります。[i]

i　ここに挙げられている太陽をとくに重視するという視点は19世紀末から20世紀初頭のアラン・レオによる神智学的太陽崇拝から顕著になった。伝統的占星術では15世紀のフィチーノの新プラトン主義的占星術以外にはあまりみられないものである。

②　月、火星、木星、土星。この4つの星は、運勢的に重要な役割を持ちます。すなわち、行動面でのポリシーを左右します。もしこれらの星がアスペクトを多く形成し、しかもASC近くや、天頂付近にある場合、またはチャートルーラー（アセンダントの支配星）であったりした場合はとくに重要です。またアセンダントとこれらの関連性。これらの星とアセンダントが連動して働くようなら、人生において非常に大きな力を発揮するのは目に見えています。

③　②で挙げた星がアスペクトを多くもたず、また置かれている位置も重要でないなら、そのほかの星で似たような条件をもつ惑星を探します。この場合アスペクトの種類は問わない。

また、これは英国の占星術の重鎮の一人であるマギー・ハイド氏による見解。マギーさんは英国の占星術団体「カンパニー・オブ・アストロロジャーズ」の創立者の一人です。

重要な順に

●アセンダントとそのルーラーのサイン、ハウス、アスペクト
●アングル上の惑星（5度以内）
●カスプ上の天体
●メジャーアスペクト・パターン
（Tスクエア、グランドトライン・クロス、カイト、ステリウムなど）
●正確なメジャーアスペクト（1度以内）

●下記の条件で重要な天体
半球
強いアスペクト
ディスポジター
サイン、ハウス、アスペクトによって強化、ないし弱体化されているもの（ディグニティ）
●あなたの目を引く印象的なもの

僕もこの解釈にほとんど同意します。ただし、僕はさらに、ホロスコープの中の「盲点」のようなポイントにもとくに注目したいのです。それはシングルトン（124ページのフロイトのホロスコープ参照）、並びにミッシングエレメントです。

シングルトンに注目

①チャートの中で孤立したように見える天体
（バケットタイプなどの取っ手の部分）
③エレメント、クオリティ分布において、ひとつだけ存在している場合（とくにエレメント）
③メジャーアスペクトをもたない天体（アスペクトのない天体）

このような惑星を「シングルトン」と呼びます。シングルトンは、ほかの惑星との関係性がないために「意識化」されにくいと考えられる。そこで、無意識的、極端なはたらきをすることになることがある。

意識化されていないというのはどういうことでしょう？

それは自分の心の中にある大きな要素であるにもかかわらず、それがあるとは感じにくく、それを無意識的に強く求めて、反発してしまうということです。

たとえば、水の星座に星がひとつしかない場合、水の要素が本人にとってとても意識されにくいということ。水は感情や情緒を象徴しますから、それを無意識のうちに求めてしまうことが多くなります。水の要素がないので、冷たい人間になるかと思いきや、実際には過剰なまでに情緒的に人とのつながりを求め、感性的な領域に踏み込もうとすることもあるのです。自分に足りないものを強く、どこまでも求めてゆく。もちろん、感情を感じにくいドライな人になることもあります。つまり、その表れは両極に振れがちなのです。

ホロスコープの解釈は、正確にその人を描写したり、ノーヒントで言い当てることが目的ではありません。また、人を驚かせることが目的ではありません。実際にはその人に会ってみないとわかりません。

本来、ホロスコープを通して自分自身でも気がついていないような自分の内的な動機や心の動きを探っていくことにその目的はあります。

だからこそ、ホロスコープの中で「意識化されにくい」あるいは「目立たない」、「弱い」点にも注目することが大事だと僕は思っています。

たとえば、ある学校や教室を本当に理解して、お付き合いを深めていこうとするなら、スター選手や学級委員長に注目するだけではダメ。教室の隅にいて、何かしていたり、学校の外で暴れたり注目されるのを待っている生徒にも目配りをする必要があります。これがホロスコープの「盲点」のようなものだと、僕は思っています。

以上のようなことを頭に置きながら、次からいくつか、実際のホロスコープの例を見ていくことにしましょう。

実例その1

それでは、これまでの情報をもとに、実際のホロスコープを読み解いてみましょう。

これは僕がよく知っているある人のホロスコープ。ただ、「よく知っている」といっても実際にお目にかかったことはない、いまや歴史上の偉大な人物のものですが。

この段階では名前を伏せて、ホロスコープを手順通りに見ていくことにしましょう。カンのいい人であれば、「あ、あの人だ!」とわかってしまうかもしれませんけれど……

ホロスコープ全体の星の配置

まず、ホロスコープ全体を見てみましょう。

惑星はどんなふうに散らばっているでしょうか。

全体的にはホロスコープの下半球(下半分)に多くの惑星があることがわかりますね。これはこ

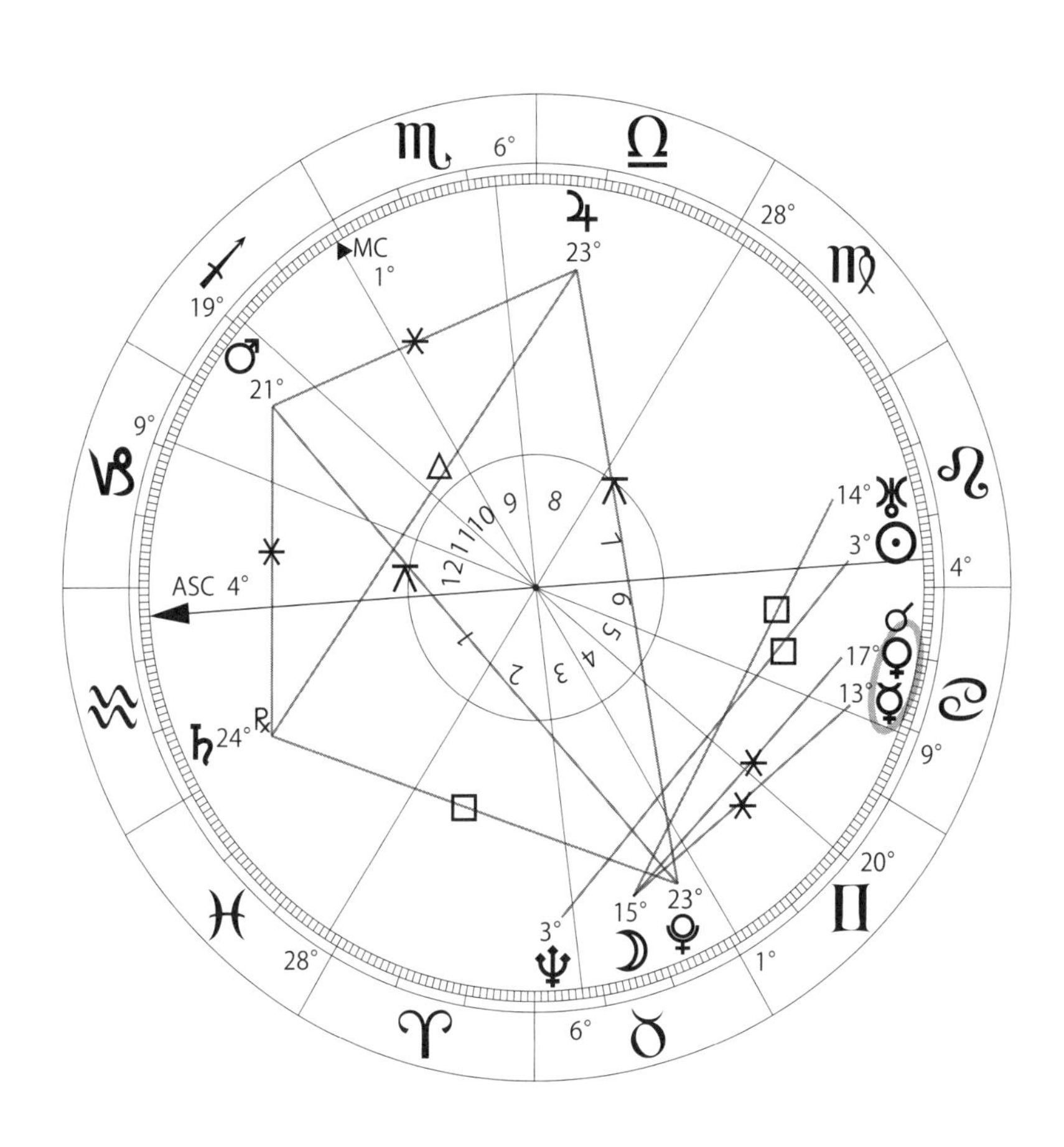
MC
1°
ASC 4°
6°
28°
23°
19°
21°
9°
14°
3°
4°
17°
13°
9°
24°
20°
15°
23°
3°
28°
1°
6°
1
2
3
4
5
6
7
8
9
10
11
12

の人がどちらかというと、内的なこと、プライベートなことに人生の力点を置いていることを示します。

一方で天頂に近い惑星は射手座の火星です。社会の中では競争の激しいところに出て、果敢に活躍しようとすることがわかりますね。

MCは射手座、そして火星も同じ射手座にあります。射手座の象徴する旅行、精神、宗教、哲学などがこの人がエネルギーを注ぐ領域になりそうですね。

ついでに言うと、射手座のルーラー（MCのルーラーでもあります）は木星でした。木星も火星について天頂に近いので、射手座の意味を二重に強調しているわけです。そしてこの木星は第8ハウスに入っています。第8ハウスは「死とセックス」「遺産」を象徴するハウスなので、このようなテーマにかかわることで業績を残す可能性がありますね。そしてそれは本人の深い部分での変容を促すことになることになるはずです。

エレメントのバランス

星座のエレメントへの散らばりをみると、

火の星座：太陽、火星、天王星
地の星座：月、海王星、冥王星
風の星座：木星、土星
水の星座：水星、金星

となっていて、比較的バランスがとれています。ここではとくに特徴はありません。

また活動、不動、柔軟の星座をみると柔軟の星座には火星がひとつしかなく、わりに頑固で柔軟性には少し欠けるタイプであるかもしれません。

アングル上の天体

ホロスコープの中心軸であるアセンダントーディセンダント、MCーICのそばにある天体を探しましょう。

この領域はホロスコープの中で極めて強い力を発揮することになり、チャート全体の中で主役級のプレーヤーになるはずです。

この人の場合、ディセンダントのすぐそばに太陽がありますね。つまり、西の地平線に沈んでゆく太陽。この人が夕刻の生まれであることがわかります。

太陽は獅子座のルーラーなので、その最も大きな力を発揮。獅子座の太陽は自分自身の存在を大きく主張しようとします。

華やかな印象で、いつも自分が輝こうとする人でしょう。明るく快活、パワフルなのが獅子座の特徴です。

ですが、面白いのはこの太陽がディセンダント、つまり「他者」や「パートナー」を示す位置にあること。図ではギリギリ第6ハウスにあるようにみえますが、第7ハウスの5度手前以内ですから、「5度前ルール」を適用して第7ハウスに入っていると見ます。

するとこの人は、パートナーやあるいは誰か他者を通じて自分自身を実現したり、人生を切り拓く人であると解釈できますね。

では、この太陽はほかの星とどんな関係を持っているでしょうか。

アスペクトを調べてみると、太陽は海王星と極めて正確な90度（スクエア）をとっていることがわかります。

この太陽と海王星のアスペクトにはほとんど誤差がありませんし、また太陽は常にホロスコープ全体の中でも重要なポイントですから（そして自分自身の星座にいる）、この太陽－海王星のコンビはこのチャートの全部のアスペクトの中で最も重要な、ずば抜けてパワフルなものだと言えます。

太陽は自分が自分であろうとする力ですが、海王星は自分という境界を溶解させ、自分よりも大きなものに溶け込ませようとします。

この組み合わせはさまざまな表れ方を示します。ポジティブな表れ方で、スピリチュアリティへの目覚めや大きなヴィジョンをもたらすこともあれば、悪くすると意志薄弱で不安定、非現実的なパーソナリティを作ることにもなります。

また太陽はしばしば父親を象徴します。この人は父親に大きな理想を抱いたり、またその反動として大きな幻滅や失望を味わいやすいということにもなります。

アセンダントと月

次に、太陽と並んで重要なアセンダントと月に目を向けましょう。

アセンダントは水瓶座。この人が科学的であったり合理的な人物として世界に顔を向けていることを示します。

アセンダントの水瓶座のルーラーは天王星、天王星は太陽と同じく第7ハウスにいますから、「他者と関わって人生を切り開く」という意味が二重に強調されています。また第7ハウスの天王星は変化に満ちた人間関係、エキセントリックで個性的な人々との交流を示すものだと考えられますね。月は牡牛座にあります。この人の感情が豊かで、温厚、あるいは重厚なことを指しています。また、この月は第3ハウスですから、知的好奇心が旺盛で、記憶力もよく、さまざまなことを吸収するでしょう。そして月は少しオーブは広いですが、冥王星と0度（コンジャンクション）。感情には深みがあり、人間の深い欲望に敏感でしょう。

月は水星や金星と60度（セクステル）を形成していて、優しく、コミュニケーション能力が高いことを示します。

母親とは深く、そして心の奥底でつながるような関係性を作っていくでしょう。

第1ハウスの土星

アセンダントからは少し離れていますが第1ハウスに土星があり、シリアスに人生に取り組む人であることを示します。

どうでしょう。何となくこの人の人物像が思い描けたでしょうか。

もっとも、既に述べたようにホロスコープという「地図」は、人間という「現地」ではありません。

実はこのホロスコープが猫のものであるという可能性もありますし、男性のものか女性のものか、日本人のものかアメリカ人のものかさえ、チャートだけからではわからない、ということをもう一度押さえておきましょう。その謙虚さをもって、ホロスコープを見て、味わうのです。

実はこのホロスコープは心理学者のユングのもの。

ユングは科学者としてのアイデンティティを強くもっていましたが（アセンダント水瓶座、土星）、近代的、合理的な精神医学だけに留まらず、その関心は深く宗教的な領域にまで広がっており、これを熱烈に追究しました（MCは射手座、最も高い位置にある射手座の火星）。

「心理」というよりも「たましい」と呼んだ方がふさわしいような、心の深みを追求し、人の心の変容を導こうとしていたのです（MCのルーラーは第8ハウス）。

もちろん、ユングは単なる理論家ではなく臨床家でしたから、常に多くのクライアントや患者と向き合うことに人生を捧げています（太陽、アセンダントのルーラーがともに第7ハウス）。

また父親は聖職者でしたが、その父親の信仰のゆらぎに失望感を抱いていたといい、密接な関係のあった母親の家系からは霊的世界への関心を引き継いでいます（太陽、海王星のスクエア、月と冥王星のコンジャンクション）。

ユング心理学の最大の特徴は、人類に共通する、深い「集合的無意識」の層と、個人の「個別性」の鋭い葛藤とバランスを使いながら自分が自分になっていこうとすることだといえます。これは、ユングのホロスコープの中で最も強力、特徴的なアスペクトである太陽と海王星の90度（スクエア）によって見事に象徴されている、ということができるでしょう。

実例その2

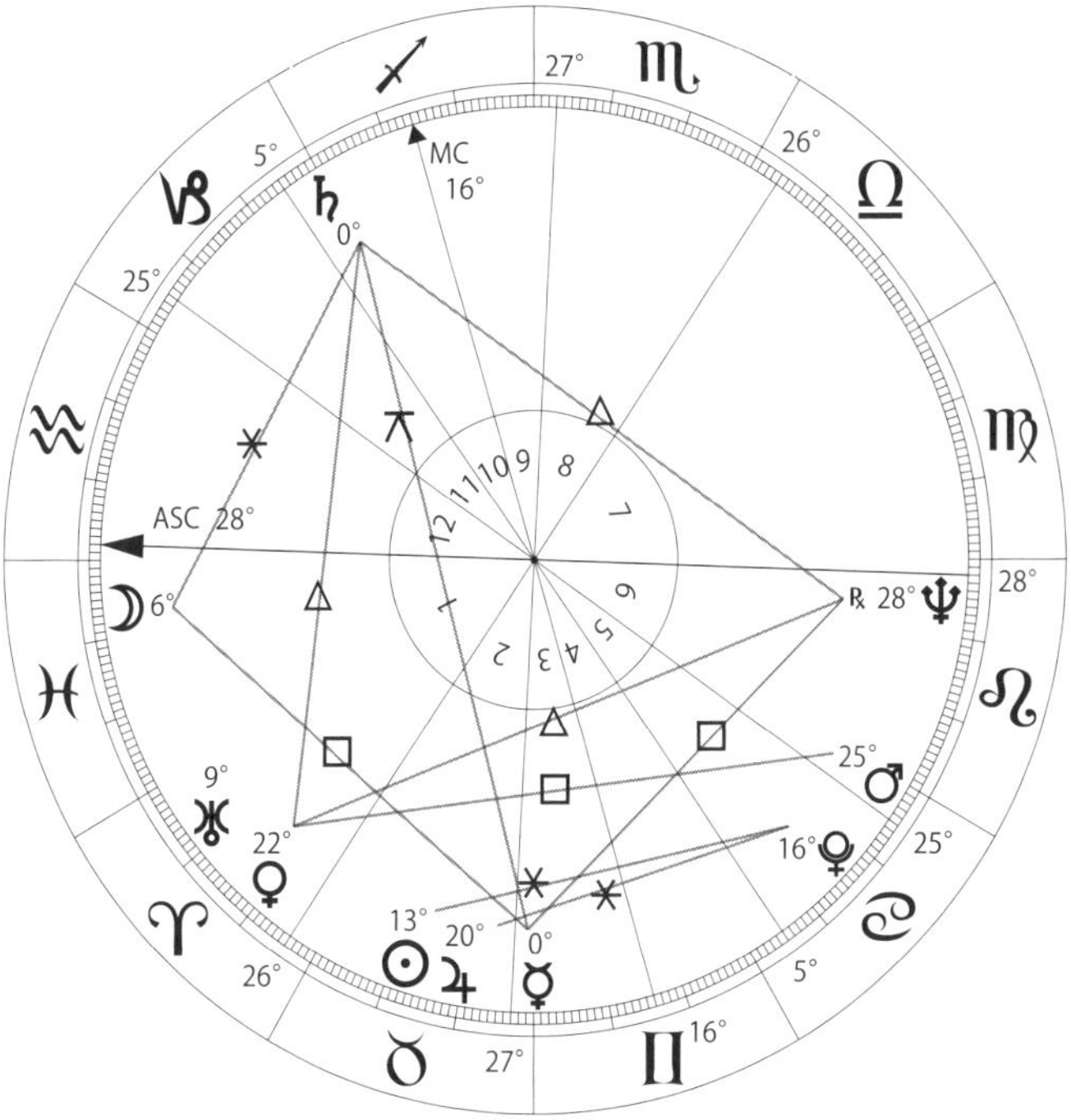

もうひとつ、実例を見てみましょう。今度は世界的に有名な女性のホロスコープです。
先のユングと同じように、水瓶座がアセンダントにありMCが射手座です。また、ホロスコープの中の星の散らばり方もユングと同じように下半分に集中しているのも似ています。
実際にはユングとは全く異なる人生を歩んだ人ではありますが、知的な印象を与え（水瓶座アセンダント）、また大きなヴィジョンをもって仕事をしてゆく人である（MC射手座）であることがわかります。たとえ大きな社会的な成功を収めたとしても、あくまでも自分自身の内的な充足感を大事にしていくことなどはユングと大きなところで共通していると、占星術の上では見ることができます。
今回は、最初から種明かしをしてホロスコープを見ていきましょう。

これは『ティファニーで朝食を』『マイ・フェア・レディ』などで世界を魅了した、オードリー・ヘプバーンのホロスコープです。

まずはアングル上の天体を見ていきましょう。ヘプバーンは、アセンダントのそばの月、ディセンダントの海王星がホロスコープの軸上にありますね。MCから少し離れていますが、土星が天頂そばにあります。この土星はホロスコープ全体の星の散らばりのなかでポツンと離れている「シングルトン」であり、かつ、自分自身が支配する山羊座にあってとても強力です。

アセンダントにある魚座の月はヘプバーンが情緒豊かで優しく、また多くの人の心と共鳴しあうことができることを暗示しています。

ディセンダントにある海王星は、多くの人々にとっての「夢」「ファンタジー」を引き受ける存在になることを示しているように見えます。獅子座という自己表現の星座にある海王星が強力であることはショービジネスの世界で活躍したヘプバーンをよく表しているように見えますね。これはこの教科書の範囲を超えてしまいますが、獅子座の28度には「獅子の心臓」という別名をもつ一等星のレグルスがあります。これは大きな名誉を象徴する恒星とされていて、ヘプバーンが大きなスターになることを示しているように見えます。

さて、この月と海王星は水星と互いに90度（スクエア）、Tスクエアを形作っています。このT字の中心にあるのは双子座の水星ですね。水星は自分自身の支配する双子座にあってとても強力。さらに風の星座には水星しかありませんから、これはシングルトンで、ホロスコープのキーです。

水星は知性を象徴していて、ヘプバーンがとても知的な女性であったことを象徴します。ただ、それは合理的な思考というよりも人の感情と直接的に反応し（月）、また想像力をかきたてるものでもあるでしょう（海王星）。これは女優としての表現力を示すものに見えると同時に、ヘプバーンが何ヶ国語も話すことができたということを考えるととても頷ける配置ですね。

太陽は牡牛座、第2ハウスで木星とコンジャンクションとなっています。これはそのまま読めば大きな経済的成功と、寛大な心を示しますが、ヘプバーンが後半生をユニセフの親善大使として慈善事業に心血を注ぐことになったことはよく知られています。

天頂の土星は自分に与えられた仕事に真剣にとりくむ責任感や、確固たる地位を求める気持ちを示します。天頂の土星は一般に努力を積み重ねた上での成功者に多く見ることができるもの。山羊座の土星からだけでは「女優」というイメージはもちにくいかもしれませんが、愛と美の金星、そしてファンタジーの海王星とこの土星がそれぞれ120度（トライン）、美しいグランドトラインを形成しているのを見れば、このホロスコープの持ち主が人々の理想（海王星）を体現するために自分の美意識（金星）を鍛え上げ、磨き抜くことに（土星）大きなエネルギーを注いでいたことがありありと伝わってきます。

附録

小天体カイロンについて

Astodiesntを使用したホロスコープの作成方法

小天体カイロンについて

現代の占星術では太陽、月、水星、金星、火星、木星、土星、天王星、海王星、冥王星の10の「惑星」を主に用います。しかし、天文学の発展とともに次々に発見されているそのほかの小天体もホロスコープに取り込んで解釈する人も増えています。

とくに現代の占星術では、「カイロン」（キロンと呼ばれることもある）という小天体を重視しています。

カイロンという星の名前は、あまり聞いたことがないかもしれません。それもそのはず、カイロンは１９７７年11月に発見された、比較的新しい天体なのです。

１９７７年11月、小さな新惑星が土星と天王星の間の軌道上に発見されました。半径１１６・７キロメートルのかわいらしい岩の塊のような星です。それが、後にカイロンという名が与えられた惑星です。公転周期は、約50年。それは惑星というにはあまりに小さく、かといって木星と火星の間を回る小惑星（アステロイド）と呼ぶにはあまりに公転周期が長いので、プラネトロイド（擬似惑星）などと呼ばれたこともありますが、今では彗星と小惑星のふたつの性質を併せ持つ天体であることがわかっています。

また、カイロンのような天体はカイロンひとつではなく、ほかにもいくつもあることが今ではわかっていて、総称して「ケンタウロス族の天体」とも呼ばれています。カイロンはその代表というわけです。

このカイロンは、占星術的にはどんな意味を持つのでしょうか。

歴史を見ると、新しい星が発見されるということは、人間の意識、ひいては社会に何か新しい大きな変化が現れることを表しているとされます。たとえば、革命の星、天王星が発見された1781年は、産業革命、市民革命の時期と軌を一にしていますし、幻想の星、海王星が発見された1846年は、ロマン主義芸術が盛んになった時代です。では、カイロンが発見された時代とはどんな時代だったのでしょうか。当時の世界を見渡すと、人間性をもう一度取り戻そうとする、いわゆる「人間性心理学」や「トランスパーソナル心理学」、「ニューエイジ運動」が盛んになっていました。そこで、カイロンは、魂の癒しを司る星だという説が有力になってきています。奇しくもケイロンという名のギリシア神話の登場人物と同じ性質を持っているのです。

カイロン発見時
アセンダントの射手座は、思想や哲学を表す星座。上昇星の海王星は、それが犠牲を通してのものだと語っている。

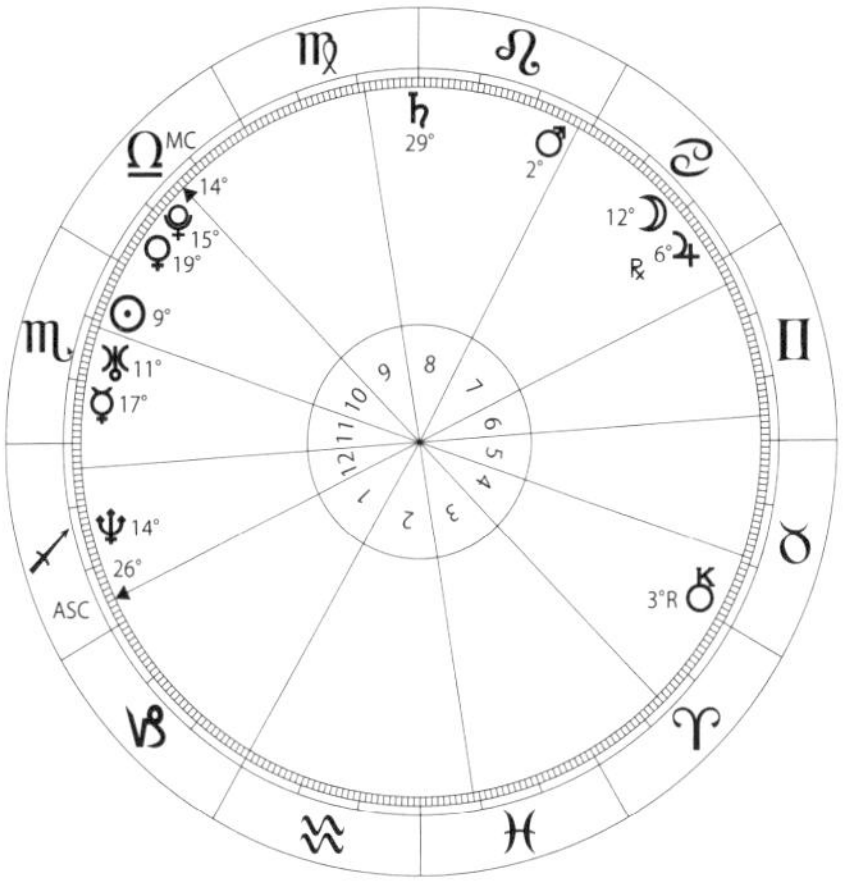

カイロンは半人半馬のギリシア神話の神様

カイロンは、ギリシア神話の半人半馬の神ケイロンにちなんで名付けられています。ケイロンは、クロノスとヒュリラの子ですが、クロノスが馬の姿をとって女神と交わったので、上半身が人間、下半身が馬という姿でケイロンが生まれたのだといいます。怪物じみた姿に恐れをなしたケイロンの母は、ケイロンを見捨てます。幸い、ほかの神々が保護して養ったので、ケイロンは、すくすくと成長しました。ケイロンは、音楽、倫理、狩り、占星術など、さまざまな知識と技術を身につけましたが、とりわけ優れていたのが医学と癒しの術だったといいます。

　長じてケイロンは、神々の中でも1、2位を争う賢者の一人に数えられるようになり、後に多くの神や英雄の教育者となります。賢者ケイロンは、まさに多くの神々の尊敬の的でした。しかし、不運は突然にやってきました。英雄ヘラクレスが、ほかのケンタウルス族と間違えて、ケイロンに矢を放ったのです。矢には、妖獣ヒドラから取った毒液が塗りつけてありました。

　妖獣の体液は、ケイロンの体を内からじわじわと蝕んで冒していきます。いかにケイロンの医術をもってしても、その傷だけは癒すことができませんでした。ケイロンの苦しみは、まさに死をも超えたものでした。しかし、神の一人である彼は、不死の性質を持っていたのです。そのままでは、苦悶は、永遠に続くでしょう。苦しみに耐えかねたケイロンは、ついに人間であるプロメテウスに不死を譲ってその生を終えたのでした（尊厳死や安楽死が重要な問題になった現在、死の選択というテーマは、新たな意味を持ち始めました。カイロンの発見とシンクロするテーマです）。

カイロンこそ心優しいヒーラーです

　この神話は、カイロンの性質を余すところなく語っています。カイロンは、治療、教育、占星術などを司るとされてきましたが、かみくだいていうなら、「癒し（ヒーリング）」を司る星といえます。

　人間は、だれしも心に「傷」を負って生きています。今までは、それに目を向けず、目の前の生活だけに追われてきました。しかし、最近、心の豊かさを取り戻そうとする動きの中で、魂の「癒し」が盛んに取り沙汰されるようになってきました。深層心理学やスピリチュアルのブームは、その一例でしょう。

　カイロンは、「傷ついた癒し手（ウンデッドヒーラー）」です。彼は、自身が傷ついていることを知っています。そして、傷の痛みも知っています。サイコセラピストのホロスコープで、カイロンの配置が目立って強いことが知られています。セラピストが患者の痛みをわがものとして引き受け、それが癒しにつながるからでしょう。また、小惑星の研究で有名な占星学者、ドーピンズ以外には、ロロ・メイ、R・アサジオリ、R・レイン、ホセ・シルバ（マインドコントロール法の研究で有名）、ヨハネ・パウロ2世、ポール・ソロモン、キング牧師なども、魂の領域に深くかかわった人々の例として挙げておきます（しかも、木星との強いアスペクトが特徴）。

ホロスコープの中でのカイロンの配置、とくに、カイロンが第1から第12のハウスのどのハウスにあるかは、その人の魂の隠された傷、いい換えるなら深いコンプレックス（より正確にいうなら、トラウマ＝魂の傷）と、その癒しの方法を誇っています。はっきりと自覚できていないことが多いのですが、自分史をたどってみると、恐らく思い出すことが出てくるはずです。なお、より正確な判断を求める人は、カイロンがほかの惑星と作るアスペクトも参考にしてください。カイロンにハードなアスペクトが多いと、傷を自覚することが多く、それを癒すには、かなりの努力を要します。

一方、カイロンがいいアスペクトを受けている場合には、傷を自覚することは少なく、苦しむことも少ないのですが、半面、その傷を自覚的に癒せず、成長につながらないという傾向もあります。

カイロンがホロスコープの、どのハウスにあるかを確認したところで、以下の説明を読んでください。

カイロンが位置するハウスからわかること

第1ハウス

第1ハウスは、俗に「自我のハウス」と呼ばれていますが、要するにアイデンティティや自己のイメージを表しています。このハウスは、ホロスコープの中でも最も重要な部分ハウスのひとつです。

意識する、しないにかかわらず、ごく幼いうちに心にトラウマ（傷）を受けた経験があり、それが性格に大きな影響を与えています。人の痛みに敏感で、人の傷を放っておくことができません。たとえ、それが目に見えることでなくてもです。

占星学者イブ・ジャクソンの研究では、セラピストや精神科医の多くがカイロンを第1ハウスに持っていたということです。カイロンのこの配置は、人の痛みを引き受ける癒しの星なのです。人に相談を受けることも自然と多くなりそうです。シュバイツアーやマルチン・ルーサー・キング牧師がこの配置です。

人はだれでも、傷ついて生きています。そのことさえ理解すれば、生の新たな意味を発見できるでしょう。

第2ハウス

第2ハウスは、「所有のハウス」と俗称されています。発達心理学的に見ると、子供が母親から意識の上で別の存在であると自覚し、自分のものや自分の体を母親とは別な存在として知るようになる時期を指します。そこから、「僕の」という意識が芽生え（めば）てくるのです。

第2ハウスのカイロンは、発達段階で心に何かの傷を受けている可能性を示します。その結果、所有欲や嫉妬心が強くなったりします。また、お金や物の扱いがあまり得意ではないかもしれません。要は、物質のコントロールがあまりうまくいかない心配があるということです。

　トラウマを克服し、カイロンの高次の影響力を使えるようになると、肉体や物質に関して、非常に優れた哲学的な洞察を得るようになります。また、お金を余裕を持って自分のためになる使い方をできるようになるでしょう。

　死の医療に大きな影響力を持つキュブラー・ロス女史がこの配置です。霊の肉体からの離脱、解放ということを科学的に研究し、それをガンの末期患者のケアのために用いるというのは、まさにこの配置のカイロン（肉体）の最高の表れ方でしょう。

第3ハウス

　第3ハウスは、俗に「コミュニケーションのハウス」と呼ばれています。これは、発達心理学からいうと、言葉を話しはじめ、合理的な思考が芽生えはじめるころから小学校時代までを指します。カイロンがこの配置にあると、その精神発達の段階で心に何らかのトラウマを受けた可能性が強いと判断できます。

　そこで、自分の知性や言葉に不信感、不安感を持ってしまうことが多いと考えられます。たとえば、話し下手であったりコミュニケーション能力に自信がもてない場合もありそうです。また、合理性に対する不信感も強いようです。あるいは逆に、何でも論理化しないと不安で仕方がないという人もいるようです。たとえば、恋をするときでさえ、私はあの人のことここが好きというように、すべて分析してしまうのです。こうしたパターンは、同じ傷を受けた魂の異なる表れ方にすぎません。この配置がよく出ると、非常に心のこもった話し方で人の心を和らげたり、ものを書いたり、コミュニケーションをしたりして、ほかの人の痛みを引き受け、癒せるようになります。

第4ハウス

　俗に第4ハウスは「家庭のハウス」ともいわれていますが、それは、心が安定と平安を得る場所や根拠を示しているからです。

　発達心理学的にいうと、自分がしっかりと落ち着ける、信頼できる場所を知るころにあたります。自分が家族の一員であり、その中にいれば安全だという感覚です。

　カイロンがこの配置にあると、幼いころに自分の居場所が心理的にはっきりしていなかったようなことが考えられます。たとえば、両親が留守がちだったとか、かわいがられたかと思うと急に冷たくされたりと、むらのある接し方をされたようなことです。とくに、父親にです（第4ハウスは、父親を表すことが多いのです）。その結果、一度親しくなった人とは、相手の意向がどうであれ、徹底的に深い関係になろうとしたり、そうでなければ警戒心が強すぎたりして、人間関係のうまい距離が取れなくなるのです。

それを克服するなら、他人の寂しさに敏感な優しい人間になれるでしょう。ほかの人の寂しさを優しく包みこむことにかけては、あなたはどんな人にも負けないし、それがまた、あなた自身の孤独を癒すきっかけになるでしょう。

第5ハウス

第5ハウスは、「創造のハウス」あるいは「娯楽のハウス」と俗にいわれていますが、より正確にいうなら、自己表現を司る場所です。発達心理学でいうと、子供が遊びや創造活動を通じて自己を表現しようとしはじめるときにあたります。第5ハウスにカイロンがあるということは、その発達段階で、何らかのトラウマを心に受けたことを表しています。

それが深い傷として残ると、この生まれの人は、躍起になって人の注目を集めようとします。仕事でも、趣味でも、ただ自分のためにするのではなく、称賛を得たいがために取り組もうとする傾向が強いのです。そしてそれが続くと、結局自分が擦り切れてしまいます。心当たりのある人は、自分のためにすることと、人に注目されたいという気持ちをはっきり分けて考える必要がありそうです。

しかし、それを克服できたら、この生まれの人は、子供たちの心と体の病を癒すことに力を発揮できるようになるし、また、健康的なユーモアを発揮できるようにもなります。

第6ハウス

第6ハウスは、一般に「労働と健康のハウス」と呼ばれていますが、発達心理学的に見ると、自分と他者を区別し、反省することができるようになる時期を指します。また、初めて自己の健康や肉体の限界を知るようになる時期でもあります。

カイロンが第6ハウスにあると、肉体的なこと、あるいは健康上のこと、そのほかのことをほかの人と比べてコンプレックスを深く感じてしまったり、自分に潔癖になりすぎたり、というようなことがあるかもしれません。

この配置のある人は、何か理想像を心の中に抱いていて、ストイックに自分をそれに近づけようとする傾向があります。あるいは、自己批判がすぎて自己嫌悪に陥ったりすることもあるかもしれません。

　そうした批判精神や理想像が他人に投影されると、恋人や結婚相手に過大な期待をしたり、理想化がすぎて相手に負担をかけることになる心配があります。逆に、自分は相手にふさわしくないと考えてマゾヒスティックになることもあります。

第7ハウス

　第7ハウスは、俗に「結婚のハウス」あるいは「他人のハウス」と呼ばれています。

「自分のハウス」の正反対側に位置するこの第7ハウスは、人が初めて一人前の人間として他者と人間的なかかわりを持つようになる時期を表しています。このハウスがよく示す、「結婚」というテーマは、人間関係の中でも最も典型的なものです。

　カイロンがこの位置にあると、多くの場合、幼いころに何か人間関係で魂に傷を受けた可能性があります。そのトラウマは、心の中に深く残され、その後の人生に大きな影響を与えるようになります。人間関係や恋を深いものとして築こうとすると、どうしてもその傷が出てきて、相手に過大な理想を押しつけたり、逆に自分がもてるわけなどないと、卑下しすぎたりするようになるかもしれません。その無意識の衝動は、安定した人間関係を壊すもとにもなっているのです。何度か離婚・結婚を繰り返したジャクリーン・オナシスがこの配置ですが、彼女も、華やかな人生の陰に暗い無意識の部分を持っているのかもしれません。

　しかし、それはまた、人は一人では生きていけないということを深いところで知っている優しい人間になる可能性を与えてもいます。もし、人間関係の大切さに気がついたなら、素晴らしい心の癒し手になるでしょう。

第8ハウス

　第8ハウスは、「死とセックスのハウス」と伝統的にいわれてきました。

　そうしたことから、まるで不吉なものを表すハウスのように考える人もいるようですが、しかし、それは浅い見方です。

　心理占星術的に見れば、自分を確立して自立的な人間関係を築いた（第7ハウス）後に訪れるより大きな目覚めの位置です。

　セックスは自己が他者と溶け合うものであり、死は新たなサイクルへの旅立ちです。すなわち、何か新しいものへの進化ともとれます。

　さらに、逆説的ないい方になりますが、個人を超える可能性の礎（いしずえ）となるのは、セックスや破壊衝動などの無意識の本能なのです。

カイロンがこの配置にあると、本能的な欲求が満たされなかったり、それが抑圧されたことが魂の傷になっている場合が多いようです。そうした魂の傷は、暗い気分や悲観的な考え方を作り出すこともあります。また、密かな自己嫌悪につながることもあります。

もし心当たりがあるなら、自分の本能や暗い部分はほかの人にもあるのだということを思い出すことが重要。それを受け入れたとき、他人の魂のひだに触れることのできる、本当に強くて優しい人間になれる可能性が。

第9ハウス

第9ハウスは、俗に「思想と旅行のハウス」と呼ばれています。心理学的に見ると、それは、自分の知性の領域を彼方（かなた）に広げ、高めることを表しています。第9ハウスは、さらに高く、さらに速くをキーワードにしているといえばわかりやすいでしょう。このハウスにカイロンがある人は、自分の人生哲学を形成する段階の、幼いころに何らかのトラウマを受けた経験がある可能性が強いようです。

その結果、この生まれの人は、人生や宇宙について深く考えられるようになります。そのトラウマが昇華できないうちは、頭でっかちの理論家になって場違いな議論を振り回しがちですが、自分の思考の可能性をありのままに受け入れたときに優れた思想家になる素質があるのです。その人の生き方や考え方は、ほかの人を救い、それによってまた自分の世界も大きく広がるという暗示があるのです。

第10ハウス

第10ハウスは、伝統的には「天職のハウス」と呼ばれていますが、心理学的には、本人が思い描くある種の自分の理想像を表し、そのモデルになっているのは幼いころに最も影響を受けた親の姿です。伝統的には、あなたが思い描くある種の自分の理想像を表し、そのモデルになっているのは幼いころに最も影響を受けた親の姿です。伝統的には、第10ハウスは、父親を表すといわれてきましたが、父親の姿が家庭から失われつつある現代では、ほとんどの場合、第10ハウスは母親を表しています。

カイロンがこのハウスにある場合には、幼いころに、親や理想とする人物が、実は弱い面を持った「ただの人」であることを知って深く傷ついたという経験をしています。たとえば、母親が父親の上司に頭を下げたとか、ささいな不道徳をしたといったような、今から思えば取るに足りないようなことかもしれません。しかし幼い心には、それは見えない傷となって残っている場合がありそうです。

その傷が昇華できていない場合には、仕事や義務といったことにひどく執着するか、逆に無責任になるということが考えられます。密かに、自分の生き方のモデルとしていた親の二の舞になることを恐れているのです。

しかし、幼いころの傷を意識化して受け入れることができ、自分は自分という健全な自己評価があれば、ほかの傷ついた人にたいして「第2の母」になれるほどの優しさを発揮できるはずです。また、そうした能力を職業に生かしている人も数多くいます。占星学者ジャクソンは、セラピストやヒーラーの多くがこの配置に生まれていると言っています。

第11ハウス

第11ハウスは、伝統的に「友人のハウス」と呼ばれてきました。心理学的には、自分の考えと違う社会的な考えにぶつかり、自分独自の考えを創造的に発展させていく領域です。

この位置にカイロンがあると、幼いころに自分と社会の間に何か大きな溝があるような感じを受けた経験があることを示しています。それは、魂に孤独感を、そして無意識のうちに仲間を求める欲求を生み出す傾向があります。

それが昇華されない場合には、新しいものやエキセントリックなものに飛びついては幻滅するという行動を繰り返します。新しいものは自分と同じ考え方をするものだと信じて飛びつくのですが、結局のところ大差のないものであることがわかるのです。この生まれの人に社会改革や革命的なものに憧れる人が多いのも、同じ心理構造があるからだといっていいでしょう。自分に賛同する人は、いつも、「ここ・今」ではなく、「いつか・遠く」にいるのです。

しかし、自分の考えが社会のそれと多少ずれていてもうまくやっていけるのだということがわかれば、つまり、自分の傷を昇華できれば、この生まれの人は、さまざまな考え方のよき調停者になれます。多くの文化人類学者がこの生まれなのはそう考えるととてもよく理解できます。

第12ハウス

第12ハウスは、俗に「秘密・隠されたもののハウス」と呼ばれています。心理学的にいうなら、ひとつのサイクルが終わり、誕生以前の混沌とした状態に回帰しようという衝動を表しているといえます。また、このハウスは、魂の奥底の深い部分を表します。前世やカルマを第12ハウスが表すといわれるのもそうした理由からです。

この位置にカイロンがある場合には、生まれる前にまでさかのぼるような、ごく初期のトラウマを持っていることが想像できます。あるいは、何か前世で深い痛みを経験したのかもしれません。

そのために、ややもすると、シビアな現実に直接接するのを恐れる傾向にあります。ハードな現実にぶつかって再び傷つくのを恐れています。そして夢や想像やヴィジョンは、外的な現実と同じくらいにリアルなものになることがあります。下手をすると、安易な現実逃避につながりかねません。アルコールなどにも要注意です。しかし、トラウマが昇華されたなら、今の時代で過小評価されている人間のイマジネーションというものを、大変豊かな形で示すことができるかもしれません。ネイティブ・インディアンのシャーマンに弟子入りしてその豊かな世界を知り、白人社会に紹介したカルロス・カスタネダがこの生まれです。

また占星学者のジャクソンの研究では、ヒーラーやセラピストにこの配置が多く見られるそうです。

この配置の人は無意識のうちに傷の痛みを知っているのです。その痛みは、生まれる前からの魂の刻印のようなものであるかもしれません。知らないうちに、傷ついた人を知らず知らずのうらに引きつけています。そしてそうした人々の最良の相談相手になれるのです。

また、そのすぐれた直観力は、自身に降りかかるであろう危機を回避します。また、その直観力は、他人の気持ちを、敏感に、そして確かに察するという形で働きます。

カイロンは、長らく人々が目を背けて忘れていたこと……、つまり、人はいつか死に直面しなければならないということを、そして必ず傷を負って生きているのだということを、思い起こさせてくれたといえるでしょう。

カイロンのアスペクトはコンプレックスを示す

カイロンは、「傷つき癒すもの」(The Wounded Healer)のアーキタイプにあたります。カイロンが、ほかの惑星とアスペクトしていれば、その惑星が「傷」ついていることを表します。いい換えるなら、その惑星が司ることに関して、本人が何かコンプレックスを持っているということなのです。

その表れ方には、ふたつのパターンがあります。ひとつは、その惑星が司る内容が、その人にとっての弱さを表す場合です。たとえば、月とカイロンがアスペクトしている人の多くは、「マザーコンプレックス」を抱えていることが多く、それが感情的な敏感さ、あるいはない物ねだりをしがちな性格にすることがあります。しかし、その一方で、そのコンプレックスがオーバーな形で表れることがあります。たとえば、同じように月とカイロンのアスペクトを持つ人の中には、非常に母性本能が強く、自分をすべての人の母親のように錯覚して、自己犠牲的な努力を惜しまない人がいるのです。これが、ふたつ目のパターンです。

ない物ねだりのわがままな「娘」タイプと、すべてを許す「母」のタイプとは、一見正反対の性格のように見えますが、「娘」の裏でうごめくコンプレックスと、「母親」の裏でうごめくコンプレックスとには、共通しているものがあります。しかしそのコンプレックスを乗り越えたときには、同じような痛みを持つ人を理解する大きな人間に成長できます。

傷は、それを乗り越えたときに、自身の中で、新しい可能性となって輝きだすでしょう。カイロンは、決して凶星ではありません。自身の中の傷、そしてその痛みを通して、より大きな自分自身へと導く星です（A・オーケンという占星学者は、カイロンを不便な吉星＝インコンビニエント・ベネフィックと呼んでいます）。

なお、カイロンについてはアスペクトはたとえソフトな場合でもその傷の感覚を感じることもあるので、ここではソフト、ハードの区別をしないで解説しておきます。

太陽とカイロンのアスペクト

太陽が司るアイデンティティの感覚に何か傷があることを示しています。自分自身の弱さを自覚していることが多く、そのため、傷を乗り越えようとスピリチュアルな世界や哲学、あるいは占星学などに関心を持つことが多いようです。

自分という意識の弱さ。その表れ方は2つです。ひとつは自分のことを、自分を超えた存在と同一視してカリスマ的な魅力を発揮するようになる場合です。たとえば、シンガーのマドンナ。

彼女の華やかなステージは、典型的な獅子座のものですが、その太陽は、水瓶座のカイロンから180度のアスペクトを受けています。獅子座の太陽は、常に自分が主役でありたいと願います。しかし、カイロンとのハードな座相が示すように、デトロイトの労働者の家に育った彼女には、それは願うべくもなく、魂の傷として残ったのです。しかし、彼女を成功へと導いたのは、そのコンプレックスそのものだったといえるでしょう。世界のスーパースターの魂の傷と癒しがよく表れています。

2つ目の表れ方は、信者や弟子、追随者になることでアイデンティティを形成するタイプです。他人に付け込まれないように気をつけてく

マドンナ
内に秘めた激しい自己を外に向かってアピールしたいとの欲求が強い

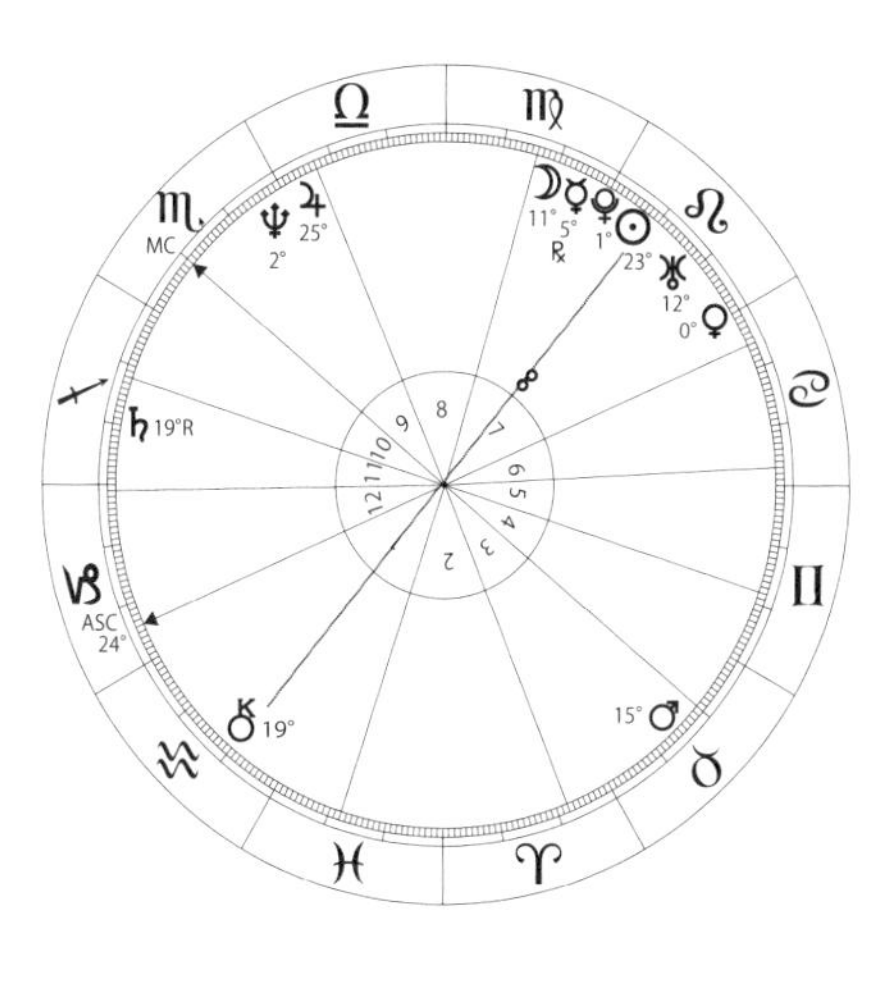

ださい。いずれにしても、その傷を乗り越えたときには、他者の痛みに敏感な優しい人間に成長できる可能性を大きく秘めたホロスコープです。

カイロンと月のアスペクト

月が示す「母親像」や「幼少時の環境」に傷を受けている可能性が。そこで、いつまでも、幼いころに求めて得られなかった母からの愛を求めようと子供じみた行いをするか、その潜在的な願望が他人から注目されて愛されるようになるパーソナリティーを作るか、あるいは逆に自分が「母」の役割をオーバーなほど果たすか、といった場合が多いようです。また、母親的なるものに救いを求めようとすることもあります。

例えば女優で歌手のバーブラ・ストライザンド。出演する映画では軒並み大きな賞を受賞していったバーブラですが、幼い頃の環境はけして幸福なものではありませんでした。継父からは精神的に追い詰められ、また母親からは容姿を理由に憧れていたショービズの世界に入ることを反対されたとか。獅子座にある月とカイロンの合はその幼少期の傷を示すようです。またカイロンは太陽や水星ともハードアスペクトをとっています。彼女の成功はそれを乗り越えてのものだったのでしょう。

バーブラ・ストライザンド
子供のころに得られなかった母を求める行為が、最終的に多くの人の人気を集めることになります。

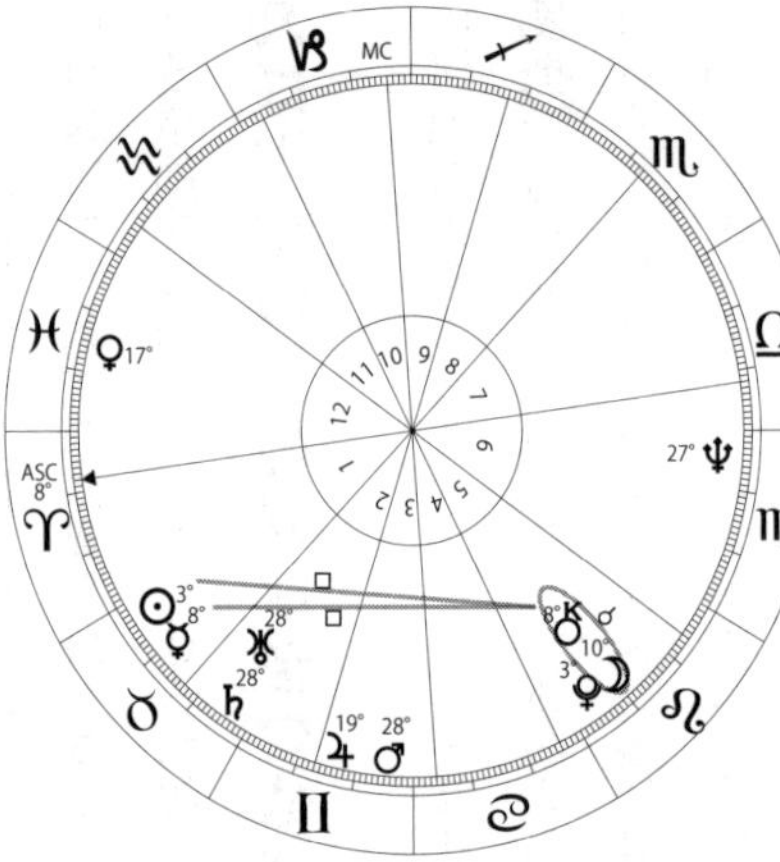

また、ジェームス・ディーンも同じ配置を持っています。幼いころに母親を亡くしたディーン。やはり、母なるものが大きな影響を残していたのでしょう。彼は、典型的な「永遠の息子」の神話を生きました。また、月の持つセンシビリティをカイロンが強化して、霊的感受性の鋭さを表すことも。シャーリー・マクレーンの月は、海王星（やはり霊性の星）とコンジャンクション、さらにカイロンとはスクエアでした。

カイロンと水星のアスペクト

水星が象徴する「知性」や「言語」に関して何かのトラウマを持っていることを表しています。知的能力に関するコンプレックスか、逆に非常に論理的な能力が発達しているか、あるいは、自分の思考を言葉で伝えることにむずかしさを感じるといったことを表します。学校の成績が冴えなくても、カイロンの持つ英知といった意味から、深い知恵を持っている可能性があります。

幻視者にして詩人のウィリアム・ブレイクなどはその代表でしょう。彼の激しい、しかし幻想的な作品の数々は、ブレイクが見たヴィジョンを何とか伝えようとした芸術作品なのでしょう。もし、この人がコミュニケーションの力を発達させたなら、もっと大きな可能性が開けたはずです。

カイロンと金星のアスペクト

これは、金星が表す「エロス」、つまり、人と人との関係を作り上げる能力に関してトラウマを背負っていることを表します。具体的には、容姿にコンプレックスを持っていたり、あるいは人を引きつける魅力に欠けていると思ったりということです。しかし、もし、このトラウマを克服するなら、見かけやそのほかのことにとらわれない本当の価値を発見できるでしょう。

また、敏感な美的センスをも表しています。女性の場合には、姉妹やそのほかの女性との関係が問題になる場合もあります。

このトラウマが昇華できずにいると、人を愛することを恐れるあまり、愛を知らずにいるか、逆に、刹那的な恋に走るかのどちらかになります。人を愛する勇気を持つことが決定的に重要です。

山口百恵さんのホロスコープには、金星とカイロンのコンジャンクション、火星のスクエアがあります。恐らく幼いころに、自分の魅力をどう表現していいのかわからなくて悩んだ時期があることでしょう。また、同性の先輩やそのほかの人からのやっかみもあったに違いありません。しかし、火星とカイロンのスクエア（90度）が示すように、努力の末にスターの座を築

山口百恵
努力の末、スターの座を獲得。同時に、真の人間的交わりを求め続けます。

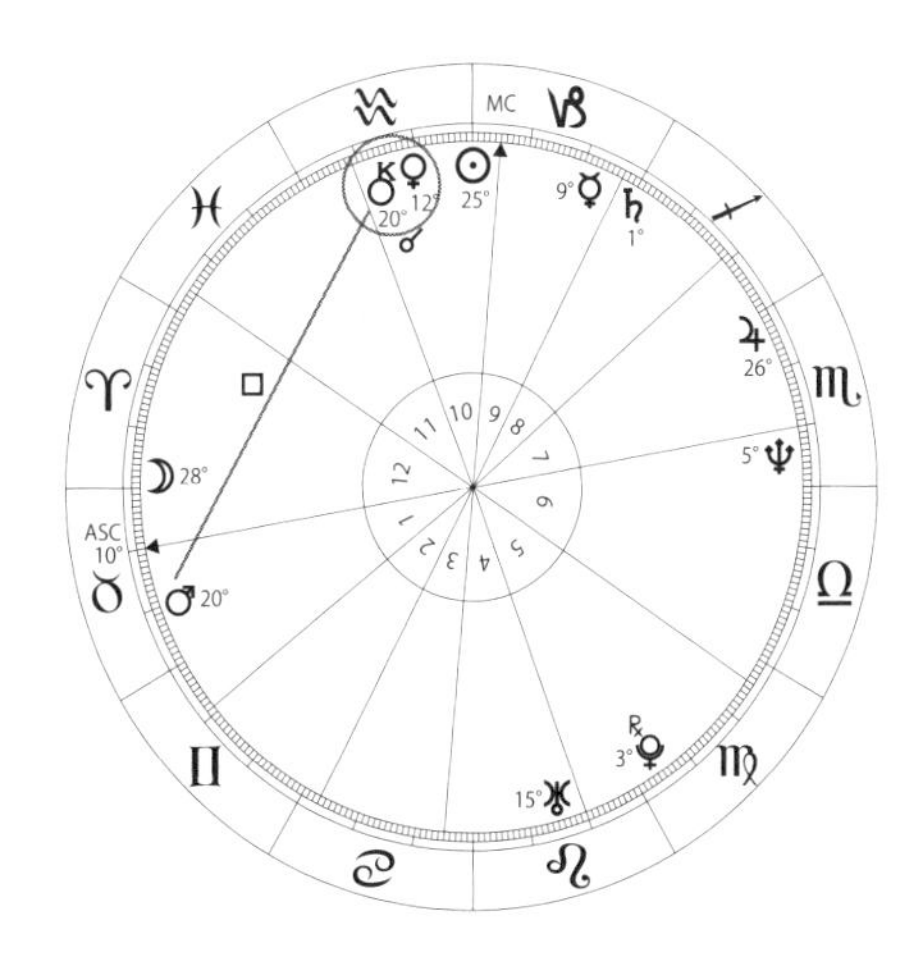

いたのです。そして、彼女は、芸能界という虚飾の世界から、人と人とが触れ合う本当の世界へと結婚を通して入っていきました。カイロンの傷と癒しは、このように表れたのです。

カイロンと火星のアスペクト

これは、自分の力、男性性、決断力に関してトラウマを持っていることを表します。そのために、自分の怒りと向き合うことを嫌う臆病な人間になるか、逆に、男性的な部分を過度に強調してマッチョになっていく場合があります。

女性の場合には、精神的に頼れるカリスマ性のある人物に引かれる可能性があります。その人物は、カイロンのアーキタイプが示す医師やセラピスト、カウンセラーなどの可能性もあります。このアスペクトを持つ有名人の代表といえば、三島由紀夫でしょう。彼はもともと瘦せていて体力のある人間ではありませんでした。しかし、そのことが、彼をボディービルへ、そしてラジカルな愛国主義へと導いていったのです。彼は、自分の傷ついた男性性、アイデンティティ（火星、太陽）を、だれかほかの男性や国家に求めていたのではないでしょうか。女性の場合も、自分の男性性を誇示するアマゾンタイプとして表れることがあります。

三島由紀夫

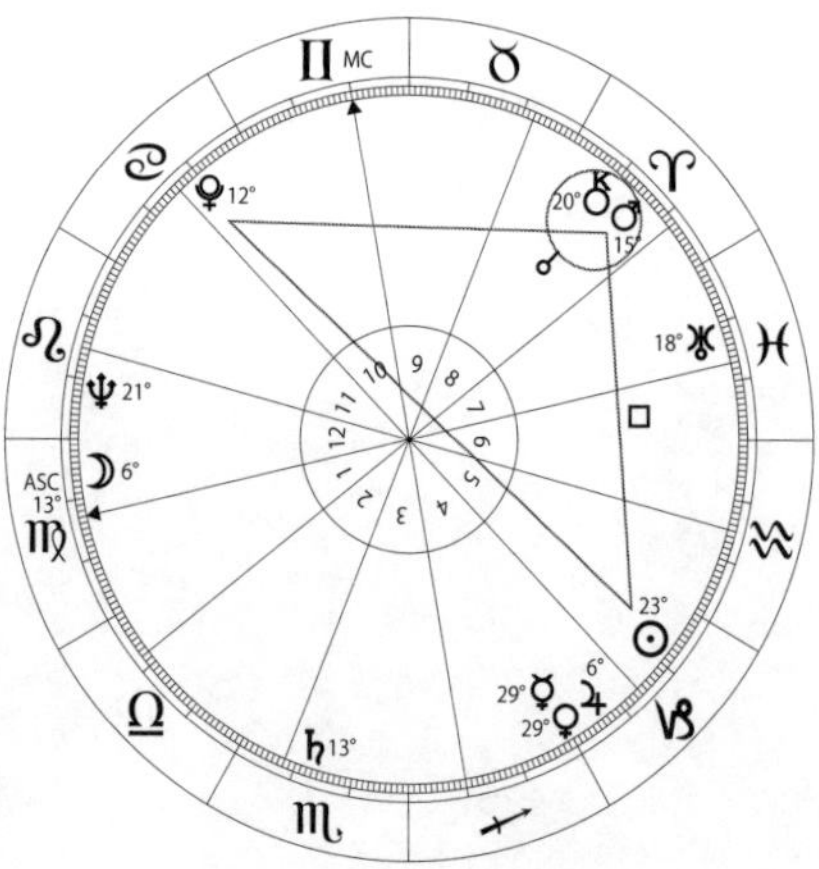

この組み合わせのある人は、自分自身の力を等身大で見ることが必要です。もし、それができれば、この生まれの人は、精神的なリーダーにもなれるでしょう。

カイロンと木星のアスペクト

カイロンは、木星と非常に近い意味を持っています。それは、精神世界での指導者というものです。タロットの「司祭」が、そのイメージです。多くのタロットカードで鍵を持った司祭が描かれていますが、それは、「鍵」をシンボルにするカイロンと一致します。

この生まれの人には、精神世界でのリーダーが非常に多く、ユング、マルチン・ルーサー・キング、ヨハネ・パウロ2世などがその代表です。

だれかを教えたり、あるいは導いたりすることに優れた才能を持っています。しかし、半面、何かに熱狂的になったり、狂信的になる恐れもあります。

精神世界とは健全なかかわりをする必要があります。

マルチン・ルーサー・キング牧師
他人を教導する優れた能力の持ち主です。
半面、狂信的になる傾向もあります。

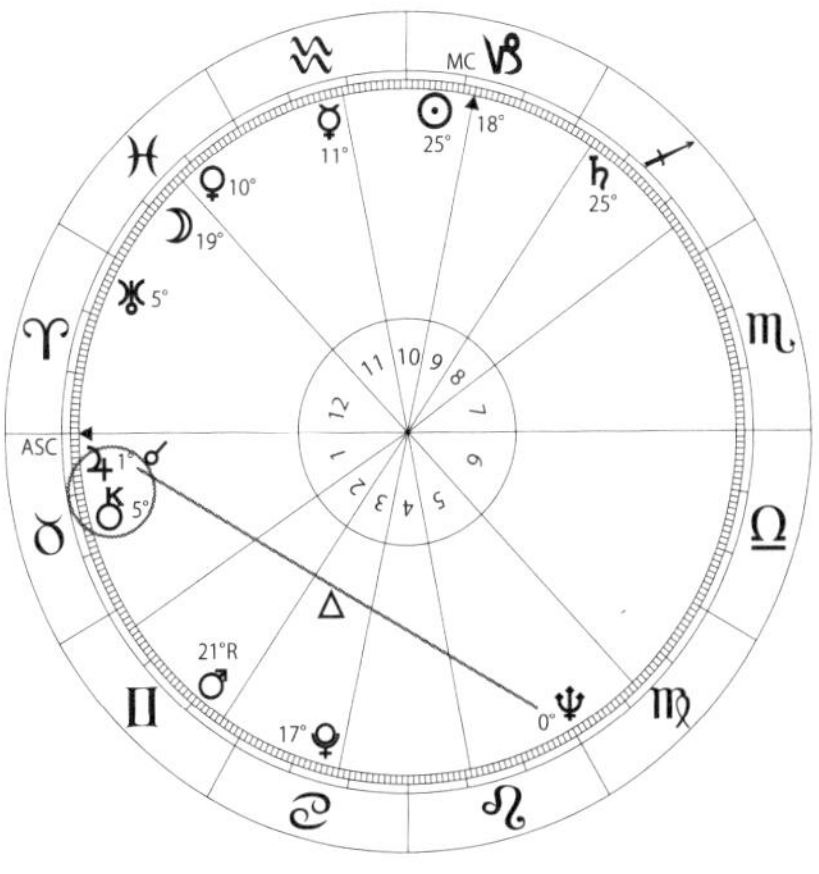

カイロンと土星のアスペクト

土星とカイロンがアスペクトすると、批判精神の強いパーソナリティーを作り出すことがあります。恐らく、自分のルールや規範、モラルの形成時にトラウマを受けたことに原因があるのでしょう。さらにこのアスペクトに太陽やMC―IC軸が加わると、父親との関係にトラウマがあることが考えられます。

社会的地位や権威にコンプレックスを持ったりすることがあるかもしれません。しかし、適切な方法でそれを乗り越えることができたならば、自分の限界をよく理解した、あるいは自分とはいかなるものかをよく理解した深い人間になっていけるでしょう。

タロットでいえば、「隠者」のイメージがそれをよく表しています。

カイロンと天王星のアスペクト

これは、天王星が表す自由への衝動が非常に強いか、それが抑圧されていることを表すアスペクトです。高い理想を持ち、それを実現しようとするのですが、完全に今の自分を捨てることもできず、悩む可能性があります。いい換えるなら、自由を求めはするけれども、自分ですべてを決断しなければならないという責任と重圧に脅えるという組み合わせです。

しかし、そのトラウマが昇華されれば、精神の高みに上り、高次の意識レベルに達することも可能です。また、世界を改革しようとする意欲も強いようです。占星学に対するセンスも示されています。優れた占星学者に共通したアスペクトです。

カイロンと海王星のアスペクト

カイロンが表す「傷」と海王星が表す「犠牲」がひとつになっています。自分の不幸をアピールすることで自分のアイデンティティを主張したり、マゾヒスティックに自分を犠牲にしたりすることもあります。

しかし、ベースになっているのは、自分と他者との間の境界線が曖昧（海王星）になっているという心理なのです。これがうまく現れると、たとえば差別や階級差を憎む正義漢になります。

たとえば、黒人解放運動に一生を捧げ、ついには凶弾に倒れたマルチン・ルーサー・キング牧師がその代表です。キング牧師のカイロンは、木星とコンジャンクション、そして海王星とトラインでした。また、高次の霊感、イマジネーションなども表すアスペクトです。

カイロンと冥王星のアスペクト

性的なこと、あるいは死に関することについて、トラウマを持っていることが想像できます。たとえば、性的なハラスメントや死に直面したというようなことです。もっとも、このふたつの星は動きが遅いため、そのころに生まれた人すべてに共通するアスペクトなので、この配置が具体的な事件を示すことはないかもしれません（ただこの配置がアセンダントやＭＣ、太陽や月にアスペクトすると大きな影響が出ます）。

しかし、冥王星が示すことに関する傷を感じる心理的傾向があるのは確かなようです。たとえば、性に関して鋭い洞察を放ったフロイトには、カイロンと冥王星、さらに火星（リビドー、男性的性エネルギー）と強いアスペクトがありました。

附録「小天体カイロンについて」は下記の書籍に収録された原稿に加筆し、再録したものです。

鏡リュウジ『魂（プシュケー）の西洋占星術』、学研プラス、１９９１年

おわりに

本書は以前、講談社から出ていた『星のワークブック』に大幅に加筆し、ホロスコープ占星術の基本的な実践指南書として再構成したものです。『ワークブック』では初歩の初歩段階のレクチャーでしたが、今回の本では以前収録できなかったアスペクトの解釈、さらにホロスコープ全体を具体的にストーリーとして読んでいくためのメソッドを収め、より「教科書」としての体裁を整えることができました。占星術を学習するうえでかなり役にたつものができたのではないかと自負しています。

刊行以来、幸いにも何度も版を重ねてきましたが、今回、ホロスコープ作成ツールの変化に対応したり、また目視でアスペクトを探す方法を加筆し新版としました。

『占星術の教科書』シリーズは現在、第三巻まで出ていて高い評価をいただいています。相性（シナストリー）とトランジットの基礎を扱った第二巻、プログレスやソーラーアークなど未来予測法を詳しく解説した第三巻までマスターできればほぼセミプロ級です。

ただ、ここでお断りしておかなければならないのは、本書で扱っている方法論は現在、「モダンアストロロジー」（現代占星術）とされているものであることとです。19世紀の末より復興した占星術は、20世紀に大きな発展をし、とくに心理学的な分析に優れていますが、17世紀以前の方法論とは違う面もあります。伝統的、古典的占星術も大きく復興している状況はありますが、本書では僕自身が十代のころより深く馴染んでいる現代占星術を詳しくご紹介しています。伝統占星術についてはまた機会を改めましょう。

本書執筆にあたっては多数の文献を参照しています。ここではとても全てをご紹介することはできませんが、さらに深く学びたい方のためにとくに参考になる本をご紹介してあとがきに代えましょう。

現代占星術の代表的教科書といえばM.Hone, *The ModernTextbook of Astrology*, 1951があります。少し古いものですがこの教科書が現代占星術の礎のひとつとなりました。

パーカー夫妻『定本　西洋占星術』（西尾忠久訳、みんと社）として邦訳された本も英国占星術の代表的教科書です。

現在ではSue Tompkins, *The Contemporary Astrologers Handbook*, 2006（スー・トンプキンズ『西洋占星術ハンドブック』松田有里子・浦谷計子訳、ＡＲＩ占星学総合研究所）が代表的なところでしょうか。

Steven Forrest, *The Inner Sky: How to Make Wiser Choices for a More Fulfilling Life*, 2012; Frank Clifford, *Getting to the Heart of your Chart*, 2012はわかりやすくユーモアある文体でホロスコープを味わう方法を述べた本でおすすめできます。

キャロル・テイラー『星の叡智と暮らす　西洋占星術完全バイブル』（鏡リュウジ監修、グラフィック社）はイラスト満載、しかも大変優れた内容の占星術指南書です。

一方、Robert Hand, *Horoscope Symbols*, 1981は星座、ハウス、惑星、アスペクトの現代占星術上の意味を詳述する基本書。

『占星学』『サターン 土星の心理占星学』（いずれも鏡リュウジ監訳、青土社）などリズ・グリーンの一連の本も必携でしょう。

一緒に占星術を楽しんでいただければ幸いです。

ここで感謝を。本書の原型を作ってくださった講談社FRaU編集部の皆様、本書を編集し全く新しい教科書としていただいた原書房の大西奈己さん、ホロスコープ作成のサイトやアプリの解説を書いてくださった賢龍雅人さん、そして英国の占星術の恩師、仲間たち、本書を手に取ってくださったみなさまに深く謝意を捧げたいと思います。

本書は日本における現代占星術学習の定番として受け入れられてきたように思います。今後も占星術学習の良き友としてご愛読いただけたら幸いです。

鏡リュウジ

二〇二二年一二月

鏡 リュウジ（かがみ　りゅうじ）

占星術研究家、翻訳家。国際基督教大学卒業、同大学院修士課程修了（比較文化）。占星術の心理学的アプローチを日本に紹介し、従来の「占い」のイメージを一新。占星術の歴史にも造詣が深い。英国占星術協会会員。日本トランスパーソナル学会理事。平安女学院大学客員教授。京都文教大学客員教授。主な著書に『占星術の文化誌』（原書房）、『占星綺想』（青土社）、『占星術夜話』（説話社）、訳書に『ユングと占星術』（青土社）、『魂のコード』（河出書房新社）、監訳書に『世界史と西洋占星術』（柏書房）、『占星術百科』『世界占術大全』『占星医術とハーブ学の世界』（以上原書房）など多数。

鏡リュウジの東京アストロロジー・スクール

https://yakan-hiko.com/meeting/tokyo_ast/home.html

鏡リュウジによる占星術コースやイベントはこちらで随時開催中。

鏡リュウジの占星術の教科書 I
第2版
自分を知る編

2023年1月26日　第1刷
2024年5月9日　第2刷

著者　鏡 リュウジ

ブックデザイン　原田恵都子（Harada + Harada）
協力　岡本純子、水無月あおい、賢龍雅人
発行者　成瀬雅人
発行所　株式会社原書房
〒160-0022 東京都新宿区新宿 1-25-13
電話・代表　03(3354)0685
http://www.harashobo.co.jp/
振替・00150-6-151594
印刷・製本　シナノ印刷株式会社

ISBN 978-4-562-07256-9 printed in Japan